先別急著挑戰人性

20個經典心理實驗，
帶你認識自己，人生不踩雷

潘楷文 著

作者序

尊重人性，是善待他人的開端

二〇一四年，我的孩子來到這個世界，自那天起，我跟許多第一次當父母的朋友一樣，要面對養育孩子過程中所遇到的諸多問題。問題來了：我們該如何跟孩子相處，如何教育孩子呢？在互聯網高度發達的今天，市面上有太多的資訊可供你選擇，也有太多的專家和知識型網紅給你提供意見。然而，你該聽誰的呢？

我的答案是，你不能根據你所持有的「價值觀」去教育孩子，而是要遵循孩子成長的天性。而天性就是人性。尊重人性，就是尊重自然規律；挑戰人性，就是在用你腦子裡的價值觀，人為地替人性「豎起鐵絲網」，用蠻力去扭曲它。雖然這看起來符合了你自己的價值觀，讓你感覺不錯，但卻會摧殘孩子的心理，為孩子未來的成長埋下重大隱患。

人性，既不全是貪婪、懶惰、傲慢，也不是多麼神聖、偉大、聖潔。它就是人本來的樣子，隨著環境的變化展現出它該有的面目。在形成這樣的認識之後，我曾在《世界博覽》雜誌、知乎、B站（嗶哩嗶哩）等多個平臺寫過一些文章，試著讓更多人能知道這樣的想法。

有一次，在寫文章、找資料的過程中，我看見了關於「恆河猴實驗」主持人哈洛（Harry Harlow）的個人史，這引起我極大的興趣。我在大學的時候就學過了「恆河猴實驗」，對實驗過程也很熟悉，但結合了哈洛的個人成長，與他進行實驗時的細節經過，讓我看見完全不一樣的實驗，以及其所揭示的人性規律。於是，我開始查找史料，試圖復原當年哈洛實驗的所有過程。皇天不負有心人，最後的成果就是本書所記錄的第一個實驗。

而當我把實驗完整地復原出來後，我自己也爲之震驚。特別是看見小猴子被強行跟媽媽分開時所發出撕心裂肺的吼叫；儘管被「絨布媽媽」射出來的冷水和釘子弄得瑟瑟發抖、渾身是傷，卻依然義無反顧地要跟「傷害」牠的媽媽在一起。我覺得這是我第一次看見人性，因爲人也是一樣的。接下來，我蒐集了足足二十個實驗，詳細查找每個實驗的歷史背景、人物情況和實驗細節，並從人性的角度去挖掘實驗所揭示的人性原理，形成了現在各位看到的這本書。

其實，心理學家做過許多優秀的心理學實驗，可惜很少有人知道。許多實驗距離現今已有半個多世紀，它們所揭示的人性規律是那樣深刻，但爲什麼這麼多人都不知道？原因很簡單，因爲我們的實驗心理學家用了學術專業語言來描述自己的實驗，這些寫在學術雜誌和教科書上的實驗，敘述太學術、閱讀門檻太高，大家看不懂、不理解，更不知道這些實驗跟自己有什麼關係。

這讓我突然有一種使命感，我需要把這些複雜的心理學實驗，包括前沿的腦科學和認知神經科學的研究，以故事形式「翻譯」出來，並且結合我們的日常生活和心理治療與諮商實踐，對實驗所揭示的人性規律加以解釋，讓更多人能看懂人性，並懂得敬畏人性、尊重自然規律，善待我們的孩子，更善待周邊的人。

心理學不是雞湯、也不是玄學，而是一門正在不斷發展的科學。無數心理學家做了許多精妙的心理學實驗，在嚴格控制引數、因變數、控制變數的條件下設置情境，盡一切可能去洞察人性。

這二十個實驗只是個開頭。我會將這項「翻譯」工作視為很有意義的事業，因為它能夠「喚醒」更多人，讓他們關注自己的心理健康，按人性的規律行事，並讓每個人都能在生活中露出笑容、變得幸福。

09 標籤，影響人生走向的力量——羅森塔爾實驗

10 爲惡，人人皆有可能——史丹佛監獄實驗

11 失控，爲何我們悲觀和失去信心？——習得性無助實驗

12 恐懼，需要大膽表達出來——小艾伯特實驗

15 愛情，你所不知道的祕密——吊橋實驗

16 身體，是丈量世界的尺度——感覺剝奪實驗

17 拖延，與生俱來的自我保護機制——拖延實驗

18 理解，是認識一個人的根本——羅森漢實驗

01 生存，需要關係的存在
——哈洛恆河猴實驗

如果一個孩子打出生就離開父母，和其他孩子一起集中接受「批次」培養，那麼這個孩子長大後，會成爲怎樣的人呢？這是一個非常大膽的設想，卻似乎無法實施，因爲這種實驗是反人性的，違反了基本的道德倫理。但往往正是這樣的實驗，才更能反映出人性的本質與心理發展的規律。然而，歷史上還眞有一些莫名自信的政客幹過這種荒謬的事：冷戰時期，羅馬尼亞的尼古拉．西奧塞古（Nicolae Ceausescu）執政期間，就製造過這種人間悲劇。

人間的悲劇，羅馬尼亞的孤兒

一九六六年，為了提高人口數量，西奧塞古政府頒布了一項法案，禁止孩子少於四個的四十歲以下婦女墮胎（一九八六年起，施行對象改為四十五歲以下婦女）——這項法案持續了二十三年。這段期間，由於許多家庭根本無法負擔，以致大量嬰兒被送往孤兒院，這讓孤兒院的工作人員非常頭疼；據說每位工作人員需要照顧十到二十名孩子，甚至高達四十名。

由於資源條件的限制，特別是孤兒院人手嚴重不足，工作人員只好用制度化的方式來管理嬰兒：無論醒了沒有，所有孩子都必須在早上七點鐘起床；無論想不想吃、愛不愛吃，七點半都必須進食。每位工作人員只有三十分鐘的時間去餵十到二十個孩子，而且每名嬰幼兒都得高效完成進食程序。無論有沒有大小便，八點必須換尿布；如果孩子在八點後又弄髒了尿布，那不好意思，只能等上好幾個小時才能再次更換。最殘酷的是，每天只有在工作人員餵食和換尿布的時間，孩子們才有機會跟人接觸，其他時間裡，他們只能看著天花板、牆面，或是他們小床的柵欄。

一九八九年，西奧塞古政權垮臺，哈佛大學醫學院的兒科學與神經科學教授尼爾森（Charles A. Nelson III）帶領的團隊，在二〇〇〇年發起了「布加勒斯特早期介入計畫」，對這些在孤兒院長大的孩子進行長達十三年的追蹤研究。研究人員發現，在孤兒院裡長大的孩子，基本上都有嚴重的心理創傷；此外，無論是大腦發育、身體發育或社會適應能力，他們都遠遠落後於同齡兒童的平均水準。

最讓研究人員揪心的是，這些孩子都有一項特點，無一例外，那就是安靜。這種安靜，是一種死寂：他們安靜地坐著，面無表情，好像靈魂被抽空一樣，素、淡、寡，彷彿只剩下軀殼。尼爾森將這項研究稱爲無法重複的「零父母養育實驗」。

到底發生了什麼事？這些孩子爲何會如此悲慘？我想，拋棄孩子們的父母固然要對他們的悲慘命運負責，但孤兒院毫無人性的管理制度才是罪魁禍首。心理學中的客體關係理論（認爲人會在與他人的關係中尋求滿足）認爲：**人類從來到這個世界的第一刻起，就在尋找客體，也就是母親。如果缺少了與母親的關係，嬰兒的大腦與心理發育將就此停滯，甚至產生病變**。當然，這只是一個理論假設，沒有人敢用眞正的實驗來驗證媽媽與孩子分離後，孩子會如何成長，因爲這已逾越了人類的道德底線。但歷史上還眞的有人在猴子身上進行了這項瘋狂的實驗，這個人就是著名的心理學家哈洛（Harry Harlow）。

偶然的發現，與猴子結下不解之緣

一九〇五年，哈洛出生於美國愛荷華州的一個猶太家庭。大學時，哈洛師從史丹佛大學著名心理學家路易斯．特曼（Lewis Terman）。一九三〇年，在特曼的幫助下，哈洛取得了威斯康辛大學的教職。在威斯康辛大學任教期間，哈洛與體形小巧、靈活敏捷的恆河猴結下了很深的緣分。剛開始，哈洛受到特曼的影響，想以猴子為研究對象，展開以靈長類動物智商發展為主題的研究，並希望透過實驗來界定恆河猴智商的大致範圍。

恆河猴智商實驗開展得很順利，哈洛獲得了大量實驗資料，並發表了重要論文，這讓他在學校裡聲名大噪，許多學生聞訊而來，陸續投入哈洛門下，校方也因此特別為他提供了實驗場地。

考慮到實驗設計，哈洛需要對恆河猴的幼猴單獨進行實驗，為此，他將每隻幼猴個別關籠。當幼猴們離開母猴、被單獨關進籠子裡時，牠們往往會表現得極度害怕，並具有很高的攻擊性，甚至會撕咬牠們看見的一切東西。某天，一名助手在打掃籠子時，為了讓幼猴在籠子裡待得舒服些，順手在籠子底部鋪上了一條毛巾。隨後，一隻幼猴被關進了這只籠子。奇怪的事情發生了，那隻孤零零的幼猴非常喜歡鋪在籠子底部的毛巾，甚至直接躺在毛巾上，用兩隻前臂緊緊貼著毛巾。當助手試著拿走毛巾時，幼猴便開始大發脾氣，就像幼小的孩子看到心愛的玩具被搶走似的。助手用奶瓶餵食幼猴時，幼猴一吃完奶，便將奶瓶丟在一邊，然後抱起毛巾，絕不讓毛巾離開自己半步。

此一偶然現象引起了哈洛的極大興趣。他心想：爲什麼幼猴在離開母親之後，會這麼喜歡那條普通的毛巾呢？難道是觸摸毛巾時的感覺，跟觸摸母猴毛髮很像，從而觸發了幼猴的依戀？哈洛準備以動物實驗來解決這個疑問，但這個想法遭遇了當時理論與觀念上的阻力。

在二十世紀上半葉，整個美國心理學界都籠罩在行爲主義的框架下，普遍排斥和否認情感與認知，認爲**行為是可以通過賞罰來改變的**。在一九三〇年至一九五〇年期間，全世界都在流行冷酷無情的育兒主張。例如著名兒科醫師斯波克（Benjamin Spock）建議母親們定時餵奶。著名心理學家史金納（B. F. Skinner）用強化的觀點來解釋幼兒行爲，認爲如果想讓孩子不哭，就不應該去抱他們，才不會強化哭泣這種行爲。著名心理學家華生（John Watson）也推崇這樣的教養方式：「不要溺愛子女。睡前不用親吻道晚安；如果非要道晚安，寧可向他們鞠躬，握手致意，再熄燈就寢。」因此，對孩子依戀母親的現象，心理學界普遍以「滿足欲望」的觀點來解釋。也就是說，我們之所以喜愛母親，是因爲母親給我們奶喝。知名心理學家赫爾（Clark Hull）與史賓塞（Kenneth Spence）皆認爲，人類的一切行爲都是爲了滿足欲望，例如食欲、性欲等，這種觀點在當時就是人們普遍認爲的「眞理」。

時至今日，仍有許多家長抱著同樣的信念對待孩子：若孩子期待吃到自己想要的東西，就會被斥爲「貪吃」；想和朋友多相處、多玩一會兒，就會被斥爲「貪玩」；當完成過於繁重的課業，並因疲倦想多睡一會兒時，就會被斥爲「貪睡」。在這些家長眼中，孩子是永遠餵不飽且充滿欲望的「怪獸」；凡是「怪獸」，就一定會貪，就一定要用暴力去馴服。而恰恰是這種信念催生出類似「棍棒底下出孝子」的變態教育理念，一批批孩子失去了童年應有的快樂，飽受家長摧殘，直到失去自我，失去創造力。

即使在這樣的觀念主導下，哈洛依然選擇相信自己觀察到的事實。尤其是幼猴在跟母猴分開後那痛苦的嘶吼，以及如生命般珍惜並守護那條毛巾，都讓哈洛留下了極爲深刻的印象，也讓他對當時美國教育界與心理學界普遍認可的「眞理」產生了懷疑。哈洛認爲，自己觀察到的絕不僅僅是欲望這麼簡單，幼猴行爲的背後，一定還有更爲深刻和根本的力量在推動。而且，恆河猴和人類基因的相似程度高達九四%，如果我們能了解恆河猴的行爲背後的動力，是不是就可以更了解人類？

「鐵絲網媽媽」與「絨布媽媽」

爲了解釋此一現象，並驗證自己心中的假設，哈洛開始設計一項偉大卻殘酷的實驗。這項實驗在心理學史上頗具爭議，並經常被後人，尤其是動物保護主義者詬病。但無論後人如何詬病，都不能否認該實驗對後世的人性觀念，尤其是對兒童心理發展理論所產生的巨大影響。

實驗是這樣的：哈洛事先準備了鐵絲、鐵絲剪、厚紙筒、通電的線圈、鋼釘、絨布等材料。他首先用鐵絲纏出了一隻成年母猴的外形，這隻「鐵絲網猴子」擁有四四方方的軀幹，腹部上方有一對形似乳房的物體；其尖端嵌著鋼製乳頭，上頭穿有小洞，以導管與奶瓶連接，並能讓奶水流出。做爲對比，哈洛在厚紙筒套上絨布，做出另一隻觸感柔軟的「絨布猴子」。受厚紙筒的形狀所限，只能給「絨布猴子」設置一個「乳房」，位置就在胸口中央。

接著，哈洛把一群剛出生不久的恆河猴與牠們的媽媽分開，再逐一放進籠子裡。每只籠子裡放著兩隻代理「媽媽」：一隻是由鐵絲纏繞而成的「鐵絲網媽媽」，幼猴可以從這裡源源不斷地獲取奶水；另一隻是絨布做的「絨布媽媽」，這裡的「乳房」雖然吸不到奶，但「絨布媽媽」笑容可掬。

根據實驗紀錄顯示，那些母猴一發現幼猴不見，便一邊發出尖叫，一邊用頭撞擊籠子，表現出極度的憤怒焦慮；而那些幼猴各自被丟進封閉的籠子後，由於看不見媽媽和同伴，便不停發出刺耳的「吱吱」聲。牠們似乎害怕極了，好幾個小時都安靜不下來，整個實驗室籠罩在幼猴此起彼落的恐怖叫聲中。焦躁恐懼的幼猴蜷縮成一團，尾巴高高抬起，露出屁股，稀軟的糞便不斷從肛門流出，噴得籠子裡到處都是。臭味瀰漫，久久不散。

幾天後，由於幼猴始終見不到媽媽，便主動爬到「絨布媽媽」懷裡，趴在它胸前，用纖細的爪子撫摸它的臉、輕咬它的身體，或在它的腹部和背部蹭來蹭去，一蹭就是好幾個小時。由於從絨布媽媽的乳房吸不到奶水，幼猴便小心翼翼地來到鐵絲網媽媽身邊，試探性地去吸鐵絲網媽媽的乳房：一吸，發現有奶水，便開始狼吞虎嚥起來。但有意思的是，幼猴一吃飽，便馬上跳回絨布媽媽的懷抱，並一直待在絨布媽媽的懷抱裡，不肯離開半步。

哈洛詳細統計了幼猴花在吸奶和擁抱上的時間，並將結果製成圖表。看著這張圖表，哈洛激動的心情難以言喻，因爲這意味著他的實驗資料將徹底顚覆行爲主義的人性觀，這將是歷史性的時刻。哈洛由此確認，愛源於接觸，而非食物。母親總有一天不再分泌乳汁，但孩子依然愛著母親，因爲他們感受到愛、保有被愛的記憶，只是形態改變了。每一次親子互動，都源於幼時感受到的溫柔撫觸。哈洛寫道：**「只有奶水，人類絕對活不久。」**他還寫道：「肢體接觸是影響感情或愛的重要因素，這點並不讓人意外。我們沒想到的是，肢體接觸可以完全凌駕於吸奶的生理需求上。兩者之懸殊，讓我們幾乎可以斷定，幼猴吸奶只是爲了維持與母猴之間頻繁的親密接觸。」

縱使虐我千百遍，你依然是我的全世界

爲了進一步讓實驗更完備，哈洛與合作夥伴在進行了「絨布媽媽」與「鐵絲網媽媽」的實驗後，又做了一項實驗，增加「臉部特徵」此一重要變因。因爲發展心理學的一系列實驗研究表明，剛出生的嬰兒對媽媽的臉部有強烈的關注。

一開始，哈洛打算用兩盞自行車車燈來充當假母猴的眼睛，但又覺得不夠眞實；後來，他乾脆要求助手製作一副幾乎能以假亂眞的猴子面具。哈洛將這些以假亂眞的猴子面具戴在「絨布媽媽」上頭，猛一看，這些絨布媽媽的確逼眞了許多。

但奇怪的事發生了，幼猴們根本無法接受這些戴了面具的絨布媽媽。牠們一看見戴了面具的絨布媽媽，就會表現得相當害怕：不停尖叫、跑到籠子一角、身體劇烈顫抖，甚至緊抓住裸露在外的生殖器。當研究人員把面具慢慢轉到背後時，幼猴才肯再次接觸絨布媽媽，並

開始玩耍。而且，研究人員一把面具轉過來，幼猴就馬上把面具撥回去，甚至直接把面具扯掉，讓絨布媽媽恢復原先無臉的模樣。顯然，幼猴比較喜歡最初看到的絨布媽媽，或許是絨布媽媽的形象已經深深刻在幼猴的腦海裡，無法磨滅。

在進行了「增加臉部特徵」這項變因的實驗後，哈洛和合作夥伴又進一步改造了絨布媽媽。這項改造相當殘忍：哈洛在絨布媽媽身上安裝了機關，只要幼猴待在絨布媽媽的懷抱裡，就會觸發機關，從絨布媽媽身上射出釘子，或噴出冰冷的水柱。而實驗結果令在場所有人震驚：即使被絨布媽媽突然射出來的釘子扎得吱哇亂叫，或被冰冷的水柱沖得踉踉蹌蹌，瑟瑟發抖，幼猴仍會毫不猶豫地衝回絨布媽媽的懷抱。再怎麼被絨布媽媽弄得遍體鱗傷，幼猴們依然不離不棄，堅決要跟絨布媽媽在一起。

一幕幕慘不忍睹的景象，著實讓在場的所有人心碎。這一現象讓哈洛更加堅定地認爲當時的心理學理論，尤其是行爲主義理論，必然有其局限，因爲當現實和理論相矛盾時，那一定是理論錯了。哈洛所做的這一系列實驗揭示了一項令人心酸的事實：**對於包括人類在內的靈長類動物而言，孩子對媽媽的愛與依戀是毫無條件的，即使是個十惡不赦的媽媽，在孩子眼中，仍始終是自己最愛的人。**

其實，我們的身邊也發生過這種讓人揪心的案例。二〇一八年十二月二十二日，一段虐童影片在網路上流傳。影片中是深圳的一名小女孩，她多次遭到一對成年男女揙耳光、用棍棒毆打、摔倒在地和撕扯頭髮等暴力行爲。更令人心痛的是，嬌弱的小女孩每次承受完狂風暴雨般的虐待後，都會安靜地從地上爬起來；一遍遍被打倒，又一次次默默爬起來，自己整理好被扯亂的頭髮，不哭不鬧。透過影片，我能感受到小女孩的心已經死了，然而儘管她已經完全將自己的情感隔離起來，但她不會離開這個家，因爲這裡還有她所愛的人——她的爸爸媽媽。

自閉、自殘，完全喪失愛的能力

隨著被用於實驗的幼猴逐漸長大，令人意想不到的情況發生了。哈洛發現，與絨布媽媽共同生活的幼猴，成長得很不順利。如果將這些猴子移出籠子、讓牠們與其他猴子共處，這些猴子就會做出極度反群體的行爲。例如，在絨布媽媽身邊長大的母猴不僅會攻擊正常的公猴，還會因爲不知道正確的性交姿勢而喪失生育能力。有些猴子甚至出現類似自閉的症狀，如不停搖晃，或做出啃咬自己等自殘行爲。那些有自殘行爲的猴子手臂上到處都是潰爛的傷口，血流不止。有隻猴子甚至咬掉了自己的整條手臂。

整體來看，在絨布媽媽身邊長大的猴子都極具攻擊性、極度不合群，且普遍有自殘行爲，無法適應群體生活，甚至無法完成交配行爲，因而無法繁殖。尤其是那些被絨布媽媽傷害過的猴子，長大後的情況更糟：牠們做出攻擊行爲的頻率更高、更凶殘，對同伴或自己下手也更狠。

哈洛此時才發現，情況比預期的還要糟。那麼，爲什麼這些幼猴長大後會產生這麼多攻擊行爲呢？這些攻擊行爲會遺傳下去嗎？哈洛腦中浮現出新的疑問與想法，他想讓這些母猴生育後代，想知道這些幼時失去母親的猴子，會成爲怎樣的母親？但要得到這個問題的答案，就得做實驗，而實驗的前提是必須先讓這些在絨布媽媽身邊長大的母猴懷孕。然而，這些母猴根本無法完成交配行爲，而且極具攻擊性，公猴根本無法靠近牠們。哈洛曾試著將交配經驗豐富的公猴放進籠子中，與母猴待在一起，結果母猴死命抵抗，還抓傷公猴的臉。

無奈之下，哈洛又一次突發奇想，他發明了在心理學史上惡名昭彰的裝置：交配架。這項裝置可以固定母猴的身體，並將母猴的頭往下壓，這樣公猴便能騎到母猴身上。當時的場面就不詳述了，只能說非常殘暴，整個實驗室都迴盪著母猴撕心裂肺的號叫。最後，在交配架的輔助下，有二十隻母猴受孕並產下幼猴。但這些在交配架上受孕的母猴，有些直接將自己產下的幼猴殺死，有些則對幼猴漠不關心，只有少部分母猴表現得還算正常，但養育行爲明顯遲鈍，算不上合格的媽媽。

與母親的親密關係，是健全人格的基礎

問題來了，這些猴子身上究竟發生了什麼事？實際上，哈洛用實驗說明了一項普遍眞理：靈長類動物的成長需要母親的滋養。哪怕是鐵絲網媽媽，也比什麼都沒有要強。因爲什麼都沒有，就意味著不存在關係。雖然這項實驗無法在人類身上重複，但它依然能說明這樣的事實：**我們每個人都需要關係，因為在關係中，我們才能敞開自己的心扉，認識並淬煉自己的內心**。

打從來到這個世界的第一天起，嬰兒就在本能的推動下與媽媽的乳房建立關係。當他感到飢餓時，只要一哭，媽媽的乳房就會出現，然後嬰兒就會向媽媽的乳房發動「攻擊」，咬住乳房，吮吸乳汁，有些孩子甚至會把媽媽咬痛。這就是嬰兒與世界建立的第一個關係，並且是用**「攻擊」**的方式建構的。這時候，如果媽媽能以溫情和接納的態度歡迎孩子的攻擊性，他的生命力就被媽媽點亮了。他會認爲這個世界對他來說是安全的，也就能進一步發展自己的生命，走向更寬廣的外部世界。但如果媽媽無法接納嬰兒的攻擊性，甚至反過來攻擊孩子，嬰兒就會產生強烈的負疚感，認爲這個世界不歡迎他，生命力也會就此消退。

大量的臨床案例顯示，許多患有精神疾病或嚴重人格障礙的人，他們在嬰兒時期與媽媽

的關係上都有很大的問題。

曾有一位讓我印象極爲深刻的女性來訪者，她非常怕黑，晚上必須開著燈睡覺，絕對不能關燈，否則她會覺得自己會死掉。在諮商的過程中，我問她：怕黑，怕的究竟是什麼？她說她怕鬼。於是我請她安靜下來，想像一下天黑了、把房間的燈關掉時的場景。想到一半，她說她害怕極了。我請她放鬆下來，慢慢地把燈關掉。隨後，她汗如雨下，說自己看見了鬼。我再進一步讓她放鬆，告訴她，就讓這種恐懼的感覺在身體中流動，不要去對抗。後來，她逐漸平靜下來，我又讓她去看看這個鬼到底是誰，長什麼樣子？這個問題讓她一下子愣住了，因爲她從來沒仔細看過這個鬼，只是很害怕，想躲起來而已。

當她鼓起勇氣，專注地去看自己心中的鬼時，她一下子癱坐在椅子上，因爲這個鬼，就是她媽媽的樣子。

實際上，她出生後不久，爸爸媽媽就外出打工了，基本上一年才能回家一次。打從她有記憶起，爸爸媽媽就不在身邊。她是爺爺奶奶帶大的，而爺爺奶奶白天要忙農活，晚上又要做衣服貼補家用，根本沒時間管她。一到晚上，她就自己一個人躺在小床上，害怕極了。因爲沒有媽媽的陪伴，她在潛意識裡非常恨媽媽，於是就把自己的恐懼與憤怒具象化成了鬼。

我想，如果哈洛的實驗中的猴子會說話，牠們應該也會講述類似的體驗。

嬰兒早期的心靈狀態都是混沌、脆弱、未分化的，嬰兒需要在與媽媽等撫養者的互動中，逐漸發展出清晰、堅韌、複雜的心靈。在這個過程中，我們要切記心理學家哈洛從殘酷的恆河猴實驗所得出的結論：**情感互動勝於飲食照料**。只關注後者而疏於前者的父母，和「鐵絲網媽媽」沒什麼兩樣。這項結論可以不斷引申，親子關係、夫妻關係、雇傭關係……任何關係都一樣，如果只有物質滿足，而缺乏情感互動，那這種關係的品質就沒有什麼好稱道的。

回到開頭的問題：如果一個孩子打出生就離開父母，和其他孩子一起集中接受「批次」培養，那麼這個孩子長大後，會成爲怎樣的人呢？答案是，這個孩子有很高的機率會活不下去；即使能存活下來，也很有可能成爲人格不健全、心理不健康的人，並且很難適應社會。因此，撫養者既不能離開孩子，也不能機械化地養育孩子，必須用愛跟孩子互動，去看見孩子、傾聽孩子，讓孩子活在充滿愛的關係中。

02 情感，需要找到愛的依附
——陌生情境實驗

幼兒園陸續開學，那些初次入園的孩子既有些好奇也有些憂傷，家長同樣有些欣慰也有些焦慮，於是便催生了幼兒園門口各種「悲歡離合」的大戲。幾乎每一所幼兒園都一樣，開學的頭幾天，從一條街以外就能聽到園內孩子們撕心裂肺的哭聲。孩子都是家長的心肝寶貝，孩子一哭，看在家長眼裡，也好像在揪他們的心一樣，令人手足無措；甚至有不少家長也跟著偷偷掉眼淚。爲什麼許多孩子入學時會以哇哇大哭的方式開場呢？

依附最初的展現

「依附」這個概念最早是英國著名精神分析學家暨兒童精神病學家約翰．鮑比（John Bowlby）所提出的。他因爲在兒童發展心理學理論中的傑出貢獻，被世人譽爲「依附理論之父」和「二十世紀最傑出的一百名心理學家」之一。在鮑比看來，**依附是「個體與具有特殊意義的他人形成牢固情感連結的傾向，能為個體提供安全和安慰」**，也就是孩子與撫養者之間所形成的、穩定牢固的情感連結。

由於這種情感連結有較大的個體差異。爲了進一步探究這種差異現象，美國著名發展心理學家，也是鮑比的同事瑪麗．安沃斯（Mary Ainsworth）曾與她的學生一起設計了著名的「陌生情境實驗」，透過觀察孩子對陌生人的反應，來評估媽媽與孩子間的依附關係。

安沃斯選擇了若干十二個月至十四個月大的男女幼兒，讓他們和自己的母親一起參加實驗，並特地安排工作人員來扮演實驗中的陌生人。實驗在一間遊戲室裡進行，遊戲室只有一扇門，室內鋪有地毯，地毯上有許多玩具，包括玩偶、積木、汽車模型等。與此同時，遊戲室在隱蔽處安裝了攝影機，全程記錄孩子的反應。

實驗開始時，一位媽媽會帶著孩子來到遊戲室。媽媽會按照實驗要求，先跟孩子在遊戲室裡一起玩耍互動，讓孩子對這裡逐漸熟悉。隨後，媽媽會漸漸減少與孩子的互動，最後讓孩子自己玩耍，自己只是在旁邊看著，時不時回應一下孩子。正當孩子玩得開心時，由女性工作人員扮演的陌生人敲門進來了。她進來後，先是與媽媽和孩子打招呼，接著跟媽媽友好地交談，閒話家常，接著開始跟孩子套交情，並開始用好玩的玩具誘惑孩子。參與實驗的工作人員可都是兒童發展心理學界的高手，懂得許多與孩子相處的方法。就這樣，工作人員很快就跟孩子混熟了。就在孩子開心地與工作人員玩耍時，孩子的媽媽悄悄起身，躡手躡腳地走向遊戲室的大門，緩緩地打開門，再輕輕地將門關上，絕不發出一點聲響，把孩子「殘忍」地丟給了工作人員。

打從生下來就沒怎麼離開過媽媽的孩子，哪裡受得了這樣被媽媽「拋棄」。於是，參加實驗的孩子紛紛放飛眞實的自我：有的是戲精派，馬上開始大哭大鬧；有的是行動派，一言不發，直接走到遊戲室門前，準備開門自己去找媽媽；還有些是淡定派，看似內心鎭定，其實慌張得不行；也有些是高冷派，用實際行動詮釋了「媽媽，妳在或者不在，我都在這裡，不悲不喜」。此時，還在遊戲室內的工作人員完全控制住場面——畢竟是心理學專業人士，這點場面還是可以搞定的。有趣的是，有些孩子，只要工作人員一哄，情緒馬上就緩解了很多；但有些孩子卻怎麼哄都不行，大有要叫破喉嚨的勢頭；最難搞的就是高冷派的孩子，工作人員只能在旁邊跟孩子尬聊或尬玩，孩子完全不搭理。

過了一會兒，孩子的媽媽突然開門，大喊一聲：「寶貝，媽媽回來啦！」這時，遊戲室便開始上演人間百態：有的孩子馬上站起來，朝著媽媽撲過去求抱抱，情緒很快就平復下來，然後又接著去玩自己的；有的孩子則表現得非常憤怒，似乎在向媽媽抱怨：「妳怎麼現在才回來啊？」而這些孩子雖然想讓媽媽抱，卻又表現出想把媽媽推開的樣子，似乎心裡在說：「總不能妳想走就走，想回來就回來吧？這也太不給我面子了。」又有些孩子對媽媽回來一事無動於衷，心裡好像在說：「媽媽，回來了，呵呵。」，然後又接著去玩了。

實驗還沒結束。當孩子跟工作人員玩得正投入時，媽媽再次悄無聲息地離開了，這下子，人間百態再次在遊戲室裡上演，戲精派、行動派、淡定派、高冷派的孩子再一次充分展現了個性。然後，媽媽又突然開門，表示她回來了，孩子們則各自做出反應。就這樣，幾個回合下來，實驗終於結束了。

三種情感連結類型

實驗結果非常有意思。研究者根據孩子發現媽媽不在及返回後，所表現出來的態度和行爲反應，將孩子與母親之間的情感連結分成了三類。

第一類是安全型依附。這種類型的孩子當媽媽在場時能玩得很開心，也能充分放飛自我、自由玩耍，情緒正向且平穩。而且他們會經常與母親對視並微笑，就是那種「確認過眼神」的感覺。當陌生人靠近時，他們能很快與陌生人相處融洽，對陌生人的反應也較積極。當媽媽離開時，這種類型的孩子是典型的淡定派，表面上雖沒有大哭大鬧，但內心會有明顯的焦慮，表現出苦惱、不安、焦急，並試著尋找媽媽。媽媽回來時，則會立即投入媽媽的懷抱，先前的焦慮情緒也一掃而空，接著又去玩遊戲，好像什麼事也沒發生過。

這種類型的孩子將媽媽視爲安全基地和避風港，以媽媽爲中心，主動去探索環境。據統計，這一類孩子占實驗總人數的六五％至七○％。**如果仔細觀察這類孩子的母親，會發現她們溫情無比，眼裡只有孩子，並以欣賞與愛的目光來看待孩子**。她們不會主動干涉孩子的行動，只是在旁邊認眞地陪伴與聆聽。當孩子面臨危險、遇到困難需要幫助，或有情緒反應需要安撫時，她們能迅速理解孩子的感受。注意，這類孩子的媽媽是眞的體會到了孩子的感受，而且沒有經過思考，完全是自動化的，就像是與孩子心心相印。

第二類是迴避型依附。這種類型的孩子對媽媽的態度始終是無所謂的，是典型的高冷派。媽媽離開時，他們並不表示抗拒，而是直接忽略，不予理會，自己玩自己的；即使陌生人在場，大多數情況下，他們也不會感到緊張不安，權當陌生人不存在。媽媽回來時，他們也會迎接媽媽，但僅僅有過短暫接觸後，就又回到初始狀態，忽略媽媽的存在。

據統計，這一類孩子的人數約占實驗總人數的二〇%。如果深入觀察和了解迴避型依附孩子的媽媽，就會發現她們大多對孩子缺乏耐心，對孩子的行爲反應遲鈍，特別是當孩子出現狀況（例如打翻食物、鬧脾氣、突然打亂自己的計畫等）時，她們常會情緒失控，下意識地責罵或埋怨孩子，甚至會出現過激行爲。而孩子期待與媽媽互動時，她們也經常表現出心不在焉的樣子，消極回饋，甚至直接忽略。也就是說，**孩子一次次對媽媽抱以最大的渴望與期待，卻一次次得到冷漠的回應**，最終，孩子啓動了內心的自我保護機制，將自己對媽媽的期待完全隔離出去，躲在自己的幻想世界中，以免自己被一次次傷害。

第三類是焦慮/矛盾型依附。這種類型的孩子非常在乎媽媽的一舉一動，顯得格外警惕，根本無法全心投入遊戲。他們會時不時看向媽媽，目光中帶著怨念。媽媽離開時，他們會表現得非常痛苦、極度抗拒，甚至會歇斯底里、大喊大叫，還會直接用實際行動去表達憤怒，戲精派和行動派都是這類型孩子的典型。而媽媽回來時，他們對媽媽的態度也非常矛盾，既想與媽媽接觸，又顯得十分抗拒。如果媽媽想抱他們，他們會生氣地拒絕並直接推開媽媽。陌生人更是無法靠近他們，他們會非常敵視對方，無法融入陌生環境。

該類型的孩子的媽媽經常誤解孩子，她們自己的情緒也飄忽不定：時而興高采烈，對孩

子非常積極；時而消極抑鬱，對孩子愛理不理的。她們照顧孩子的行爲前後不一，經常不是按照孩子的需求去照顧，而是根據自己所謂的「理念」（她們連自己是怎麼知道這些東西的都不清楚，卻無比相信）去照顧孩子，強迫孩子跟她們保持一致。比如吃飯時，她們會強迫孩子吃自己認爲正確的種類與分量的食物，卻不關心孩子喜不喜歡吃、想不想吃、要不要吃。據統計，這個類型的孩子占實驗總人數的一〇%至一五%。

我的一名女性來訪者在外商工作，既美麗又優秀。然而她在尋找伴侶這方面存在很嚴重的問題，因爲她沒有辦法與男友步入婚姻關係。她談過好幾段戀愛，可是一到談婚論嫁的階段，她就會焦慮到不行，吃不好睡不著，莫名其妙跟男朋友發火鬧彆扭；用通俗的話說，就是公主病發作。她的歷任男友都受不了她這種態度，全都離她而去了。在諮商過程中，我發現她的內心像是有一層鐵甲般的硬殼，而且還帶著刺；只要我們的諮商關係一深入，她就想逃，並會用她的刺來攻擊我。

原來，她的爸爸在軍隊工作，長年不在家，她一直跟媽媽一起生活。但媽媽脾氣很不好，在她小時候經常無緣無故地打她；有時候，只因爲吃飯時把飯粒掉在地上，就被媽媽揍。因此，她從小就下定決心，以後一定要離開這個殘酷的家，離開媽媽。之後，她發奮努力，如願以償出國留學，然後進入外商。但她過得很不幸福，尤其是她無法與異性建立親密關係，因爲她很害怕，毫無安全感可言。

種瓜得瓜，種豆得豆

透過心理諮商的實踐發現，**依附關係不僅存在於孩子與撫養者之間，即使在成年人中，特別是戀人、夫妻之間，依附關係也普遍存在；而兒童時期的依附關係，也與成年後的依附關係存在某種關聯**。後來，鮑比和安沃斯等人，以及後續的研究者們，對依附關係進行了更持續深入的研究，並將研究目標擴展到成年人。進一步的研究發現：安全型依附的孩子長大後會積極地與他人交往，也很容易發展出基於信任的人際關係；迴避型依附的孩子長大後會經常懷疑和遷怒他人，不容易形成信任和親密的人際關係；焦慮/矛盾型依附的孩子長大後的人際關係常有過分緊張的傾向，表現出對他人的過度貪求與依賴。

也就是說，依附關係對孩子未來的成長與發展至關重要。這意味著，孩子童年時與父母的依附關係，會隨著時間的推移，慢慢成爲孩子心理與性格中不可分割的一部分。與父母之間的依附關係就像種子一樣，在孩子的心中慢慢生根、發芽、開花、結果。

前面所說的案例也印證了這個論點。父母當年在孩子心裡種下了怎樣的種子，孩子長大後，心中就有極大的可能會長出怎樣的果實。如果種下的是愛的種子，孩子長大後，心中會長出安全與信任；如果種下的是恨的種子，那麼收穫的將是恐懼與不安。具體來說，依附關係就像親子之間的情感資訊交流通道，透過這個通道，媽媽能準確地傳遞涵義豐富的情感訊息；而且這種情感訊息的資訊含量遠遠大於語言訊息。當情感訊息透過依附關係傳遞到孩子那邊時，孩子的內心就像一塊海綿，快速吸收媽媽傳遞過來的感覺，並藉此建立對外部世界的初步認識。這也是人類在漫長演化過程中逐步形成、用於適應環境的心理機制。

如果媽媽能透過情感訊息交流通道把安全感傳遞給孩子，那麼孩子就能透過這種安全感，形成「外部世界是安全的」「外面的人是可信的」的信念。因爲有這些信念，孩子才會鼓起勇氣走向外部世界，勇敢地去探索、認知、學習、結交更多朋友，未來就會有更廣闊的發展空間。

相反的，如果媽媽透過情感訊息交流通道傳遞給孩子的，盡是焦慮、恐懼、不信任等讓孩子感到不安全的情緒，那麼孩子就會透過這些情緒，形成「外部世界很危險」「外面的人不可信」的信念。在這些信念的控制下，孩子難以鼓起勇氣探索外部世界，更談不上建立廣泛的人際關係。

隨著孩子進入青春期、步入成年，當年種下的那顆不安的種子早已在他們心中生根發芽，開花結果。這時，他們會下意識觀察別人的情緒，也對別人的情緒特別敏感。他們的大腦已形成了一種牢固的認知模式，也就是「我要爲別人的情緒負責，如果別人不高興，那就是我的錯」。這種認知模式會帶來很大的心理負擔，讓他們壓力極大，活得很累。此外，由於他們曾深深體會過不安全感，所以特別害怕失去，並會下意識地依賴他人：**越是刻意依賴，就越難與他人建立起良性的人際關係；越難建立穩定的關係，就越難發展出真正的自我。**

英國著名精神分析學家溫尼考特（Donald Winnicott）在其理論中提到一個非常重要的概念，即**「夠好的母親」**，並提出了具體的實踐方式，也就是「護持」（holding）。夠好的母親會提供給孩子所需要的一切，時刻關注他的需求，並根據需求的變化即時適應與改變，隨著孩子依賴性的降低，逐步減少爲他提供的東西。當一個孩子剛來到這個世界上、還不能清晰有力地表達時，母親就能給他適當的回應與及時的滿足，這爲他建立了最初的安全感，讓他的內心形成對世界的基本信念，即「這個世界歡迎你」。「護持」強調媽媽對孩子的即時回應，而這種回應有如鏡像般，媽媽即時回應了孩子，就等於孩子內心的呼喚被聽到了，孩子便能獲得滿足感和存在感。當一名母親能眞正體會孩子的感受，並讓孩子知道母親能體會他的感受，孩子就會感到無比安全。

此外，溫尼考特還認爲，父母、老師和其他權威人士——尤其是父母——應該鼓勵孩子活出眞正的自己，也就是活出生命的「野性」，因爲野性才是生命的本來面目。相較於生命出現的時間，人類社會的道德、規則與文化的建立要晚得太多，這些人類社會發展過程中出現的上層建築，本應與原初生命力和諧共存，不應該成爲壓制生命的沉重包袱。尤其對孩子來說，在他們的原初生命力尚未充分發展時，就讓他們背上沉重的精神枷鎖，這與生命發展的規律是背道而馳的。想讓孩子的生命之花綻放開來，就該在孩子的生命之初種下安全的種子，提供安全的環境。

依附不僅是反映親子情感連結的關係，更是人性發展的基本需求與動力。每個孩子從來到人間的那一刻起，就在尋找媽媽，尋找與撫養者之間的依附關係。好的依附關係是安全的容器，是心靈成長的沃土。在這種關係的基礎上，孩子的生命力得以伸展，他不僅會有足夠的信心勇敢探索未知世界，還能擁有愛別人的力量。相反的，如果孩子最初的撫養者未與孩子建立起好的依附關係，那麼孩子爲了適應環境，爲了逃避痛苦的情感體驗，爲了讓自己活下去，就不得不在心中築起銅牆鐵壁般的防禦要塞，關閉與外界建立聯繫的通道。這樣一來，雖然痛苦減輕了，但孩子也失去了活力，失去了發展的機會，失去了愛的能力，同時也失去了感受幸福的能力。

當然，我們不必過於悲觀，覺得自己沒有遇到好媽媽、好爸爸，就無法做出改變。要知道，**你之所以是現在的你，是因為你有專屬於自己的經歷和體驗**，特別是自己所建構的獨特關係，是這些關係造就了現在的你。心理學本身並不是什麼可以包治百病的靈丹妙藥，但在你的個人發展史中，有許多關鍵要素藏在自己的潛意識裡，你可以借助心理學這項工具去重新認識它們。

同時，心理學還可以幫助你面對當下，體驗當下，活在當下。這些都有專門的方法，也不用著急，慢慢來。**活在當下的前提，是你得先看見自己，領悟過去，這樣便有了活在當下的勇氣與可能，也能累積做出改變的動力**。如果你能領悟過去、體驗當下，那麼心理學還能幫你面對未來，讓你了解自己究竟想要什麼、想做什麼、如何活出想要的自己。所以，不用著急，一切都是最好的安排，一步一步來，過自己想過的人生。

03

成長，需要成熟的時機——雙胞胎爬梯實驗

曾經有位小學四年級的學生對我說過：「老師，我眞的很累，週一到週五要在學校上課，週末還要去各種補習班，再加上家庭作業，週末比平日還忙。而且學的內容太難了，尤其是奧數，讓我很痛苦，我不想去補習班！」而這也是當下許多學生的心聲。

很多家長也都在糾結這個問題：想叫孩子去補習班，但孩子的壓力太大了；不去嘛，孩子跟其他同學的差距會不會因此被拉開了？這導致許多家長一看到別人幫孩子報了什麼課

程，就給自己的孩子報一樣的課，而且還經常有家長抱怨：「憑什麼他家小孩能拿第一名，我家的就不行？」有些家長甚至無法接受自己的孩子在某些方面不夠優秀，不能接受不同的人之間是有差別的。

這導致一種奇特的情況：功課好的學生往往未能獲得更好的超前學習資源，但功課相對差一些的學生則被強行拉到同一個高度。許多家長並不知道孩子適合學什麼、缺乏什麼能力，就盲目地幫孩子報名補習班，認爲這可以解決一切問題。

盡早幫自己的孩子報名各種課程，就能讓孩子贏在起跑線上嗎？人類的學習究竟是怎麼產生的？有什麼前提條件？諸如此類的問題，一直是發展心理學長期關注的。美國著名心理學家暨兒科醫師葛塞爾（A. Gesell）博士是兒童發展心理學研究的先驅之一，也是發展心理學中「遺傳決定論」的代表人物。他和同事透過研究兒童的神經運動發展，提出了著名的「成熟論」，認爲兒童發展是由先天遺傳因素決定的，而成熟才是推動發展的主要動力。這句話是什麼意思呢？我們可以從支持他此一觀點的著名研究——雙胞胎爬梯實驗講起。

雙胞胎爬梯實驗：學習是有前提條件的

在科學實驗中，最常用的實驗模式稱爲「對照組實驗」，也就是將環境中各種潛在的無關因素排除，並藉由實驗設計，針對需要研究的因素加以操控、觀察實驗結果。但在實際生活中，人與人的基因和成長環境千差萬別，科學家沒有辦法像養小白鼠一樣，把人養在實驗室裡控制和觀察。而雙胞胎研究，就是幫助我們了解基因和環境對人類影響的重要方式。

雙胞胎研究可分爲同卵雙胞胎和異卵雙胞胎兩種研究。同卵雙胞胎是由同一顆受精卵分裂而來的，有幾乎一〇〇%相同的遺傳基因。如果以同卵雙胞胎爲實驗對象，觀察到兩個人在長大後有某種特徵（比如智力、性格、情緒等）不同，就可以認爲是環境（比如家庭、學校、社區、父母教育風格等）不同，使得兩人經驗不同，從而導致了彼此的差異。異卵雙胞胎是由兩顆受精卵分別發育而來的，遺傳基因本身就存在差別。如果以異卵雙胞胎爲實驗對象，讓兩個人從小就在相同環境中成長，觀察兩個人在長大後有某種特徵不同，就可以認爲是遺傳基因的差別，導致了兩個人的差異。葛塞爾採取了同卵雙胞胎研究，來研究促進兒童心理發展的決定性因素，究竟是生理成熟，還是學習。

葛塞爾選取了一對未滿週歲的同卵雙胞胎兄弟爲實驗對象，讓這兩個小傢伙學習爬樓梯。由於是同卵雙胞胎，所以兄弟的身高、體重、健康狀況，與家庭環境、母親的身體情況等都一模一樣。

首先，葛塞爾讓哥哥在出生後第四十八週開始學習爬梯。四十八週大的孩子剛學會站立，還搖搖晃晃的不說，走路更是非常勉強。葛塞爾按照實驗設計，每天訓練哥哥十五分鐘。那訓練怎一個苦字了得。在訓練過程中，哥哥經歷了多次跌倒、哭鬧、爬起的過程。就這樣，在葛塞爾嚴格的訓練下，哥哥辛苦練習了六週，到了出生後第五十四週時，終於能靠自己的力量爬樓梯了。

對弟弟的訓練也跟哥哥完全一樣，只是弟弟學爬梯的時間比哥哥晚，出生後第五十二週才開始，比哥哥晚了整整四週。此時，弟弟走路的姿勢已經比較穩定了，腿部肌肉的力量也比哥哥剛開始學爬梯的時候更有力；而且他每天看著哥哥訓練，自己也一直躍躍欲試。

實驗結果非常有意思：哥哥從出生後第四十八週開始，練習了六週，到出生後第五十四週時才學會爬梯；弟弟從出生後第五十二週開始，練習了兩週，同樣在出生後第五十四週時學會了爬同樣的梯子。弟弟學爬梯的過程不但耗時短、效果較好，還具有更強的持續學習意願。這項結果引發了葛塞爾的思考：爲什麼先接受訓練的哥哥，在爬梯這件事上沒有表現出優勢呢？

葛塞爾以其他同卵雙胞胎爲實驗對象，又做了玩積木、玩球、學習詞語、數字記憶等實驗。他發現，無論學什麼，接受訓練的兒童雖然在一段時間內表現得比未受訓練的兒童好，然而當未受訓練的兒童達到某個年齡後，一旦讓他們做同樣的訓練，較晚接受訓練的兒童馬上就會趕上或超前先受訓練的人。據此，葛塞爾指出，**兒童的學習取決於生理上的成熟，沒有足夠的生理成熟度，就談不上真正的心理與能力發展；在這之中，學習只有促進的作用。**

正如前文提到的現象，當下許多教育培訓機構都非常熱門，有些動輒收費數萬元，十分昂貴。然而就算價格如此昂貴，也依然有許多家長抱著望子成龍、望女成鳳的期待，花錢讓孩子去上課，甚至讓他們學習那些遠超過本身認知能力的課程，比如難度極高的奧數課，或是開設給幼兒園孩子的升小學課程。實際上，根據葛塞爾的實驗研究，那些所謂能提高孩子智商和認知能力的課程內容，基本上都沒什麼用。不僅如此，那些超出孩子認知能力的課程還會大大打擊他們的學習積極度，消磨他們的學習動力，甚至會造成自尊與自信受挫。家長應該好好反思一下，花這麼多錢讓孩子去學那些超出自身能力範圍的內容，究竟是爲了孩子好，還是在緩解自己的焦慮，或者滿足自己內心曾經的缺憾呢？

基因是主角，環境是配角

葛塞爾根據自己一系列的研究成果，提出了「成熟論」，認爲孩子的成熟與發展有其規律，這個規律就像刻度表一樣，生理結構成熟到什麼程度，孩子便具備發展出什麼能力的可能性；而環境和教育僅能發揮促進的效用，無法改變刻度表上的數値。也就是說，兒童在生理成熟前，一直處於「準備學習」的狀態，這種準備狀態實際上就是生理結構由不成熟轉爲成熟的過渡階段。這時，家長應該耐心等待孩子達到能接受未來學習內容的水準。從實際效果來看，超前學習沒有意義。

由於葛塞爾受當時研究技術與條件的限制，特別是當時還沒有基因研究的支持，因此，葛塞爾只是認爲，在兒童的成長過程中，生物學結構的成熟有著決定性作用，但生物學結構與後天教育環境究竟是什麼關係，他並沒有回答清楚。而隨著現代基因科學的發展，尤其是基因檢測技術的誕生，關於先天遺傳與後天學習孰爲決定性因素的爭論終於有了明確的答案：基因與環境共同決定論。正如中國科學院神經科學研究所高級研究員仇子龍教授所說：「基因是生命大戲的絕對主角，環境是配角。」

這句話可以從兩方面來理解。一方面，基因爲生命的發展提供了基本藍圖。我們從還是受精卵的時候起，就按照基因所蘊含的龐大資訊不斷生長發育，身體中的每個細胞，細胞中的每種蛋白質，都會按照基因有序地進行活動。該開始生長發育時，開關就會開啓；成熟後該停止生長發育時，開關就會關閉。對人類來說，最重要的心智同樣依賴於大腦的生長發育，也按照基因所提供的藍圖不斷發展。但另一方面，基因雖然爲我們的生命大戲提供了劇本，但並沒有告訴我們具體要怎樣演出，這得靠每個人根據自己所處的環境即興發揮，而這種即興發揮的能力，就是認知和學習的能力。

不過很可惜的是，在基因所給的人生劇本中，能讓你即興發揮的部分較有限。二〇一八年十月，《自然》雜誌刊登了英國倫敦國王學院精神病學、心理學和神經科學研究所研究員齊亞妲．阿約雷希（Ziada Ayorech）與同事的一篇研究報告，他們分析了來自三千名個體和三千對雙胞胎的遺傳訊息，藉由比較同卵雙胞胎和異卵雙胞胎的遺傳訊息，發現基因可以解釋英國大學入學考試成績中五七%的差異、大學擇校中五一%的差異、報考大學排名（根據學術聲譽和就業前景等因素評估）中五七%的差異，以及在校成績中四六%的差異。

這意思是說，你將來能考上什麼大學、大學成績怎樣，以及未來發展如何，有一半以上的可能性，基因都幫你決定好了。倫敦國王學院精神病學、心理學和神經科學研究所的研究負責人艾米莉．史密斯—伍利（Emily Smith-Woolley）博士說：「年輕人是否會選擇繼續接受高等教育，大部分是受到他們的基因影響。」同樣在二〇一八年，美國和英國的科學家還發現，基因可以預測一個人能不能上大學：那些擁有更優秀學習基因的人，能上大學的機率比一般人高了整整五倍。這充分說明，孩子能不能上大學，跟父母有沒有錢、重不重視教育沒太大的關係，或許在孩子還是受精卵時就已經註定了。

人生的必修課：學會面對失敗

基因科學的研究成果會給許多家長當頭潑一盆冷水。想必有人會問：「如果孩子的未來都是基因決定好的，那教育還有什麼意義呢？」那麼我要反問一句：難道教育的意義就是讓孩子取得好成績、考上好學校嗎？我認爲這是許多家長在教育理念上出現的偏差。

哲學家詹姆斯．卡斯（James P. Carse）在著作《有限與無限的遊戲》中提出人類有兩種遊戲方式。一種是有限遊戲，比如下棋、考試、執行專案，甚至是外交談判和戰爭。這些事情都有明確的邊界，存在明確的開始與結束。但世界上還有另外一種遊戲，沒有邊界，只要開始，就必須一直玩下去，直到遊戲玩家消亡爲止，這就是無限遊戲。人的一生實際上就是一場無限遊戲，沒有最終目標，只要人還活著，這場遊戲就必須玩下去。但要玩下去，就只能面對不確定性，接受遊戲的結果可能會跟自己的預期不一樣，否則很難玩下去。

一個人只有從小就學會坦然面對遊戲的結果，允許自己失敗，允許自己付出的努力沒有結果，才有不斷玩下去的可能；而只有不斷玩下去，才有可能翻盤，並品味到這場遊戲的樂趣。因此，對家長來說，教育孩子的關鍵絕對不是逼他們去學習書本上的知識，逼他們考出好成績，而是引導出孩子的自我效能感，錘鍊出孩子的心理韌性。具備自我效能感與心理韌性的孩子，無論往後從事怎樣的工作，無論世界如何變化，都可以借助時間的力量不斷積累與前行，最終實現人生的價值。

那麼，玩好人生這場無限遊戲的最重要的條件是什麼呢？約翰·霍普金斯大學的教授，同時也是二〇一九年諾貝爾生醫獎得主的塞門扎（Gregg L. Semenza）教授談起研究路上的痛苦經歷時，回憶說：**「失敗不是悲劇，是要克服的挑戰。要接受事情不會一帆風順。」**他還強調：「失敗了，就從頭開始！」也就是說，塞門扎教授能獲得諾貝爾獎，不僅因爲他具備卓越的研究能力，還因爲他具備超強的心理韌性，這種韌性不僅幫助他一次又一次地克服困難，並且幫助他度過了漫長的等待期。

要知道，在毫無確定結果的情況下經歷漫長的等待，比接受失敗或克服困境艱難得多。也就是說，**心理韌性是玩好「人生」這場無限遊戲最重要的條件**。那麼，什麼是心理韌性呢？用通俗的話來講，就是「我知道自己一定行」的感覺，注意，這裡用的詞是「感覺」，這是一種自然而然的心理過程，而不是用理性說服自己從而得出的結論；用術語來講，就是**自我效能感**。最早提出這個概念的是美國社會心理學家班杜拉（Albert Bandura），他對這個概念給出的定義是**「人們對自身能否利用所擁有的技能，去完成某項工作行為的自信程度」**。

建立「我做得到」的感覺，需要切身的體驗

每個人的基因中都帶著「我做得到」的基因。如果孩子所處的環境是安全的、積極的、自由的、支持性的，「我做得到」的基因就會展現出來。比如，一名一歲多的幼兒第一次想自己吃香蕉。要吃香蕉，就得剝去香蕉皮。此時對家長來說有兩種選擇：一種是直接幫孩子剝開香蕉皮，把香蕉弄成小段，塞進孩子嘴裡，這對成年人來說太簡單了；另一種是鼓勵孩子自己嘗試去剝香蕉皮，藉由自己的努力吃到香蕉。

單從結果來看，這兩種情況下，孩子都吃到了香蕉；但如果從心理過程來看，家長的這兩種應對方式卻會在孩子心中建立兩種完全不同的感受：前一種是「媽媽行，我不行」，後

一種則是「我做得到」。也就是說，最好讓孩子透過自己的努力實現願望，這樣可以增強孩子的自我效能感；父母如果強行幫助孩子，反而會破壞孩子的自我效能感。

然而，要讓孩子建立「我做得到」的感覺，不是家長嘴巴上說說就行了，而是需要家長創造條件，讓孩子自己體驗到這種感覺。**當孩子做一件事遇到挫折時，要給予支援，而不是直接替孩子做這件事，更不能打擊孩子**。

我曾見過一位讓我印象深刻的爸爸。他和兒子一起參加一項親子活動，要家長與孩子配合，先在長條形的氣球裡充氣，然後用最快的速度把氣球編成小動物的形狀。這位爸爸跟兒子配合得不錯，爸爸負責充氣，兒子負責編氣球，不一會兒就完成了。兒子看著自己完成的氣球作品，非常自豪，緊緊抱住爸爸，並高興地說：「爸爸，我是世界上最厲害的！」

有意思的是，兒子的話音剛落，可能是因爲氣球裡的氣充得太滿，做好的作品突然「砰」的一聲破了。兒子嚇得抱著爸爸大哭。這時，這位爸爸卻說：「你剛才不是說你是世界上最厲害的嗎？氣球破了就把你嚇哭了啊？別哭啦，男兒有淚不輕彈！」我聽完這位爸爸的話，很替他感到惋惜。他本來有一次千載難逢的好機會，能讓兒子體驗「我做得到」；可惜的是，當兒子遇到挫折時，他的一番話不但沒讓兒子建立起這種感覺，還把兒子原來的自信也弄沒了。

實際上，這位爸爸的這番話讓自己的兒子感受到的，並不是爸爸讓他堅強，而是爸爸說他不行。孩子年齡越小，要建立自我效能感越容易，建立起「我做得到」的感覺就越持久；相反的，隨著孩子年齡增長，要建立自我效能感就會變得困難，甚至還會建立起「我不行」的感覺，這種感覺將會伴隨孩子很長時間，甚至終生。

如果這位爸爸在兒子說「我是世界上最厲害的！」時，能用非常眞誠的態度對他說：「兒子，你就是世界上最厲害的！」而在兒子被破掉的氣球嚇哭時，能馬上將他摟在懷裡，用非常關心的態度告訴他：「別怕，爸爸在這裡。」那麼這位爸爸跟兒子之間的情感連結就建立起來了。當兒子再次面對困難時，他既能想起爸爸對他的充分認可與肯定，又能想到即使失敗了，爸爸也願意接納自己。這樣一來，孩子的心理韌性就增強了。

爲什麼要讓孩子從小就建立「我做得到」的感覺呢？原因很簡單：年齡越大，面臨的人生使命就越大。成年人面臨的是戀愛、結婚、生子、工作、理財和交際等重大使命，要好好完成很不容易；而一旦失敗，代價又會很高。相反的，越小的孩子，面臨的人生使命就越小，成敗得失一般只有心理上的意義，反倒沒有那麼大的現實意義。例如孩子上國中國小時，那些小考試的成敗未必有太大的現實意義，把這些考試當成練習就好了。但很多家長卻像打了雞血般，強迫孩子學習，搞得孩子從幼兒園起就像在打一場場生死大戰似的，在這種高壓底下，孩子的心理將會發育成什麼樣子呢？

教育的目的不僅是讓孩子考出好成績。**教育的重點不在於「教」，而是「育」**。美國著名精神分析學家寇哈特（Heinz Kohut）曾說過：「父母是什麼人，比父母做什麼更重要。」中國著名精神分析學家曾奇峰老師也曾在著作中寫道：「很多父母問的與育兒有關的問題，都與怎麼做有關。假如有一本包含所有『怎麼做』的書，你全部按照書上說的做，還是有可能會製造出一個有問題的孩子。而人格健康的父母，根本不知道這本書的存在，卻可能培養出一個健康的孩子。」

人的成長、事業的發展，跟教育孩子是一樣的

前文所說的教育理念，實際上也是成長與發展的理念，它們的核心是相同的。與其說父母在教育孩子，倒不如說父母是與孩子一起成長。即使你還沒有孩子，這個理念也同樣適用，因為你的事業、做出的成果、人生的閱歷、建構的社會關係網路以及所獲取的資源，都是你所生的「孩子」。我們每個人來到這個世界，都應該生個「孩子」；這個「孩子」指的是你創造的東西，它可以是你寫的一本書、你經營的一個自媒體、你發明的一項技術專利，也可以是你建構的一個社群、你搭建的一個社交平臺。與其說你在經營事業，不如說你在養

事業這個「孩子」的同時，跟著它一起成長。

那麼，你準備怎樣來養這個「孩子」呢？

如果你只想著如何讓你的「孩子」能値更多錢、身價更高，天天想著要盡快將自己的「孩子」變現，自己盡快年薪破百萬、迎娶白富美或嫁個富二代，那麼你到底把自己的「孩子」當成什麼了？你跟那些天天只想著讓孩子考上好學校，甚至像打了雞血一樣不顧教育規律、逼迫孩子學習的家長又有什麼區別呢？個人成長的意義、事業的成果，並不在於是否能馬上升職加薪、馬上賺更多的錢，因爲有錢只是職業發展道路上一場戰役的勝利，卻不意味著整場戰爭的勝利。人生的戰爭，尤其職涯發展上的戰爭，是由無數場大小戰役組成的，整場戰爭的勝負，是由實力、眼界和胸懷決定的。那種根本不在乎自己的「孩子」成長得如何，只以金錢論英雄、急功近利的行爲邏輯，完全是出於賭徒心態，拿自己的前途和命運當籌碼去賭博，終究會遇到發展瓶頸，對自己是很不負責的。

能否贏得整場人生戰爭的勝利，關鍵在於你有沒有勇氣，有沒有膽識，有沒有戰略，有沒有韌性；關鍵在於你是否眞心熱愛現在從事的事業，是否全身心投入其中，有沒有在養育這個「孩子」的過程中體驗到歸屬感和意義；而這份事業有沒有讓你的生命變得充實，有沒有讓你的人生更加精采。

04 發展，需要尋找學習的榜樣——波波玩偶實驗

教育類節目《圓桌派》的一段影片曾上過熱搜。影片中，節目主持人竇文濤提到一個現象：有些孩子過早有了攀比心，比如經常說其他人家裡住的是什麼樣的房子，開多好的車……話題一出，長期研究青少年心理問題的李玫瑾教授一針見血地指出：「這話不是小孩的，這話一定是孩子聽了大人的。」緊接著，李教授提出一個發人深省的觀點：孩子的表現，反映出父母的水準。這無疑給了家長一記當頭棒喝：家庭教育是一場模仿遊戲，父母就

是孩子的一面鏡子。身教大於言傳，比起一味對孩子進行口頭教育，父母自己做了什麼更重要。

教育孩子時，身教眞的比言傳管用嗎？實際上，早在一九六〇年代，就有心理學家用經典的實驗證明了此一觀點。

著名的波波玩偶實驗

美國著名社會心理學家、社會學習理論創始人班杜拉教授曾於一九六一年至一九六五年做了一系列實驗，其中最著名的就是波波玩偶實驗，這項實驗用事實告訴世人，孩子是會透過觀察和模仿來學習攻擊行爲的。

一九六一年，班杜拉在史丹佛大學附設幼兒園啓動了該項實驗。他以三十六名男孩和三十六名女孩爲受試者，這些孩子的年齡在三歲至六歲之間，平均年齡爲四歲四個月。班杜拉將這七十二名孩子按照一定的性別與年齡比例平均分成三組，包括一個對照組和兩個實驗組，每組各二十四名孩子。其中，兩個實驗組分別爲A組和B組。

A組稱為「攻擊性組」，該組孩子會在實驗過程中看到助手的攻擊性行為；當然，這種攻擊性行為是班杜拉安排助手故意表演出來的。B組則稱為「非攻擊性組」，該組孩子會在實驗過程中看到助手的正常行為，即非攻擊性行為。

在實驗開始前，班杜拉還對孩子們的攻擊性做了評估，平均來看，每組孩子的攻擊性大體是相同的。

實驗開始了。為了確保實驗過程中孩子們不會相互干擾，班杜拉讓助手將參加實驗的孩子逐一帶進實驗用的遊戲室。進入遊戲室的孩子會被安排在房間的一角，他們面前則擺著許多有趣的玩具。助手告訴孩子，他們可以隨意玩這些玩具，不受外界干擾。另外，在兩個實驗組裡分別會出現一位由實驗人員扮演的「成年人榜樣」。

為了保證實驗過程的眞實性和流暢性，特別是要讓孩子覺得這些都是「眞的」，在孩子前往活動室的路上，班杜拉還特意安排了「助手假裝偶遇熟人」的橋段；而這位「熟人」其實就是實驗裡的「成年人榜樣」，是由實驗人員假扮的。助手會順勢跟孩子介紹這位「熟人」，並邀請他和孩子們一起玩玩具，讓孩子們和他變得熟悉。在A組中，這位熟人坐在活動室的另一角，他的面前擺著拼圖、木棍，還有一個一．五公尺高的「波波玩偶」（外形類似保齡球瓶的大型不倒翁）。助手會告訴孩子，這些玩具是專門給成年人準備的。

接下來，這位熟人先玩了一會兒拼圖，一分鐘後，他開始拿木棍用力打波波玩偶。具體過程是這樣的：先把波波玩偶放倒在地上，然後坐在它身上，反覆拽它的鼻子，再把它提起來，用木棍打它的頭，最後用力把它拋向空中，等它落在地上時，再拳打腳踢。這位熟人會重複這些動作三次，一邊打，還會一邊說攻擊性的話，如「踢死它」「沒種的傢伙」「拽它的鼻子」「用棍子打它」等。十分鐘後，攻擊結束。

B組的成年人榜樣則一直安靜地坐在角落裡玩拼圖，直到實驗結束。

隨後，所有孩子依次被帶進一間更大的遊戲室，這裡有更多玩具，包括飛機、火車、汽車等，還有波波玩偶。助手首先會引導孩子們玩玩具，等孩子們進入狀態後，助手會突然要孩子們停下來，並告訴他們要把這些玩具給其他小朋友玩，所以不能再玩了。此時，大部分孩子都會感到不高興。

接著，助手會帶孩子去第三間遊戲室。這裡的玩具被分為兩類：一類是沒有攻擊性的玩具，比如蠟筆、紙張、洋娃娃、塑膠動物和卡車模型等；另一類是有攻擊性的玩具，包括一把錘子、一柄標槍、一顆畫有臉的圖案並用鏈子吊起來的球，當然還有波波玩偶。孩子們被允許在這個房間玩二十分鐘，班杜拉則隔著單面鏡觀察孩子們的舉動，並評估每個孩子攻擊性行為的等級。

「榜樣」的驚人力量

波波玩偶實驗的結果正如班杜拉的預測。A組的孩子在第三間遊戲室中表現出非常明顯的攻擊性行爲。男孩中，平均有三十八·二人次模仿「成年人榜樣」的動作、進行了身體攻擊；女孩則平均有十二·七人次；至於語言攻擊，男孩平均有十七人次進行了模仿，女孩則平均有十五·七人次。而做爲對比的對照組和B組的孩子則沒有表現出任何攻擊性行爲。實驗結果充分說明，攻擊性行爲是可以通過觀察和模仿習得的。

隨後，班杜拉又做了一系列補充實驗，其中有兩項實驗值得一提。在一項實驗中，班杜拉將波波玩偶實驗中的成年人榜樣換成了電影、電視劇或動畫，讓孩子在遊戲室裡玩耍時觀看具有攻擊性的鏡頭，結果發現，電影、電視劇或動畫片的影響力雖然比眞人榜樣要小，但同樣能發揮榜樣的作用；在另一項實驗中，班杜拉對做出攻擊性行爲的成年人榜樣進行了懲罰，並展示給孩子們看，結果孩子們出現攻擊性行爲的次數顯著下降，還有些孩子會盡力避免做出攻擊性行爲。

除此之外，班杜拉還設計了一項「狗狗實驗」。他選出了一些怕狗的孩子，並將他們隨機分成四組。與此同時，他特地挑選出一名非常喜歡狗的四歲男孩，將他做爲榜樣。在第一組中，班杜拉讓榜樣小男孩在孩子面前和小狗親近，撫摸小狗的身體和頭，幫牠抓背，擁抱牠，其他孩子則在旁邊全程觀看，了解親近小狗並不會造成任何傷害。隨後班杜拉讓孩子們圍成一圈互相交流，慢慢形成良好的互動氛圍；在第二組中，孩子同樣全程觀看了榜樣小男孩與小狗親近，但僅是觀看，沒有互動；第三組的孩子會一起觀看小狗，但沒有與小狗親近的榜樣出現；第四組的孩子則是一起玩耍，榜樣和小狗都不會出現，孩子們只是單純遊玩。

這項實驗持續進行了一個月，實驗結束的那天，班杜拉讓各組孩子分別接觸經常見到的實驗狗和從未見過的陌生狗，觀察各組孩子對狗的恐懼表現，並評估恐懼的程度。實驗結果顯示，第一組和第二組的孩子可以親近實驗狗和陌生狗，而且兩組孩子的表現並沒有明顯差別，有六七％的孩子可以單獨和狗待在一起；也就是說，有超過一半的孩子不再怕狗了；而第三組和第四組的孩子仍會害怕狗，無法與狗單獨待在一起。這就充分說明，孩子不僅能透過模仿榜樣習得有攻擊性的暴力行爲，也能透過模仿榜樣改變不良習慣，甚至戰勝自己的恐懼。這就是榜樣的驚人力量。

身教，需要意義感和良好的關係

加州大學柏克萊分校的發展心理學家艾利森．高普尼克（Alison Gopnik）進一步對孩子的模仿行爲進行了深入的研究，並將實驗結果寫成學術專著《「教養」是一種可怕的發明》。高普尼克提出了非常重要的觀點：「當孩子模仿他們的照顧者時，他們已經可以非常深刻地理解這些行爲的目的和意義。」孩子的模仿非常高級，他們並不是什麼動作都模仿，只有能透過模仿你的動作達成某一目的時，才會模仿你。透過模仿，孩子能理解事物之間的因果關係，這就賦予了模仿意義感；當然，模仿的意義感與你和孩子之間的關係密切相關。

上述結論也是透過一系列實驗得出的。實驗的具體過程如下。

實驗人員在一個平臺中間放置一輛玩具小汽車，並在小汽車左右各放置一個障礙物。如果撞到左邊的障礙物，小汽車就會發光；如果撞到右邊的障礙物，小汽車就什麼反應都沒有。實驗人員邀請不同年齡段的孩子來到實驗室，孩子們要做的事非常簡單，就是觀看實驗人員玩「撞車遊戲」。實驗人員當著孩子們的面操作小汽車的遙控器，一會兒讓它撞到左邊的障礙物，一會兒讓它撞到右邊的障礙物。孩子們觀看實驗人員操作幾遍後，實驗人員會把遙控器交給孩子們，讓孩子們來操作。

結果非常有意思，所有的孩子都不會單純地模仿實驗人員對小汽車的操作（一會兒撞左邊，一會兒撞右邊），哪怕只是兩歲的孩子，都會專撞左邊的障礙物，因爲這樣能讓小汽車發光。孩子們不會模仿大人所有的動作，只會模仿「成功」的動作，也就是能讓他們看到事物之間因果關係的動作，因爲這會帶給他們意義感。

接著，實驗人員把需要人工作業的小汽車，換成了能自動行進的小汽車撞上障礙物的短片，全程沒有實驗人員參與。結果，孩子們就不模仿了。這表示孩子們更願意模仿的是人，而不是機器。

接下來，實驗人員又做了一項實驗。他們把自己的手綁起來，走到一個電燈開關前面，用頭去撞電燈開關，把燈打開。實驗人員讓參加實驗的一歲半到兩歲左右的孩子觀看這整個過程，並讓孩子們也去開那盞燈。結果顯示，孩子們開燈的時候，並不會像實驗人員一樣用頭去撞開關，而會用手打開開關，因爲孩子們知道實驗人員之所以用頭去撞開關，是因爲手被綑住了，不能動。

在另一項實驗中，實驗人員並沒有把自己的手綁起來，但故意不用手而用頭去撞開關，好把燈打開。結果在這個情境下，孩子們開燈的時候就不用手了，而是用頭去撞開關。這是因爲孩子們看到實驗人員在能用手打開開關的情況下，卻故意不用手，反而用頭去撞，覺得這其中一定有什麼特殊意義，就像某種宗教儀式一樣。因此，孩子們心中與生俱來對神祕儀式的模仿服從就被啓動了。

到這裡，實驗還沒有結束。實驗人員又做了另一項模仿實驗，在這項實驗中，兩個實驗人員在若干名以英語爲母語的美國孩子面前做了一系列動作。兩個實驗人員做的動作不同，但都很有意思，其中一人在做動作時全程講英語，另一個人全程講法語。他們做完動作後，讓孩子們模仿他們的動作。結果，絕大部分的孩子都去模仿說英語的實驗人員的動作。這是因爲，和孩子們一樣講英語的實驗人員，會讓他們感到熟悉且親切，覺得這個人和自己關係比較近；越是和自己關係親近的人，孩子們就越願意模仿。

身教的關鍵，在於家長先切身體驗

到這裡，你應該對身教的威力有感覺了。模仿成年人，尤其是跟自己關係親密的撫養者（比如自己的父母）是孩子的天性。孩子不僅會主動觀察撫養者的行爲舉止，還會觀察這些行爲舉止導致了哪些結果，並判斷這些結果與撫養者的行爲之間有什麼聯繫。當孩子覺得，撫養者的行爲與其導致的結果之間，存在某種必然時，他就會模仿這種行爲，因爲必然就意味著意義感。

然而，你可能會問：孩子模仿家長的簡單動作沒問題，家長可以有意識地塑造孩子的行爲；但如果是抽象的道德品格，例如尊重他人，該怎樣才能讓孩子學會呢？實際上，這涉及身教的一個關鍵環節：**要想讓孩子模仿複雜而抽象的道德品格，需要給予孩子足夠自由的空間，並創造條件，讓孩子能擁有切身的體驗。而讓孩子切身體驗的前提，就是家長自己要先體驗。**

比如，怎樣才能讓孩子學會尊重他人呢？如果你只是一味跟孩子強調「要尊重他人」「尊重是美德」，一般情況下，這種理性說教的效果會很差。不信的話，你不妨這樣試試。

首先，**要跟孩子建立起平等關係，讓孩子明白尊重的前提是彼此人格上的平等**。由於受到傳統禮教的影響，我們從小就被教育要孝敬父母、尊重長輩，尤其被強調要服從權威，以致很多人從小到大不曾眞正感受過什麼叫平等的關係。許多孩子尊重長輩，是出於對權威者的恐懼；也就是害怕如果自己的行爲舉止顯得沒禮貌，就會被父母或其他權威者責罰，於是在長輩等權威者面前做出尊重的樣子，而這裡面大部分是出於對權威的恐懼。

家長們可以捫心自問，在要求孩子尊重長輩的時候，是眞心想讓孩子學會尊重他人，還是在享受對孩子的「絕對統治權」？現在時代變了，家長們必須重設目標，建立以平等人格爲基礎的尊重，而不是摻雜恐懼和疏離的尊重。如果家長的教育中摻雜了控制的欲望，就很難讓孩子心服口服。

其次，**想讓孩子學會尊重他人，首先就要尊重孩子。沒有受過尊重的孩子，難以真正學會尊重**。現在的孩子和過去相比，受家長控制和影響的程度其實更高，在人生的每個大小決定上，幾乎都能看到家長「放不開的手」，孩子缺少自己做決定的權利。家長習慣包攬一切，忽略了如何甄別哪些事情應該讓孩子自己做主，哪些事情應該給孩子時間學習怎麼做決定，哪些事情又應該放手。

我曾聽上海蒲公英兒童圖書館、綠種子童園創始人講過她創辦幼兒園的故事。她的幼兒園所宣導的教育理念，正是大名鼎鼎的蒙特梭利教育法，也就是給孩子愛與自由，並且每時每刻都尊重孩子的自發性選擇。在這家幼兒園裡，孩子們不論做任何稀奇古怪的事情，都會被老師接納與尊重。一次，有位老師到這所幼稚園教英語繪本，她用很誇張的語氣和姿勢營造氣氛，結果孩子們不爲所動，只是冷靜地看著她，倒是她被孩子盯得緊張不已。她說，其他幼兒園的孩子們不是這樣的，會和她互動；她說什麼，孩子們就會做什麼，但這家幼兒園的孩子們不一樣。

事後，這家幼兒園的孩子對老師說，他們覺得那位教英語的老師就像一隻猴子。蒙特梭利教育法會破壞撫養者的自戀感，完全打破大人們的幻想。許多家長總是抱有這樣的執念：「我懂得多，你懂什麼？所以我要指導你、管教你、約束你。總之，你得聽我的。」如果孩子連自己做選擇的權利都沒有，就不可能體驗到被尊重的感覺，也就不可能發自內心地尊重他人。

再其次，**要理解孩子。得不到理解的孩子，難以真正學會尊重**。尊重意味著在意別人的感受，並願意給予積極、正面的對待。要在意別人的感受，需要對別人的感受有同理心。同理也就是一般所說的換位思考，重點在於能夠理解他人的立場和感受、體會他人的情緒和想法。當一個孩子總是粗暴地打斷別人的談話，絲毫不懂什麼是尊重的時候，如果家長說「要學會尊重別人，不要任意插嘴」，或者「再插嘴，再不尊重別人，就要受罰了」，那麼家長也沒有眞正做到尊重孩子。

總之，當孩子們學習例如尊重他人這樣抽象的道德品格時，絕不會是從家長的言詞說教中學會，而是要眞正體驗到被尊重的感覺、意識到尊重他人的意義，並在現實中一遍遍有意無意地練習，才能眞正學會。這其中，家長的身教非常重要，而身教的關鍵，就是家長們自己先切身體驗，再讓孩子去體驗。如果家長能夠發自內心體驗到獲得尊重，那麼孩子一定也會模仿家長，千萬不要小看孩子的學習能力。

05

謠言，可怕的記憶篡改與植入——車禍目擊者實驗

人的記憶可靠嗎，可以被篡改嗎？事實上，科學研究表明，記憶真的可以被篡改，甚至被植入。那些從來沒有發生過的事情，可以被植入當事人的記憶，而當事人會覺得這件事就像真的發生過一樣。歷史上，還真有人仔細研究過虛假記憶，下面就一起來看看。

轟動全美的阿米羅性侵冤案

記憶是人腦對體驗過事物的識記、保持、再現或再認，是進行思維、想像等高級心理活動的基礎。記憶做爲一種基本的心理過程，和其他心理活動密切相關，是人類一切學習、工作和生活的基礎，也是用於形成概念和價值觀的基本元素。而虛假記憶是由人類大腦中的資訊自動組合而成、不眞實的記憶。許多心理學研究表明，幾乎所有人都會產生虛假記憶，具體表現是歪曲事物的眞實情況，對自己的記憶堅信不疑，甚至對大腦編造的謊言信以爲眞。如果虛假記憶是人類天生就有的一種「心理漏洞」，那麼是否存在一種方法，能透過人工干預在人類大腦植入特定的虛假記憶，並讓人對此深信不疑？答案是肯定的，並且這樣的事情在歷史上就眞實發生過。

著名犯罪心理學與記憶科學專家茱莉亞・蕭（Julia Shaw）在著作《記憶錯覺》中就詳細記錄了一起轟動全美的案件，展示了記憶一旦遭到篡改，會爲案件偵查與司法審判帶來什麼樣的嚴重後果。

該案件發生在一九八四年的美國麻州，主角是四歲半的小男孩穆瑞・凱斯。那年夏天，穆瑞的媽媽發現他突然開始頻繁尿床，並模仿他十六個月大的弟弟牙牙學語。穆瑞的媽媽懷疑他出了事、擔心他受到了性侵害，於是讓她的哥哥，也就是穆瑞的舅舅去找他談談。舅舅告訴穆瑞，自己小時候去露營時曾遭到猥褻，並告訴穆瑞，如果有人曾脫下他的衣服，或強迫他做不願意做的事情，一定要說出來。

在舅舅的「開導」下，穆瑞說有一個叫「土雞叔叔」的人曾把他帶到一個房間，並脫了他的褲子。這位「土雞叔叔」就是穆瑞所在的托兒所工作人員，名叫傑拉德．阿米羅（Gerald Amirault，綽號「土雞」〔Tooky〕），托兒所的孩子都稱他爲「土雞叔叔」。這句話在穆瑞的母親聽來，猶如晴天霹靂，她迅速向警方報案。第二天，阿米羅遭逮捕，並被指控犯下了強姦罪。

案發十天後，警方將托兒所裡所有孩子的家長集合起來，進行案情通報。社工向家長分發清單，清單上列出孩子遭受性侵後可能出現的行爲及症狀。家長們並非專業人士，對清單上列出的症狀理解有誤，並對症狀背後的原因知之甚少，許多家長便因此產生了恐慌。接下來，負責該案件的員警又告訴家長：「袒護被告的人會遭到上帝的懲罰，你們的孩子可能永遠都不會原諒你們。」由於麻州的宗教觀念非常濃厚並保守，家長們的態度於是慢慢變得堅定起來。很快的，有多達四十名孩童被家長認定遭到猥褻。

隨後，以研究兒童性侵案件聞名的專家蘇珊．凱莉向孩子們徵詢情況。一開始，絕大多數的孩子都否認這些指控，但凱莉爲了撬開孩子們的嘴，便用《芝麻街》中伯特和厄尼的布偶，配合動畫中的聲音與孩子們交流、建立信任關係，並反覆鼓勵他們說出自己的恐懼。

在凱莉的鼓勵下，孩子們陸續開始細述自己的「遭遇」。根據法院的檔案，這些孩子對「侵犯」細節的描述非常生動，甚至到了匪夷所思的程度，證詞中還出現了「裸泳派對」「小丑」「神奇房間」等語詞。有些孩子說，有個「壞小丑」會一邊侵犯他們，一邊「在房間周圍丟火」，還用他的魔法棒威脅他們；有些孩子說，如果他們不遵守「性要求」，就會有像《星際大戰》裡的機器人一樣可怕的機器人傷害他們；還有些孩子說自己被龍蝦猥褻過；甚至有一名四歲的小女孩說，曾有人把一把三十公分的菜刀插進她的陰道。

最終，法院根據眾多孩童的證詞，判定阿米羅有罪，並對他判處數十年的監禁。阿米羅的母親薇拉和妹妹雪兒也在那家托兒所工作，她們遭指控爲從犯，也一樣被逮捕入獄。然而，對這起案件的質疑一直都沒有停止過。專業人士發現，案件的審理過程充滿疑點，因爲自始至終，法院給阿米羅定罪的依據竟然只有孩子們的一面之詞，員警根本沒有提供其他任何確實的證據。直到一九九八年，才有位法官根據案件的諸多疑點推翻了對阿米羅母親和妹妹的指控；又過了幾年，阿米羅才獲假釋出獄。

誰在篡改孩子們的記憶？

縱觀案件的審理過程，員警和心理專家凱莉可以說扮演著至關重要的角色，他們在不經意間篡改了孩子們原有的記憶，並植入了新的記憶。

首先是員警的有罪推論和帶有高度誘導性的詢問，爲家長製造了極大的恐慌。家長在恐慌的支配下，會帶著預設千方百計地詢問自己的孩子；而孩子們由於年齡太小，並不理解家長在說什麼，他們只能感受並被這種恐慌傳染。

緊接著，專家凱莉登場。她先用同理心策略博取孩子們的信任，然後鼓勵孩子們和自己一起恢復「被壓抑」的記憶。爲此，凱莉在輕鬆的氛圍中不斷挖掘細節，讓孩子們「想像出」具體的細節。

最後，凱莉再把這些細節按一定的邏輯編織起來，讓這種記憶看起來非常眞實。實際上，這種被鼓勵出來的記憶很不可靠。研究表示，人類雖然可以輕鬆記住資訊的內容，卻很容易忘掉資訊的來源，因此人們幾乎不可能判斷那些從腦海裡冒出來的細節，到底是自己的親身經歷，還是來自以前看過的文學或影視作品。此外，想像的過程也伴隨著強烈的大腦活動，特別是在情緒的作用下，這種活動會導致大量記憶片段拼接重構，也就是俗稱的「腦補」；而這些「腦補」出來的事情，很有可能根本就不曾發生。

這也就不難解釋，爲什麼越是關乎國計民生的重大事件，越容易引發大量的坊間謠言。當人們普遍陷入極大的恐慌與焦慮時，這些情緒會深深地壓抑在每個人的心裡，就像即將爆發的火山。在網路的催化下，這些恐慌與焦慮凝聚成巨大的情緒漩渦，裹挾了每個參與其中的人。上述案例中那些受到鼓勵的孩子，正是被他人的情緒裹挾了。當人們在巨大的情緒漩渦中受到他人的影響時，他們記憶中的那些碎片，就這樣被攪動了出來，並開始與網路上的話題結合，進行重構，也就是「腦補」。接著，你就會看到各式各樣從沒發生過的「親身經歷」和「親眼所見」被製造了出來。

那麼你可能又會想問，阿米羅的案例中，產生虛假記憶的都是孩子，孩子的想像天馬行空，產生虛假記憶也不是什麼新鮮事，但這種情況應該不會發生在成人身上吧？我只能很遺憾地說，成人的記憶也不靠譜，而且成人還會用理性來論證自己不靠譜的記憶，也就是幫自己的虛假記憶找藉口，比孩子更麻煩。更何況，成人都有自尊心，很多人無法接受別人「你錯了」的指責，因此即使的確是自己錯了，他們也不會認錯。下面，我們來看一個經典的心理學實驗。

車禍目擊者實驗：成人的記憶同樣不可靠

美國著名認知心理學家伊莉莎白・羅芙托斯（Elizabeth Loftus）做過一系列經典的虛假記憶實驗研究，並揭示導致虛假記憶產生的一項重要機制：提問時的語言暗示，對記憶有極爲深遠的影響。

在實驗中，羅芙托斯先讓受試者觀看一部完整的車禍短片，然後向不同的受試者提一系列問題，讓他們回答。她在向一部分受試者提問時說：「當轎車彼此碰撞的時候，車速有多快？」而在向另一部分受試者提問時，她將「碰撞」一詞換成了「撞毀」「互撞」「衝撞」「頂」等詞。實驗結果顯示，受試者估算出的數值，受提問者措辭的影響很大。被以「頂」這個詞語提問的受試者所估算出的平均時速爲三十一・八公里，而被以「撞毀」這個詞提問的受試者估算出的平均時速爲四十・八公里，兩組受試者估算出的平均時速相差近九公里。

一週後，羅芙托斯又做了進一步的研究。她將上次的受試者帶回實驗室，並向他們提出更多問題，其中一個是「有沒有看到破碎的玻璃」。儘管實際上短片裡並沒有這樣的鏡頭，但羅芙托斯預設，將車禍的情況記得比實際情況更嚴重的受試者，其記憶中可能也會有「與高速駕車形成的事故相匹配」此一細節。

不出她所料，之前被以「撞毀」這個詞提問的受試者中，有三〇%以上聲稱自己看到了並不存在的碎玻璃；而被以「碰撞」這個詞提問的受試者中，只有一六%的人聲稱自己看到了碎玻璃，兩者相差近一倍。這充分說明人類的記憶很容易受到語言暗示的影響而被篡改，虛假記憶同樣可以透過語言暗示植入。

無處不在的虛假記憶植入

提到植入虛假記憶，大多數人馬上會聯想到洗腦，即精神控制。「洗腦」一詞最早出現在一九五〇年代，當時人類剛走出第二次世界大戰的陰霾。許多人，尤其是親身體驗過大屠殺和慘烈戰爭的人們都在反思，爲什麼平時善良純樸的德國一般民眾，會被納粹德國的宣傳機器所控制，犯下種族屠殺的滔天罪行？由於認知心理學還處於萌芽時期，對記憶的認識還不夠深刻，因此當時普遍的觀點認爲，納粹德國透過資訊傳播的控制，借助大規模的政治宣傳和強制再教育，成功地在大部分人的腦子裡植入了掌權者想要的觀點。

隨著科學的進步，特別是認知心理學的發展，人類大腦中的促發效應（priming effect）

也被發現。「促發效應」是認知心理學中較專業的術語，對一般人來說不太好理解，但如果你拔過花生，那就會比較好懂了。

想像一下，你站在一片花生田裡，當你抓住花生的某段莖桿，使勁一拔，一整串果實都會被你從地裡拔出來。促發效應跟拔花生的過程很像。花生就像你的記憶內容，比如某個詞、某個人或某個場景。當你看見一株花生露在外面時，你用力一拔，一整串果實都會被拔出來。也就是說，當你看見某個記憶內容時，你的大腦會自動聯想一連串記憶內容，就像拔出一整串花生一樣，只不過你根本意識不到這個過程。

舉個例子，現在的人每天都被各類廣告包圍，這些廣告的用詞往往非常簡單粗暴，比如「怕上火，就喝×××」。你可能根本不相信一罐涼茶能預防上火，但實際上，不管你信不信，「怕上火，喝×××」這句廣告詞已經影響了你的潛意識，讓你將嘴破的疼痛與涼茶聯繫在一起，而這種聯繫是在你意識不到的時候自動完成的。所以說，廣告不需要你主動關注它們，只需要你的一點注意力，它們就會轉化爲一種深層的感覺，如果這種感覺長年累月地出現，你就會慢慢形成一種印象或者觀念，比如看到火鍋就想起那個牌子的涼茶。

其實，廣告就是最常見的洗腦術，其核心在於繞開你的心理防線，透過在潛意識層面長年累月地灌輸，在你的腦海裡製造出某種印象，從而影響甚至改變你對某項事物的觀念。除了無處不在的廣告，虛假記憶的另一個源頭是網路。尤其是社群媒體，它不僅改變了資訊的傳播模式，還徹底改變了我們每一個人的記憶。在社群媒體時代，人們可以隨時在網路上與別人分享自己拍攝的影像，講述自己的經歷、印象和看法，也隨時都能看到網路上有關公共事件的描述和評論。

因此，我們不再完全擁有記憶的自主權。正如哈佛大學心理學系社會心理學家丹尼爾·韋格納（Daniel Wegner）所說，人類正生活在一個激烈的交互記憶時代。我們擁有的不是屬於自己的獨特記憶，而是透過與無數線民的互動，製造出一種共同產生、共同更新、共同儲存的群體性記憶。在這個過程中，我們會自動把從網路上得到的記憶融合進來，並把自己原有的那份獨特記憶覆蓋掉，而且可能根本意識不到這個過程。華盛頓大學聖路易校區心理系教授亨利·羅迪格（Henry L. Roediger III）在其著作《超牢記憶法》中給此一現象取了個非常形象的名字，叫「集體記憶的傳染」。

如何識破謠言？

社群媒體在爲廣大民眾帶來資訊獲取與交流便捷性的同時，也打開了謠言傳播的潘朵拉盒子。在某些利益或目的驅使下，造謠者爲了增強說服力，往往會在保證事件主體眞實性的同時，加入大量充滿惡意的虛假細節，通過語言暗示這種隱蔽的下三濫手段，在不知不覺間植入虛假記憶。這些細節聽起來通常像眞的一樣，讓整起事件顯得十分生動。對那些經歷過類似事件的人來說，當他們看到這些自己不太了解，但又與個人經歷相似的細節時，大多數人會傾向於相信這只是被自己遺漏掉的資訊。如果你心中還積壓著情緒，那麼這些編造的內容就很容易植入你的記憶，從而讓你成功地被造謠者洗腦。這也正是疫情期間，爲什麼有那麼多人被謠言蠱惑的原因。

既然我們的記憶這麼不靠譜，那麼我們該如何識破謠言呢？主要有以下幾種方法：

第一，深度覺知情緒。無論聽到、看到什麼樣的資訊，此時此刻，一定要先覺知一下自己有沒有情緒。要知道，謠言並不可怕，可怕的是被調動的「憤怒」「恐懼」「同情」「悲傷」等情緒。你一旦生氣，就很可能會失去理性判斷的能力，掉進造謠者的陷阱。

那麼該怎樣覺知自己有沒有情緒呢？有些情緒是顯性的，比如你挨罵了，你很憤怒，這種情緒很容易覺知。但還有很多情緒是很難察覺到的，那怎麼辨呢？方法不難。你可以放鬆地坐著或站著，閉上眼睛，感受一下你閉上眼睛後，大腦裡是否在快速地播放影像，接著你可以試著靜心，讓這些影像消失。如果你的腦中快速閃過很多畫面，根本控制不住，那就表示此時此刻你的內心正積壓著情緒。當你覺知到自己有情緒時，先放下手機，停止接觸資訊，做點其他的事情，比如靜心，靜心是一種調節情緒很好的方式。

第二，保持批判思考。說白了，批判思考就是判斷眞僞的能力，是熟練、公正地評估論據的可信度，找出錯誤、虛假、篡改、僞裝和偏見的能力。它能幫你獲得盡可能準確的認知，接近眞相。對那些跟你沒什麼直接關係的謠言，你需要找出它的基本假設並質疑，尤其是那些關於健康或保健品的謠言，要分析一下其結論是基於什麼而來、這項假設靠不靠譜。有時候，只要你能往基本假設的方向想一想，謠言就不攻自破了。接下來，你需要試著根據假設推導結論，看看能不能推出這個謠言給出的結論、中間的環節是否站得住腳、有沒有堅實的論據。然而，對於那些跟你有關係的謠言，比如內容與個人經歷類似的謠言，你需要格外小心，你很有可能在不知不覺中掉入虛假記憶的陷阱，因爲造謠者和你之間有某種聯繫與共鳴。

第三，先觀望一會兒。對社群媒體上的資訊，沒有必要馬上做出反應。事不關己，就先高高掛起。要知道，當你看到這項資訊的時候，它已經不算新鮮了，不要被轉發時的滿足感左右。尤其是有突發事件時，在公布的資料很少的情況下，如果非要僅憑那些零零星星的資訊做判斷，就會得到錯誤的結論。不知道一件事，比起對錯誤資訊信以爲眞要強得多。有時候，先觀望一會兒，是一種智慧。

第四，用事實說話，蹭謠言的熱度。這是一種破解謠言很好的辦法。謠言是怎麼說的，你就怎麼去做，然後把結果展示出來。這樣一來，你不僅在實踐過程中識破了謠言，還順便蹭了謠言的熱度，再製造出一個新話題，把大家的注意力引到你對謠言的實踐上。

俗話說：「造謠一張嘴，闢謠跑斷腿。」闢謠的難度的確比造謠高得多。不過，闢謠能夠揭露眞相，對社會的正面影響是不可估量的。人與人之間的信任，是重要而寶貴的無形社會資產。

06 服從，乖孩子的罪名
——電擊實驗

一九六一年初春，一場轟動全世界的審判正在耶路撒冷舉行，受審者是納粹劊子手艾希曼（Otto Adolf Eichmann），二戰中臭名昭著的「最終解決方案」主要負責人。許多集中營倖存者都出庭作證，各國媒體也紛紛報導，然而當庭審畫面出現在眾人面前時，人們發現這個納粹劊子手看上去完全不如想像中那樣凶神惡煞，反而顯得十分親和。面對指控，艾希曼認爲自己無罪，並以「一切都是奉命行事」爲由替自己辯護。當然，最後他還是被判處絞刑。

艾希曼爲什麼會以「奉命行事」爲由殺害那麼多人？他能心安嗎？他不受良心譴責嗎？好人與壞人之間難道眞的只有一步之隔嗎？

電擊實驗的由來：審判艾希曼

對艾希曼的審判引發了學術界的一場熱烈討論，而這場討論也引起了美國社會心理學家史丹利・米爾格蘭（Stanley Milgram）的注意。

米爾格蘭曾先後在耶魯大學、哈佛大學和紐約市立大學任教，在社會心理學領域有突出的貢獻。他主張透過實驗發現並總結人類的社會心理模式，推動了社會心理學量化研究的進程。而米爾格蘭之所以爲世人所知，是因爲其著名的電擊實驗。

當時，二十八歲的米爾格蘭密切關注著這場審判。艾希曼爲自己做的無罪辯護引發了他的思考：面對如此傷天害理的事，他爲什麼會選擇服從命令呢？這是納粹德國的個別行爲，還是人類社會中普遍存在的行爲呢？

其實米爾格蘭也是猶太人，但是他沒有占據道德的制高點，站在猶太受害者的角度譴責劊子手，而是大膽地提出問題，並對問題進行反思，這是非常可貴的。

一般情況下，絕大多數人既無法做到自己的一切都由自己說了算，也無法完全掌控周圍的環境。我們最擅長的就是不斷找理由，讓我們的行爲和決定看起來合理；當我們犯錯時，這種心理機制尤爲突出。

我們在尚且年幼、還沒有獨立思考能力的時候，大腦裡就被父母、老師、媒體、文化環境等塞進了各式各樣的「字條」，上面寫滿了各種決策意見和規則禁忌，告訴我們什麼是對的，什麼是錯的。在某種意義上，這些「字條」幫助絕大部分的人快速適應當下的生活，畢竟生存才是最重要的；但與此同時，這些「字條」也限制了我們的獨立思考。假如生活中的所有決策，都是由父母、主管、老師等人幫你做的，那你還能學會獨立思考，還會質疑他們決策的合理性嗎？如果再碰上強勢的父母或師長，他們不允許你有不同的想法，並會因此懲罰甚至打壓你，那麼你還會嘗試獨立思考，還會聽見深藏在自己內心的聲音嗎？

有些人之所以能改變世界、推動人類文明的發展進程，不僅是因爲他們學識與能力超群，更因爲他們敢於直面自己，直面事實，聽從自己內心的聲音，相信自己的直覺，還有足夠的心理韌性，敢於克服種種困難，透過科學方法檢驗自己的直覺判斷。不論是在哪個行業，要想成就一番事業，要想在這個世界上留下自己思想的火花，聽從自己內心的聲音確實格外重要。

當年二十八歲的米爾格蘭也是這樣的人。身爲猶太裔學者，他的身後有六百多萬名在第二次世界大戰中慘遭納粹德國屠殺的同胞。這場大屠殺爲整個猶太民族帶來了巨大的心理創傷，但米爾格蘭在面對曾傷害過自己同胞的劊子手時，仍能站在科學的立場，保持中立，聽從自己內心的聲音，相信自己的直覺判斷。不僅如此，米爾格蘭還決定用實驗的方法，研究普通人在權威的指示下到底能變成什麼樣子，進而從根本上反思人類的暴行。

實驗前的準備：兩個演員，三個房間

米爾格蘭設計這項實驗，是想了解普通人在打著科學實驗之名的權威指令下，到底能下多狠的手，痛擊一名跟自己無冤無仇的陌生人。

實驗前的準備分爲三部分。

第一部分是招募受試者。爲了招募到合適的受試者，米爾格蘭專門設計了廣告詞和電話邀請語，宣稱該實驗的目的是研究如何透過懲罰來提高學習效率，並承諾受試者可以領取四·五美元的酬勞。由於這筆酬勞在當時算是較爲豐厚的，打出廣告後，便有許多人前來報名。爲了讓受試者的職業和年齡更平均，米爾格蘭定下了這樣的篩選標準：受試者必須是精神和心理都正常的人；工人占四〇％，白領占四〇％，專業人士占二〇％；二十一歲至三十歲的人占二〇％，三十一歲至四十歲的人占四〇％，四十一歲至五十歲的人占四〇％。

第二部分是安排實驗中的關鍵要素——假扮者。米爾格蘭特地邀請了兩個人參與實驗：一個是看來溫和親切的四十七歲老會計，另一個是看似冷酷無情的三十一歲高中生物老師。前者假扮成受試者，跟招募到的受試者一起抽籤；後者假扮成大學老師，負責指揮實驗。

第三部分是準備實驗設備。米爾格蘭爲這項實驗設計了一套極具創意的電擊操縱設備。這套設備共有三十個開關，分別對應不同等級的電壓，最低的標注爲十五伏特，最高則標注四百五十伏特，每個開關上還有標記，包括「輕微」「強烈」「危險」等說明。

實驗場地分別在三個房間進行。眞實受試者在電擊設備所在的房間進行操縱，假扮成受試者的老會計則來到一間獨立的測試室。測試室裡放著一把椅子，假扮受試者的雙手將被綁住並固定在椅子上，手腕還會被貼上電極——電極其實是假的，但眞實受試者並不知道。兩個房間互相隔離，眞實受試者與假扮受試者可以透過麥克風和擴音器對話，也能清楚聽到假扮受試者發出的聲音，比如呻吟、慘叫、敲牆的聲音等，還能透過玻璃窗看到假扮受試者遭電擊時的痛苦反應，比如抽搐、求饒等。至於那位冷酷嚴厲的高中生物老師，則假扮大學教授，爲眞實及假扮受試者指定實驗任務，並告知眞實受試者，若有任何問題，可以透過麥克風詢問，他會用擴音器回答。接著他就前往第三個房間。

一切準備就緒，實驗即將開始。

實驗進行時：逐漸升高的電壓

按照米爾格蘭的安排，第一次實驗共選取了四十名受試者，他們逐一來到實驗室進行測試。根據事先的計畫，假扮受試者與眞實受試者一起抽籤，以此決定誰來提問，誰來回答問題並接受懲罰。當然，籤是動過手腳的，眞實受試者一定會抽到提問的角色。假扮受試者進入測試室、被綁在椅子上，手腕也被貼上假電極。然後，冷酷嚴厲的假大學教授給眞實受試者指定任務，要求眞實受試者透過麥克風，按照事先準備好的問題來提問。每個問題有四個選項，假扮受試者會用手邊的按鈕作答。如果回答正確，眞實受試者就繼續問下一題；如果回答錯誤，眞實受試者就要用電擊施以懲罰。假扮受試者每答錯一題，眞實受試者就要提高電擊的電壓一級，直到最高電壓四百五十伏特。

與此同時，眞實受試者還被假大學教授告知，要統計電擊的電壓和假扮受試者作答的正確率，這樣專家就能更具體地研究懲罰對提高學習效率的作用。當然，這也是謊言，眞實受試者拿到的問題和答案也都是瞎編的。例如，眞實受試者問「美麗的？」時，假扮受試者選「小姑娘」就算對，選「年輕男子」就算錯。假大學老師教授告訴眞實受試者，電擊只會讓人感到有些疼痛，不會造成永久性損傷，沒有什麼危險。

就這樣，眞實受試者開始按照事先準備好的問題來提問。根據事先的約定，假扮受試者會正確回答前幾個問題，之後就不斷故意答錯。假大學教授會指示眞實受試者按下開關、電擊假扮受試者，並不斷提高電壓。

假扮受試者不斷答錯問題，眞實受試者就得按要求，不斷提高電壓去電擊他。隨著電壓不斷提高，假扮受試者的表演越來越誇張：從開始時一副無所謂的樣子，到輕微抽搐，再到痛苦呻吟，直到最後高聲求饒，說自己有心臟病，已經扛不住了，要昏過去了……之類的。當電壓提高到一定程度時，眞實受試者明顯能看出旁邊房間裡的假扮受試者越來越痛苦；有些眞實受試者會要求停止電擊，但假大學教授會透過擴音器說「沒關係，請繼續」「實驗需要繼續進行」「他沒事，你接著做下去」等。

按照米爾格蘭事先確定的實驗原則，如果眞實受試者連續三次明確要求停止實驗，實驗就會終止，實驗結果會被標記爲「受試者反抗權威指令」；反之，如果眞實受試者在假大學教授的反覆敦促下繼續進行實驗，直到連續三次用最高的四百五十伏特電擊假扮受試者，實驗就會正常結束，實驗結果會被標記爲「受試者服從了權威指令」。

實驗結果：經不起考驗的人性

實驗開始前，米爾格蘭曾對身邊心理系的同事和學生進行了小範圍調查，讓大家預測一下有多少人會在實驗中服從權威，用四百五十伏特的電壓「殺死」一個陌生人。大部分人認爲，會這麼做的人占全體受試者的比例不會超過一〇%，還有人認爲可能只有一%；然而實驗結果令人震驚：在四十名受試者中，有二十六人連續三次用四百五十伏特電擊了假扮受試者。在實驗過程中，雖然假扮受試者誇張地發出慘叫、敲擊、跺腳、求饒等各種聲音，甚至裝出抽搐的樣子，到最後悄無聲息，全身癱軟，但還是有六五%的受試者堅持一直電下去，直到被假大學教授告知實驗完成才罷手。

後來，米爾格蘭不斷改變實驗場景和條件，例如調整眞實受試者和假扮受試者之間的距離，改變眞實受試者、假扮受試者和假大學教授所在的位置；或是讓多名眞實受試者一起參與實驗、安排兩名假大學教授一起指揮、安排女性眞實受試者參與等，力圖做出更全面的實驗。他前後共進行了十九次實驗，隨著實驗場景和條件的變化，實驗結果的確有所不同，但整體的實驗結論卻是一致的：多數人會在權威的指示下傷害陌生人。

在這些實驗中，米爾格蘭和他的同事們還觀察到許多值得深入研究的有趣現象：比如，隨著假扮受試者痛苦反應的加劇，眞實受試者越來越緊張，越來越不自在，這或許說明在眞實受試者的內心，傷害他人導致的良心不安與服從權威完成任務的理念正在激烈交鋒；又比如，隨著眞實受試者和假扮受試者的接觸程度增加，要求停止實驗的眞實受試者比例也會明顯增加。當眞實受試者完全看不見假扮受試者，且只能透過牆壁聽到對方的聲音時，要求停止實驗的眞實受試者只占全體受試者的三五％；但當眞實受試者和假扮受試者坐在一起，可以近距離看到假扮受試者展現出來的痛苦反應時，要求停止實驗的眞實受試者的比例便增加至七〇％。再比如，降低假大學教授的權威性，安排兩名假大學教授和眞實受試者待在一起，在實驗過程中，兩名假大學教授對是否停止實驗產生意見分歧時，要求停止實驗的眞實受試者比例也會增加。

服從的背後：「看見」你的攻擊性

實際上，身爲群居動物，人類天生就有服從權威的傾向。在權威者的命令下，一個日常生活中的好人也可能對與他毫無關係的人作惡。不過，在同樣的狀況下，面對同樣的命令，爲什麼有的人能反抗，有的人選擇服從呢？什麼樣的人更傾向於服從呢？

服從其實是一種討好，是無條件的順從，而這種順從的背後其實是恐懼。傾向服從的人在恐懼什麼呢？

曾有位女性來訪者給我留下了深刻的印象。她彷彿把「好人」兩個字寫在臉上，做什麼事都輕手輕腳，不論在任何情況下，都會先考慮別人的感受。這樣一個做什麼都小心翼翼的人，在戀愛方面卻有嚴重的問題：沒有一個男人願意跟她結婚。她談過幾次戀愛，對每任男友都無微不至地給予關懷，幾乎到了極致，就連男友每天刷牙用的牙膏，她都會事先擠好。

諮商過程中，我總會感覺到莫名其妙的憤怒，但我可以確定這種感覺不是我自己的，而是她甩給我的。我問她是不是在生我的氣，她馬上否認並連連道歉，像是覺得冒犯我似的。但我還是覺得她在生氣，於是就讓她談談跟男友相處時的細節。談著談著，她突然暴怒——那眞是一種極爲恐怖的憤怒，她的雙眼好像要噴火般，當她衝著我咆哮時，我彷彿看到一張馬上會吞掉我的血盆大口。緊接著，她也被自己的暴怒嚇到了。後來我們一起探討，她說這是她有記憶以來第一次發怒，但心裡卻極爲暢快。

原來，她從小就受到爸媽嚴格要求，不管什麼事，爸媽都不曾考慮她的感受，她所有的心情和想法都彷彿被自動遮蔽了。如果她堅持自己的想法，輕則招致漠視或責罵，重則招來暴打。於是，她漸漸被訓練成一個極爲聽話乖巧、溫柔體貼的好孩子，因爲只有這樣，她才能獲得爸媽的關注與愛。但在聽話乖巧的表象背後，她人性中的攻擊性被深深壓抑，內心充滿怨氣與憤怒。我想，她的歷任男友之所以都離她而去，可能也是被她潛意識中的怨氣與憤怒嚇跑了。

精神分析學認爲，攻擊性是根本人性之一，是我們與他人形成連結的根本動力之一。英國著名精神分析學家溫尼考特認爲，攻擊性等同於活力或動力，也就是生命力。用客體關係的理論來理解，就是嬰兒自誕生之日起，就時時刻刻都在尋找客體。舉個例子，媽媽的乳房是嬰兒來到這個世界後見到的第一個客體，嬰兒在見到媽媽的乳房後，會首度表現出攻擊性，向媽媽的乳房發動「攻擊」，咬住乳房、吮吸乳汁，有些嬰兒甚至會把媽媽咬痛。

這時候，如果媽媽能以溫情和接納的態度歡迎嬰兒的攻擊性，嬰兒的生命力就會被媽媽點亮，嬰兒就會覺得這個世界對他來說是安全的，也就會進一步發展自己的生命力，走向更寬廣的外部世界。但如果媽媽不接納嬰兒的攻擊性，甚至反過來攻擊嬰兒，嬰兒就會產生強烈的負疚感，會認爲這個世界不歡迎他，他的生命力會就此消退。

不僅嬰兒，這個世界上的每個人都希望能被其他人「看見」，希望有一面鏡子能如實地映出自己。也就是說，「看見」是兩個生命體之間的深度觸碰與感受。尋求「被看見」是人性中最根本的動力之一，而「看見」能將人性中的攻擊性轉化爲滋養生命的動力。在日常生活中，最有可能看見我們的，就是撫養者，也就是我們生命中的權威者。因此，從某種意義上來說，服從權威是人的本能。但當我們不被「看見」時，攻擊性就會轉爲破壞性，向外釋放時，就會導致對他人的攻擊與殺戮；若向內釋放，則會導致對自己的攻擊，直到把自己逼上絕路。

其實，在米爾格蘭的實驗裡，人性已經展現得淋漓盡致。人的本性就在那裡，我們沒必要迴避它，越迴避就越壓抑，越壓抑就越不健康，遲早有一天，被壓抑的情緒會決堤。

人性是豐富多采的，既有光明也有黑暗；而所謂的光明或黑暗，其實都是我們人爲賦予的。人性本身並沒有什麼意義，但我們的人生是有意義的，尤其是當我們被其他生命「看見」並理解的時候，這種「看見」和理解本身就是意義。

從今天起，請坦然接納自己，擁抱自己之後，就能無所畏懼。

07 效率，來自尊重和認可——霍桑實驗

什麼樣的管理才是好管理？爲什麼「九九六」（早上九點上班，晚上九點下班，一週工作六天的制度）會備受爭議？爲什麼有人明明擁有令人豔羨的高薪工作，卻依然要辭職？

二〇一九年五月六日，一場遲到了十年的審判在法國巴黎拉開序幕，被告是法國電信業巨頭橘子電信（Orange S. A.）的前身——法國電信公司及其七名前任高階主管，他們被指控對該公司十年前的員工「自殺潮」負有無法推卸的責任。

對此案的調查持續數年，卷宗積攢了高達一百多萬頁，文件中的數字令人怵目驚心：僅在二〇〇八年和二〇〇九年，法國電信公司就有三十五名員工自殺身亡，另有十三名員工自殺未遂。一個全新的名詞就此誕生：「職場精神騷擾」，又稱「心理騷擾」。

據法國《世界報》報導，這起法國迄今最大「精神騷擾案」的庭審上，法國電信公司前首席執行官、前人力資源總監和前執行副董事等人均出現在被告席上。檢察官相信，這幾個人製造了令人焦慮的工作氛圍，踐踏員工的自尊，破壞員工的心理健康，讓員工感受到無所不在的壓力且無處可逃，而這種畸形的工作氛圍最終釀成了悲劇。

成本迷信：忽略人的價值

一九九〇年代前，法國電信公司還是一家國營企業，占有壟斷地位。一九九〇年，歐盟頒布《普及服務指令》和《開放網路規則》，要求電信服務全面自由化。從一九九七年起，法國電信開始了漫長的私有化進程，於二〇一三年改名橘子電信，不過其最大股東仍是法國政府。

隆巴德（Didier Lombard）擔任執行長時，法國電信公司有十萬名員工。爲了進一步提高股價，獲取更大的利益，隆巴德打算降低經營成本，聲稱要削減一百五十億歐元的成本。他沒有採用組織變革、生產流程改革、技術創新或管理創新等方式來提高生產率，而是選擇了大裁員此一簡單粗暴的方式。經過核算，隆巴德計畫裁員二．二萬人，並對至少一萬名員工進行「再培訓」。

法國電信的大多數員工是公務員，簽訂的是無固定期限勞動契約。在法國，解除這類勞動關係的過程十分漫長，且解雇一名以上的此類員工必須向政府彙報。爲了達成裁員目標，公司執行副董事文尼斯（Louis-Pierre Wenes）出面了。文尼斯頭腦聰明，卻是出了名的沒有人情味。他發明了一種叫「恐懼管理」的方法，即不斷刺激員工分泌腎上腺素，給他們制定無法實現的長期目標，以此逼迫他們離職。一名工會官員說：「公司大量裁員，部門不斷重組，人員被迫調動。工作條件不斷惡化，員工身心飽受摧殘，絕望情緒四處蔓延。」員工的處境越來越艱難。

爲了進一步削減勞動力成本，針對員工的「精神騷擾」越演越烈。據美國《紐約時報》報導，法國電信頻繁調動員工的職務，讓公司「不想要」的員工去幹「下等差事」，以孤立、威脅、減薪等手段逼他們提出辭呈。根據法庭檔案，隆巴德二〇〇七年在公司高層會議上說：「那些以爲能像過去一樣高枕無憂的人大錯特錯。在海邊曬太陽、撿貝殼的日子一去不復返了。」

「日子越來越不好過。各部門都面臨調整甚至關閉，每次變動都非常難熬，因爲你必須重新學習一切。」一名在法國電信公司工作了三十年的員工匿名告訴美國網路雜誌記者，「八年裡，我搬了四次家，換了三個職種。當你還是二十五歲或三十歲時，這不算太難，但五十歲後就完全不同了……」重重壓力之下，員工「自殺潮」爆發了。

諷刺的是，在「自殺潮」的巔峰期，法國電信的利潤創下歷史新高。公司股票分紅節節攀升，二〇〇八年達到每股分紅一．四歐元。

KPI之惡：當人被物化成機器

法國電信公司的悲劇其實早就在歷史中上演過，特別在電力時代（第二次工業革命），企業主同樣面臨需要降低成本、提高勞動生產率的問題。當時，美國在福特工業的引領下，率先開始了生產線革命，大工業化生產成爲現實。那時的企業主普遍認爲，最能有效激勵員工的因素就是工資報酬。他們認爲人是機器的一部分，應該想辦法讓人和機器完美結合，甚至讓人成爲機器。這種完全忽略人的價值、把人當成機器的觀點，與二十一世紀的法國電信公司如出一轍。

這種管理思想自然而然催生出強調指標和利益的觀念。所謂的指標和利益，指的就是大眾熟知的KPI，即關鍵績效指標。如果一名員工無法完成KPI，無法替企業帶來利潤增長，那麼就應該把他裁掉，就像換掉機器上陳舊的零件一樣。這正是隆巴德的觀念：人不重要，當下的利益更重要。

法國電信公司、電力時代的美國企業，乃至當下許多企業的企業主，心中都存在對人性的假設，即員工都是自私懶惰的。工廠生產線把工作拆分得越來越細，工人變成了生產線的一部分，每個人都在從事固定、枯燥的工作。電影大師卓別林的電影《摩登時代》就充分展現了此一場景。在這種管理思維與人性假設的指導下，企業主們設計出按件計酬制，並用KPI進行精細化管理。

在這種管理思維的影響下，美國在電力時代的工業生產效率的確大幅提升。但怠工、罷工、勞資關係緊張等問題隨之而來，遊行與衝突時而爆發，流血事件頻頻發生。從短期來看，企業主確實賺了更多錢，但從社會發展和企業成長的長遠角度來看，企業的財富總量是縮水的，因爲人力成本不但沒有下降，反而還上升了。許多企業主爲了安撫工人，替工人提高工資，但效果並不好，工人們繼續反抗。法國電信公司的員工「自殺潮」就是一個很好的例子，雖然短時間內企業的股價上升，隆巴德和大股東們都賺得盆滿缽滿，但員工「自殺潮」成為一個永久的汙點，深深刻在大眾心中，這種印象短時間內是無法根除的。

從表面上看，隆巴德確實降低了法國電信公司的人力成本，但他卻也替這家企業築起了高高的圍牆，增加了今後引進和保留優秀人才的難度。法國電信公司要付出比省下的成本還要多千百倍的代價洗掉汙點，要是洗不掉汙點的話，這家企業的信用成本就永遠降不下來。

重大發現：是什麼影響了員工的積極性？

上述問題也出現在一九三〇年代的美國。霍桑工廠（Hawthorne Plant）隸屬於美國西方電器公司（Western Electric Company），是一家擁有超過一百五十年歷史的公司，專門為美國電報電話公司（AT&T）生產並供應電信設備。

霍桑工廠位於美國芝加哥西部，僱用的員工總數超過二．五萬人。這家企業紅火了一百年，幾乎稱霸整個電力時代，生產過電報、電話、擴音器、最早的音響、最早的無線電話，甚至還生產過火箭設備，是一九六〇年代美國NASA火箭發射設備的主要供應商之一。

當時的霍桑工廠不僅設備精良，福利優越，還配備有良好的娛樂設施，醫療制度和退休金制度也很完善。只是雖然有這麼好的條件，工人們卻依然忿忿不平，工廠的生產效率也不甚理想。

爲了找出原因，董事會花費重金，從哈佛大學聘請專家團隊進駐工廠，展開了一項爲期八年的實驗研究。董事會希望找出影響工人生產效率的因素，於是研究人員設計了一系列實驗，分別研究廠房光照強度、工資報酬、福利待遇、工作時間與休息時間的比例等因素對生產效率的影響。

研究人員先做了關於光照強度的實驗。他們以負責電話裝配線的女性作業員爲受試者，把她們分爲實驗組和對照組，讓她們分別在光照情況不同的兩個房間裡做相同的工作。對照組所在房間的光照強度始終不變，實驗組所在房間的照明條件則不斷變化。結果顯示，無論實驗組的光照強度增強還是減弱，抑或像對照組那樣保持不變，實驗組的生產效率都比對照組要高。

接下來，研究人員研究了工資報酬、工作時間與休息時間的比例等因素對生產效率的影響。他們做出種種嘗試，比如將原本的集體工資制改爲個人計件制，上午和下午各增加一次五分鐘的休息、提供茶點等等。經過一系列的改變，工人的生產效率又提高了。

似乎不管研究人員做什麼，工人的生產效率都會提高。研究人員乾脆廢除了這些優渥條件，但工人的生產效率依舊在提高。一九二四年至一九二七年期間，這項實驗陷入了僵局，無論研究人員怎麼改變環境條件，工人的生產效率都在提高，這讓研究人員百思不得其解。

一九二七年冬天，著名心理學家、哈佛大學教授梅堯（Elton Mayo）正式進駐霍桑工廠，接管了這項實驗。梅堯一改之前的實證研究方法，把關注焦點放在當事人身上。他發現，實證研究方法固然好，但有些深層問題，例如社會關係、動機或價值觀等，是不太容易透過實驗驗證的。

一九二八年至一九三〇年，梅堯及其團隊採訪了數千名工人，這些工人在接受採訪後，儘管工資報酬、福利待遇等並沒有發生變化，但工作積極性和生產效率都提高了。梅堯認爲，雖然外部環境沒有改變，但工人在採訪中發洩了情緒，內心感受因而有所不同——內心感受的變化直接導致了行爲的變化。

原來**影響工人生產效率的並不是工作環境、工資報酬、休息時間這些外在因素，而是心理狀態此一內在因素**。那些被挑選出來接受實驗的工人都覺得，自己不但受到了管理階層的重視，還得到了工廠裡其他人的關注，他們因此覺得自己與別人不同，產生了優越感，在實驗中就有了更高的工作積極度，生產效率也就提高了。

在西方心理學界，梅堯是公認的工業心理學和管理心理學先驅。他讓人們知道，人不應該只是機器的延伸，每一位勞動者都應該被看見，被尊重。

「九九六」制度對企業的危害：走上倦怠之路

曾經有位知名網路公司的高階主管找我諮商，他說感覺自己像枯樹一般，馬上就要枯死了，生活和工作都沒有意思，擔心自己要憂鬱了。

按理說，他所在的網路公司發展勢頭迅猛，一輪又一輪的融資後，企業市值也水漲船高，他在其他人眼裡應該算是標準的「人生贏家」，但他現在怎麼就倦怠了呢？

在諮商過程中，我請他跟我聊聊這幾年的工作中，讓他印象最深刻的三件事。起初，他一直在說自己如何帶領公司快速成長，如何有成就感，並且越說越興奮。說著說著，談到公司最後一輪融資時，來了一位大股東。這位大股東不僅帶來了大筆資金，還帶來了公司的新掌門人和一整套標準化管理流程。

這位新掌門人以前是一家全球五百大公司的高階主管，在管理方面很有手腕。他來到公司後，認爲公司業績增長速度不理想，員工工作彈性太大，公司步調不一，產品標準也不統一。於是他訂下了一整套標準化管理流程，大到產品上線審核，小到員工每天上班打卡，都規定得非常細緻，連上班著裝都有要求。他還制定了很周密的獎懲措施，是典型的「胡蘿蔔加棒子」。

我請這位網路公司高階主管閉上眼睛，想像一個他工作時的場景。他閉上眼睛後，說他看見了公司所在的大樓。我請他進入大樓，慢慢走到自己公司的大門前，並問他看見了什麼。他說他覺得公司裡面很黑，好像沒開燈，他不敢進去，有點怕。我請他放鬆，深呼吸，走進公司裡看看。

他進去後，發現公司裡非常昏暗，但有一些「小燈」懸在空中，發出微弱的亮光。我請他走近那些小燈，看看它們究竟是什麼。按照我的引導，他走近了那些亮著的小燈；這時，他突然顯得特別害怕，整個身子癱軟下來。

我問他看見什麼，他回答，他發現眼前那盞小燈是一名員工的眼睛，而那名員工卻是一具鐵皮機器人——公司裡有一大群鐵皮機器人。我再次引導他放鬆下來，讓他繼續看著鐵皮機器人，看著它們的眼睛。我問他，想對這些鐵皮機器人說些什麼，他說他很想抱抱它們。

我請他遵從自己的感覺，去抱抱鐵皮機器人。這位高階主管一下子就哭了出來，情緒排山倒海般湧出。他說他覺得那名員工好像很冷，很需要溫暖，很想被他擁抱。

之後，他突然明白自己的問題出在哪裡了。以前公司雖然不實行「九九六」制度，管理也很混亂，員工彈性很大，但大家的目標感很強，每個人都會爲團隊貢獻創意和方案。最關鍵的是，員工的創意和提案**能被老闆看見，能被大家看見，這樣大家就覺得自己有價值，覺得自己被團隊認可**。所以，即使管理上沒有層次，大家進行專案時毫無條理，但效率很高，靈感很充沛。

現在不一樣了，公司建立起明確的層級，員工就像大機器上的零件，只需要完成公司給自己的任務，完成眼前的工作，而不需要主動貢獻。整個公司就像一部大機器一樣飛快轉動，員工的價值不再被老闆看見，也不再被團隊看見。大家心中曾經燃燒的火焰熄滅了，整個公司變成了冰冷的「機器世界」。

時至今日，霍桑實驗依然是眾多商學院課堂上必講的經典案例。這項實驗不僅證明了人不是機器，還找出了員工的動力來源——自己的工作和價值被他人看見，被社會認可。這同時也說明，渴望被看見、被關注是人的天性。

無論是法國電信公司，還是那位高階主管，我們可以從心理學的角度這樣解釋：工業時代的制度安排，比如強制實行的「九九六」制度，會消耗員工的自我驅策力，使員工失去前進的動力；員工在這種沒有動力的狀態下工作，時間一久就容易引發職業倦怠。這才是「九九六」制度對企業的真正危害。

美國心理學家貝芙麗．波特（Beverly Porter）說過：**「典型的職業倦怠是，你有工作能力，但喪失了工作動力。」**職業倦怠的常見表現有：覺得工作索然無味、毫無意義；覺得自己已經精疲力盡；厭倦工作，缺乏去上班的動力。

波特認爲**職業倦怠的原因有兩種，一種是無助感，另一種是習慣化**。無助感是指一個人覺得自己喪失了對工作的掌控感，覺得老闆、對手或其他外界因素控制了自己的工作進度和收益，因而失去了工作動力。所以，她又將職業倦怠稱爲職業憂鬱，因爲深陷職業倦怠的人和憂鬱症患者一樣，會有深深的無助感。習慣化則是指一個人日復一日重複做同樣的工作，最終徹底厭倦。當一個人完全失去發揮自己能力的空間，不再被公司看見，淪爲他人意志的執行者時，就會徹底失去熱情和創造力。

說回法國電信公司的案例。那些自殺的員工或許各有各的理由，但有一點是毫無疑問的：他們都是這家企業年資較長的員工，已經與這家企業建立了牢固的情感聯繫，而隆巴德的做法無異於將他們置於「無回應之地」，完全忽視了他們被企業看見、認可的需求；這種需求不是簡單的利益需求，而是情感上的。

精神分析學派有一句名言：**「無回應之地，即是絕境。」**西班牙則有詩歌說：「死亡，即是無回應之地。」也就是說，故意無視一個人，不給予他情感回應，就相當於把此人置於絕境，甚至死地。

霍桑實驗和恆河猴實驗充分表明，企業與員工之間的情感互動遠比利益重要。如果企業主只關注利益、忽視員工的情感需求，把員工當機器，企業主就與「鐵絲網猴子」沒什麼兩樣；且如果企業與員工之間只有物質利益關係，缺乏基本的情感互動，這種關係就是虛假的。企業與員工之間若只存在虛假的關係，那麼這家企業將會失去最大的財富——人才。

08 命運，真的能靠自己掌握嗎？
——認知失調實驗

為什麼人越老越信命？為什麼很多人都喜歡算命？

其實，「我命由我不由天」可能是個僞命題，我們不僅無法完全掌控自己的命運，甚至無法決定日常生活中的很多小事。這聽起來好像有點悲觀。那麼，從心理學的角度來講，我們究竟能不能掌控自己的命運呢？答案是：能，但這是有前提條件的。

接下來，我會介紹一些實驗，讓大家進一步認識人性，並學會分析什麼是能改變的，什麼是改變不了的，以及如何改變能改變的事，接受不能改變的事。

你的每項決定，其實都是「事後諸葛」

一九八〇年代，加州大學舊金山分校心理系教授利貝特（Benjamin Libet）和哈佛大學心理系教授丹尼爾・韋格納做了個令人鬱悶的實驗。

在實驗中，他們要求受試者在做出任意動作前進行報告，並透過腦波測量儀器收集並記錄大腦的電訊號，以監測受試者報告前大腦的活動情況。

實驗結果顯示，在受試者報告自己要做出動作的幾百毫秒前，大腦就已經產生相應動作的腦波了。也就是說，這些受試者並非有意識地做出這些動作，而是在毫無意識的情況下做出了做動作的決定，大腦再對這個決定做出解釋。

這項研究結果震驚了整個心理學界，並引發了許多後續研究。二〇一三年，德國著名神經科學家、柏林高級神經影像中心教授海恩斯（John-Dylan Haynes）利用功能性磁振造影進行了一項實驗。他讓受試者看著一塊螢幕，螢幕上會顯示兩個數字，並由受試者決定要將它們相加或相減，再給出答案。結果，受試者的大腦影像顯示，在受試者做出決定的四秒前，大腦就已經決定好到底要相加還是相減。

從這項實驗可以看出，**我們的行為不一定是我們自己決定的，我們只不過是在執行大腦提前決定好的事**。具體來說，無論是簡單的按鍵動作，還是相對複雜的數學運算，大腦都會先悄悄做出一個決定，再把這個決定「用信封密封好」，交給大腦的理性決策系統；理性決策系統則會依此從記憶中調取相關素材，再用邏輯這項工具把與這項決定有關的素材組織起來，最後讓語言系統把「信封裡的內容」念給我們聽，並讓我們感覺像是自己做出了決定。但實際上，這種「我的一切我說了算」只是一種錯覺。決定不是我們自己做出來的。**我們最擅長的，其實就是為這些決定找理由，即合理化自己做出的決定，而這種合理化的機制稱為「歸因」**。當我們做出錯誤的決定或遇到挫折時，如何歸因就顯得尤爲重要。

兩種歸因，兩個世界

在人類漫長的演化過程中，很多時候人們只能憑藉經驗做決定，有時甚至只能碰運氣，做出錯誤的決定在所難免。但做出錯誤的決定後，輕則餓肚子，重則喪命。爲了生存，演化的力量賦予了人類在犯錯後吸取教訓、積累經驗的能力，並讓人類透過強烈的情感體驗記住錯誤。這種情感體驗包括許多複雜的情緒，如懊悔、內疚、自責、失望等。正由於這種負面的情感體驗極爲強烈，所以人們再次遇到類似的情況時，就會馬上調取當時的負面情感記憶，啓動強烈的情感體驗，進而避免又掉到同一個坑裡。

但凡事都有兩面性，如果負面情感體驗太多，人不但會退縮逃避、失去自信，嚴重時還會出現焦慮、憂鬱等心理與精神問題，甚至有可能威脅生存。因此，人類還必須演化出一套補救措施，以便在所做的決定出現偏差時調整心態，讓自己感覺好過一些，不至於因爲這件事影響接下來的生活。畢竟無論發生什麼，只要生命還沒結束，人就還得繼續前行。因此，爲了避免或減輕負面情感體驗帶來的痛苦，人類又發展出一種用來應對行爲後果的心理機制——歸因。當人們得知自己的決定錯了，尤其是看到自己的行爲釀成嚴重後果的時候，就會在內心給自己編一套理由和說詞，來應對行爲的後果。

大量心理學研究表明，人們在面對自己行爲的後果時，存在兩種截然不同的歸因傾向。

一種是外部歸因。具有這種歸因傾向的人會將不好的結果歸咎於他人、環境等外部因素，認爲自己沒有任何責任。我曾經幫一位女孩進行諮商；她工作得很不順利，一年被解僱了好幾回，因爲她在工作中經常嚴重拖延，還會犯一些低級錯誤。有一次她去甲單位簽合約，居然把合約帶錯了，惹得老闆非常生氣，隨後就被辭退。在諮商過程中，我發現她總是將自己工作上的種種不順歸咎於老闆或同事，覺得自己只要換一家公司，就會好起來。但結果她還是一直在重複同樣的命運，而且對自己的問題毫不自知。

事實上，不管是拖延還是犯低級錯誤，都是她在表達自己的憤怒。從小她就不斷被父母教育要聽長輩的話、聽兄長的話、聽主管和老師的話，不能反抗，所以即使在工作時覺得不開心，她也不敢表達，只是忍氣吞聲，把心中的憤怒壓下去。由於心中積壓著憤怒，她的大腦便悄悄做出拖延、不合作、故意犯錯的決定，藉此來表達她的憤怒，只不過她的理性並不知道這是怎麼回事，只是用「都是別人的錯」來解釋自己的行爲。

另一種是內部歸因。具有這種歸因傾向的人會主動承擔責任，無論身處什麼情況下，都傾向於認爲自己應該爲錯誤負責，同時他們也相信自己一定能改善局面，積極採取行動來彌補錯誤、從錯誤中吸取教訓。不過也有一些人，儘管他們同樣認爲自己應該對錯誤負責，卻不是就事論事，而是自責和自我懲罰，認爲自己怎麼這麼沒用、爲什麼會犯如此低級的錯誤等，將自己貶得很低。

我曾經見過這種極端的內部歸因案例。有一位高二的男生，每次考完試都會把自己鎖在房間裡，無論父母怎麼叫他，他都不肯出來。他是眞的很難過，連飯都不吃。他說因爲自己考得太差了，沒臉出去見人。我看了他的成績單，根本沒他說的那麼糟糕，反而可以說很不錯。但他不斷在我面前說自己考得有多差，還認爲自己智商有問題。說著說著，甚至覺得自己不應該活在這個世界上。

我問他：「你要考出怎樣的分數才滿意呢？」

他不假思索地說：「考到第一名，至少國文、數學和英語得是滿分。」

他這個回答讓我感到震驚。我又問他：「你覺得考出這樣的分數，你就完美了嗎？」他卻反問我一句：「老師，難道我不該是完美的嗎？」可以說，這位男生是比較典型的極端內部歸因者，甚至已經到了自我怪罪與自我貶低的程度。

可見不管是外部歸因還是內部歸因，走到極端就會產生問題。而如果我們每次遇到錯誤和挫折後，都要進行思考與歸因，那麼既會讓大腦耗費許多能量，還會浪費大量時間，讓我們錯失生存下去的機會。因此，出於「以活著爲第一要務」這項生存法則，我們的大腦又演化出一項功能，那就是將歸因進行抽象簡化；這樣一來，每次遇到類似狀況時，大腦就會朝著同一方向自動歸因，以避免大量思考，節省能量，這就是我們的信念系統。比如那位經常被解僱的女孩，她的信念系統就可以概括爲「都是你們的錯」，只要再遇到相似情境，她的大腦就會自動調出這個信念系統並執行，可悲的是，她自己完全不清楚這整個過程。

信念系統是一種用來解釋外部世界的系統，我們的大腦在做出任何決定前，都要先由信念系統進行解釋。所以，**你理解的世界可能並不是客觀世界，而是信念系統解釋過的世界。**

信念系統：爲什麼有些人的觀點很難轉變？

問題來了，如果我們的現實經驗與信念系統產生了矛盾，該怎麼辦？實際上，當你做出錯誤的決定，並因此遭遇挫折與打擊時，你不但會產生強烈的情緒反應，還會覺得大腦裡原有的觀念和思維方式與實際經驗產生劇烈的衝突。這種衝突會強化內心的焦慮與不安，繼而引發懊悔、內疚、自責、失望等複雜的情感體驗。這種狀態在心理學上稱爲「認知失調」。

在心理學界，首先發現並系統性研究認知失調之心理機制的，是美國著名社會心理學家費斯汀格（Leon Festinger），他在一九五九年展開了著名的認知失調實驗。

這項實驗的發想最初出現於一九五四年。當時在明尼蘇達大學工作的費斯汀格在報紙上看到一條不尋常的新聞，新聞標題是「號角星球向城市發出預言：快逃離大洪水」。這條新聞的主角是瑪莉安·基奇（Marian Keech），一名家庭主婦。她聲稱自己曾與外星人接觸過，而外星人將會在一九五四年十二月二十一日黎明前毀滅地球。這條新聞在當地引發了恐慌，許多人不顧家人反對辭掉工作，投奔到基奇家中，視基奇爲精神領袖。基奇則以「末日救世主」自居，宣稱自己能與外星人交流，會讓外星人開太空船來接走他們。

這件事引發費斯汀格的極大興趣。他覺得這是一次難得的研究機會，於是他謊稱自己是信徒，混入內部，近距離觀察人們在「世界末日降臨前」的種種行爲。他特別想知道那些信徒在發現預言不準後，會做何反應。一九五四年十一月，費斯汀格在取得基奇的信任後，獲准進入基奇的邪教組織，在她家裡住了下來。毫無懸念的，外星人沒來摧毀地球，世界末日的期限也悄無聲息地過去了，太空船更是連影子都沒有。起初，信徒們頻繁出門去看看太空船是否降臨，隨後變得悶悶不樂，滿臉困惑，甚至焦慮不安，顯得很痛苦。突然，有一部分信徒開始歡呼：「基奇是對的，我們拯救了世界！」這種歡樂的情緒迅速感染了在場的每一位信徒，大家都歡呼起來。

原來，這些信徒認爲他們的虔誠祈禱感動了神明，所以外星人才決定不毀滅地球了。結果，這些信徒不但沒有退出邪教，一些核心成員反而出去招募更多信徒。

費斯汀格恍然大悟，原來有這樣的人：當事實與他們深信不疑的信仰產生衝突時，他們更傾向於爲自己找藉口、辯護和解釋，而不是改變自己的信念系統。

認知失調實驗：信念系統背後的心理機制

爲了研究此一現象，一九五九年，費斯汀格和卡爾史密斯（J. Merrill Carlsmith）在美國史丹佛大學進行了認知失調實驗。受試者是七十一名正在學習心理學的大學低年級男生，他們不知道實驗的眞正目的，只被告知這項實驗叫「行爲測量」。

在實驗的第一階段，費斯汀格讓所有受試者從托盤裡拿出線軸放在桌子上，再將線軸放回原處，如此循環反覆，他和同事則在旁邊拿著碼錶觀看並假裝記錄。受試者完成這個步驟後，費斯汀格又在受試者面前放置一塊板子，上面釘有四十八根方栓。他要受試者按順時針方向將四十八個方栓旋轉九十度，並持續進行三十分鐘。不得不說，這項實驗實在是太無聊了，許多受試者看起來都非常鬱悶。

第二階段是實驗的核心階段。費斯汀格將受試者隨機分成三組：對照組、A組和B組。對照組的受試者完成上述任務後，立刻被帶進一個房間接受訪談，聊聊完成這些實驗時是什麼感覺。至於A組和B組受試者，費斯汀格要求他們對即將參加實驗的新受試者撒謊說「這項實驗非常有趣」，A組的受試者撒完謊後，會獲得一美元的報酬，B組的受試者撒完謊後，會獲得二十美元的報酬。接著，費斯汀格將A組和B組受試者逐一帶入訪談室，讓他們談談對實驗任務的眞實想法。

實驗結果非常有意思。對照組的受試者和獲得二十美元報酬的B組受試者認爲，任務很無聊，並明確表示不願意再參加類似的實驗；而獲得一美元報酬的A組受試者則表示任務很有趣，還明確表示願意再次參加類似的實驗。也就是說，對照組的受試者認爲實驗很無聊，且這種態度是始終如一的；獲得二十美元報酬的B組受試者，雖然對其他受試者撒謊說實驗很有趣，但在事後的訪談中，還是明確表達出認爲實驗無聊的態度。只有獲得一美元報酬的A組受試者，在事後的訪談中否認了實驗的無聊，不僅改變了自己的態度，還表示願意再次參加實驗。到底是什麼讓A組受試者的態度發生了改變？

獲得二十美元報酬的B組受試者之所以認爲實驗無聊，是因爲他們認爲自己是爲了獲取報酬才撒謊的，實驗的確很無聊；獲得一美元報酬的A組受試者不但撒了謊，還改變了態度，認同了自己的謊言，是因爲一美元的報酬不足以讓他們爲自己撒謊的行爲辯護，但行爲已經做出，無法改變，他們能改變的只有自己的態度。也就是說，A組和B組受試者都經歷了態度和行爲不一致的認知失調狀態，但B組受試者有充分的理由爲自己辯護，所以堅持了原有的態度，而A組的受試者沒有理由爲自己辯護，只好改變自己原有的態度，認可自己的謊言，讓自己言行一致。

可以說，費斯汀格用認知失調實驗再現了當年瑪麗安·基奇的邪教組織裡發生的情況：

人們發現自己做出錯誤的決定時，不但不會改正自己的錯誤，反而會更加堅持自己的錯誤判斷，在錯誤的道路上一條道走到黑。實驗中那些只拿到一美元報酬的受試者心態和基奇信徒的心態是一樣的，這些受試者明明感受到了不公平，感受到了焦慮，感覺內心深處有個聲音在說「你得誠實點」，卻不願意這麼做，因爲誠實需要付出代價，這個代價就是承認自己很愚蠢。這是許多人都接受不了的事實，大部分的人都認爲自己比別人強，對自己的評價總是比對別人的要好。

實際上，大到國家，小到個人，我們每天都在做決定並承擔其結果。我們的決定通常不完全由理性說了算，大多數情況下都是潛意識快速做出的，更多是在碰運氣，其導致的結果也是機率事件。爲此，我們需要給結果一個解釋，這就是歸因。然而，我們更傾向於簡化思考，於是創造了一套解釋模式，並將之固定下來，這套解釋模式就是信念系統。接下來，我們會把符合這個信念系統的資訊收集進來，把不符合的資訊排除出去，以此讓整個認知系統穩定下來。

這套穩定的認知系統在環境沒什麼大變化時非常好用，且十分高效，可一旦環境發生巨大變化，這套系統就不好用了。

究竟是誰在替你做決定？

所謂命運，一般由三個部分構成：一是決定，二是行爲的結果，三則是對行爲結果的解釋。透過實驗，我們知道了「我命由我不由天」可能是個僞命題：首先，我們可能連自己都不知道自己的決定是怎麼做出來的；其次，行爲的結果是機率事件，我們的行爲最終會導致什麼結果，有時候是環境決定的；最後，對結果的解釋才是人類最擅長的，也是我們最能掌握的部分。

接下來，讓我們回到命運的源頭：當你自動做出決定時，究竟是誰在替你做決定？或者換個問法：你腦子裡的那些想法，眞的是你自己的嗎？

在我主持的一次自我成長工作坊上，有位二十六歲的女學員分享了她在職業成長方面的困惑。她在武漢念大學，名校畢業，學的是熱門的電腦專業。大學畢業後，其他同學要不就出國，要不就去了杭州、深圳的大公司，她則回到老家所在的地方政府當公務員，工作和收入都比較穩定。當時她還是比較滿意的，但工作幾年後，她越來越痛苦，甚至一度不想去上班，只想待在家裡。她跟父母的關係也越來越緊張，她不肯找對象結婚，總覺得自己的工作和生活出了問題，既覺得這裡不屬於她，卻也不知道自己將要去往何方，非常痛苦。

我問她：「妳大學畢業後決定回老家當公務員時，是怎麼思考的？」

她脫口而出：「女孩子家，工作還是要穩定一點，這樣比較有安全感。」

我又問她：「這是妳的想法？」

她對我的這種問法感到驚訝，反問了一句：「難道不是嗎？」於是我請她做了一組自由聯想，這是精神分析中常用的一種探究潛意識的方法。我先讓她安靜下來，閉上眼睛，感受一下自己的身體，體會雙腳踩在地面上的感覺，感受雙腿、腹部、胸部、頭部，感受呼吸。然後，我請她回憶一下她所謂的「安全」是什麼感覺，並說出自己在想到「安全」後，腦海中閃現出的第一個畫面。她按照我說的進行，從「安全」這個詞出發，聯想到很多奇怪的詞語和畫面。

突然，她想到了一個讓她有點害怕的畫面：自己掉進一只浴缸裡，到處都是黏糊糊的、像膠水一樣的東西，將她黏住了。我讓她放鬆，慢慢去體驗這個畫面，並問她：「浴缸周圍是什麼樣的環境？」

她閉著眼睛，說這是她家的浴缸，而她的媽媽就在旁邊，正拿著一桶黏糊糊的膠水往浴缸裡倒，還告訴她：「女兒，這個地方最安全。」想到這裡，她一下子便哭了出來。「老師，我似乎明白了，是我媽媽不想讓我離開這裡，她需要我！」

原來，她的父母感情並不好，媽媽幾乎把所有精力都傾注在她身上，也總是向她傳達

「女兒，媽媽離不開你」這個訊息。從小到大，她所有的事情媽媽都要管，都要過問、插手。她媽媽甚至不允許她有自己的想法，也不允許她離家太遠。

她意識到，原來在她大腦裡替她做決定的，是自己的媽媽。比如回老家當公務員這件事，並不是她眞正喜歡的，只是媽媽還住在她的大腦裡，替她做了這個決定。「公務員工作穩定，有安全感」只是她用來說服自己的理由。

或許你已經感覺到了，在大腦裡替我們做決定的，是自己過往的經歷和體驗，而這些經歷和體驗都離不開我們生命中重要的人和事，尤其離不開父母。我們眞正的聲音，可能早已淹沒在他人的意見中。

既然我們連自己的命運都決定不了，那活著還有什麼意義呢？先別急，誰說命運無法改變？雖然我們不能完全掌控命運，但可以影響命運的走向。

回到命運的三要素：決定、行爲的結果、對行爲結果的解釋。在這三要素中，行爲的結果我們掌控不了，但我們可以在一定程度上掌控其他兩個要素。一方面，對自己下意識做出的決定，我們需要覺知，需要看見，需要在深度的自我分析和細緻的覺知中逐漸領悟；另一方面，解釋行爲的結果時，我們首先要有勇氣直面結果，並做出詳細的覆盤，盡量排除信念系統對我們的影響，透過行爲的結果學習、成長和進步。

當然，在實際操作中，這並不是件容易的事。如果無法單憑藉自己的力量領悟，我們還可以尋求心理諮商的幫助，在專業人士的陪伴下逐漸看清自己。

願我們每個人，都能與命運做朋友。

09 標籤，影響人生走向的力量——羅森塔爾實驗

第一次看電視劇《士兵突擊》時，我才大學一年級，正是它影響了我之後的人生選擇。劇中主角許三多從一個「孬兵」一躍變成「兵王」的經歷，讓我看見一個勇敢的人在與命運的搏擊中脫穎而出的過程，讓當時的我覺得酣暢淋漓。

多年後，當我再看許三多的故事時，我會思考：爲什麼許三多能從一個「孬兵」變成「兵王」，這中間到底發生了什麼事？你也許會說，這是因爲許三多命好，有貴人相助。那

麼，爲什麼他遇到的這些貴人就能激發他的內在潛力呢？是什麼心理因素在作用？

比馬龍的故事：終極夢想的實現

我猜許多男性都曾幻想過能與夢中的女神爲伴，其中的典型非「比馬龍」莫屬。「比馬龍效應」一詞來自古希臘著名的神話。傳說古希臘時期的賽普勒斯有位年輕的王子，名叫比馬龍。他性格孤僻，很喜歡雕刻石像。

比馬龍對女性有很深的厭惡和偏見，他認爲女性缺點太多，符合他心意的女性根本不存在，所以他決定永不結婚。不過，比馬龍心中其實有一個完美的女性形象，他非常想把自己心中的形象表現出來，於是他精心選材，用神妙的技藝精雕細琢，用一塊象牙雕刻出一座完美的女性雕像，幾乎讓人完全看不出斧鑿痕跡。在比馬龍眼裡，這座女性雕像如此美麗，以至於沒有任何一個活著的女人可與之相比。比馬龍甚至認爲，只有這座雕像才是眞正女性的再現，它應該是活的，有生命力的，只是因爲太謙遜，才沒有動起來罷了。

比馬龍如此欣賞自己的作品，最後竟然愛上了雕像。他時常把手放在雕像上，愛撫它，輕輕對它說話，聲音非常溫柔，生怕驚擾到它。比馬龍還滿懷愛意地把一些年輕女性喜愛的飾物，比如光亮的貝殼、磨光的石頭、念珠、琥珀、各種顏色的花卉等做爲禮物送給雕像。後來，比馬龍還找來漂亮的衣服給雕像穿上，爲雕像戴上寶石戒指、美麗的項鏈、耳環，又在雕像的胸前掛上珍珠項鏈。

他做了一張躺椅，在上面鋪了一塊紫色絨布，把雕像輕輕放在躺椅上，親切地稱它爲妻子，還放上絨毛做的枕頭。比馬龍非常期待，有朝一日，雕像能回應他的愛慕與追求，接受他的心意，也始終不肯相信它只是一座象牙雕像。

過了一段時間，賽普勒斯最盛大的節日維納斯節到了。在節日中，人們恭恭敬敬地獻上祭品給女神維納斯，並點燃祭壇上的香火，煙霧氤氳，瀰漫在空中。比馬龍獻上祭品、虔誠地祈禱後，站在祭壇前，戰戰兢兢地祈求道：「無所不能的神啊！我求祢把她賜給我做妻子吧。」

維納斯聽見了比馬龍的祈求，並被他對雕像眞切的愛感動，於是恩准了他。比馬龍回到家之後，顧不上別的，第一件事就是去看他的雕像，像熱戀中的情侶在短暫分離後重逢般。他小心翼翼地將雕像放在躺椅上，深情地吻了一下它的嘴唇。奇怪的事發生了，這一次，比馬龍驚奇地感受到，雕像的嘴唇有了溫度，還呼出了溫暖的氣息。他又深情地吻了一次，並把手搭在雕像的肢體上，發現雕像的象牙材質好像變柔軟了。他用手指輕輕地按壓了雕像一下，被按壓的部位像蜜蠟般凹了下去。比馬龍既吃驚又高興，同時也有些疑惑，生怕這是自己的錯覺。他一次又一次，如情人般熱情地撫摸著雕像，將所有的希望寄託於此，激動地祈禱著。他的祈禱應驗了，雕像真的活過來了！

比馬龍興奮不已，愛情如火焰般在他內心燃燒。他再次深深親吻雕像的嘴唇，就在這時，雕像睜開了眼睛，雙頰緋紅，害羞地注視著將她喚醒的比馬龍。

這個古希臘神話就是「比馬龍效應」一詞的由來。比馬龍效應是指，如果你對某人賦予強烈的期待，並以最真誠的態度對待，這分期待就會變成現實。

揭祕神話：羅森塔爾實驗

現實生活中，真的會發生這種事嗎？美國哈佛大學心理學教授羅勃．羅森塔爾（Robert Rosenthal）嘗試以實驗來驗證這種情況。最初的實驗對象是小白鼠，羅森塔爾選擇了一批體型和年齡都差不多的小白鼠，將牠們隨機分成兩組，分別交給A、B兩組人員來訓練牠們走迷宮。

在訓練開始前，羅森塔爾特意分別召集A、B兩組的組員開會。他告訴A組組員：「交給你們組的這群小白鼠，都是我特意挑選出來的，智商非常高，你們要好好訓練牠們走迷宮，我相信一定會成功。」之後，他對B組組員說：「交給你們組的這群小白鼠智商不太高，你們試著訓練牠們走迷宮吧！」隨後，兩組人分別開始訓練交給自己的小白鼠，訓練方式則由小組組員自行決定。

過了一段時間，羅森塔爾將兩組小白鼠集中起來，讓它們分別走相同的迷宮。實驗結果顯示：A組小白鼠只用很短的時間就走出了迷宮，而B組小白鼠雖然也走出了迷宮，但耗費的時間遠超過A組。

羅森塔爾根本不知道如何測試小白鼠的智商，當然也不可能知道哪組小白鼠的智商更高。前面提過，羅森塔爾選擇的這批小白鼠體型和年齡都差不多，而且是被隨機分成兩組的。他在兩組人馬開始訓練小白鼠前說的那番話，竟然能讓兩組小白鼠的成績出現這麼大的差距？莫非關於比馬龍的神話眞有其事？不行，得在人類身上試一試。

羅森塔爾教授馬上聯繫了好友雅格布森（Lenore Jacobson），與他一起設計了著名的羅森塔爾實驗。一九六八年的某一天，羅森塔爾和雅格布森來到一所小學。一年級到六年級，他們從每個年級裡各選出三個班，爲這十八個班的學生進行了一次號稱「測試學生未來發展趨勢」的測驗。其實，所謂的測驗完全只是裝模作樣，學生答完的試卷他倆連看都沒看，成績也是瞎編的。

測驗結束後，羅森塔爾和雅格布森發放了一份學生名單給每個班的導師，並說他們根據測驗結果，把班上「最有發展潛力」的學生列在名單上。出乎很多老師意料的是，名單中的學生有些確實很優秀，有些卻表現平平，甚至有些表現比較差。老師們很驚訝：爲什麼名單上的人選跟他們心目中的「好學生」差別這麼大？

對此，羅森塔爾解釋：「我預測的是他們的發展空間，而非現在的情況。」鑒於羅森塔爾是一位著名的心理學家，教師們打從心底接受了這份名單。隨後，羅森塔爾又叮囑導師，不要把名單外傳，只准他們自己知道，否則會影響實驗結果的可靠性。

事實上，羅森塔爾提供給教師的名單是隨意挑選的。他根本不了解那些學生，而且也沒有考察他們的知識水準和智力水準，而名單上的學生成績也都是他隨便給的。也就是說，羅森塔爾撒了個權威性的謊言。八個月後，羅森塔爾和雅格布森又來到這所學校，驚奇地發現這十八個班的學生之中，凡是被列入名單的學生，考試成績都有顯著提高，而且性格變得更外向，自信心和求知欲都更強了。

羅森塔爾自己也覺得很訝異。他認爲可能是他的謊言對老師產生了暗示，影響了老師對名單上學生能力的評價。當老師發自內心地相信這些孩子未來不凡，孩子們也會強烈感受到來自老師的喜愛和期望，變得更加自尊、自信和自強，從而在各方面有了異乎尋常的進步。

羅森塔爾用實驗證明，神話中發生在比馬龍身上的事，在現實生活中也是存在的，而且廣泛影響著人們。後來，這種現象被稱為「期望效應」，又稱「羅森塔爾效應」。

後來，某個較真的德國研究人員又做了一次羅森塔爾實驗。他在德國的某所學校隨機抽取二十名學生組成一個班級，並對老師和學生暗示這個班是「菁英班」，班上的學生都是經過智商測試後，精心挑選出來的優秀學生，將來都是能「幹大事」的。或許是西方人比較耿直，他們還真的就信了。這項實驗持續的時間比羅森塔爾實驗要長很多，研究人員追蹤了這批學生二十年之久。

二十年後，研究人員去了解這二十名學生成年後的成就。結果令他們感到不可思議：這二十名學生的確都非常優秀，在工作崗位上表現出色，成了名副其實的菁英。當年研究人員隨口說出的謊言居然成真了，這些學生確實都在「幹大事」。

被標籤封印的靈魂

很多書是這樣解釋羅森塔爾效應的：權威所給予的心理暗示對當事人造成了影響，引導了當事人的行爲表現，從而逐漸改變當事人的人生走向。羅森塔爾本人也是這麼理解的。

我自己在課堂上也是這麼對學生說的，直到一次親身經歷後，我對羅森塔爾效應有了進一步的理解。那一年，我離開學校，前往一線作戰部隊代職鍛鍊（意指在某段時間內暫停原單位的工作，改調至基層參加第一線的工作），並在連隊擔任基層幹部，每天和連隊士兵們一同吃住。由於我的專業是心理學，又是從院校來的老師，連上的大家都親切地稱我「老專家」。

後來，連上來了幾名新兵，其中一位叫小張（化名）的新兵和我結下了緣分。我記得很清楚，小張剛到部隊時，看起來非常木訥，根本無法對話。每次跟他交代事情時，都得反覆確認不說，還經常辦砸事情。小張的訓練成績也很差，總是墊底。他並不是不努力，訓練時，他總是非常認眞，每個動作都做得一絲不苟，但就是學不會。每個戰術分解動作他都做得出來，但要做連續動作就不行了。

更讓人崩潰的是，小張沉默寡言，連隊指導員和他的班長都曾不厭其煩地找他談心，想幫助他進步，但他的回覆永遠是「好」或「是」，讓人覺得簡直就像在跟木頭人說話。因此，連隊幹部並不怎麼待見他，都想找個機會把他弄走。

有一次，連隊將小張的情況反映給上級，上級於是派人來了解情況。後來長官聽說連隊裡有個心理學專業的代職幹部，於是他們提議要我幫小張做個心理測驗，如果有問題，他們就向上彙報，再決定小張的去留。連長和指導員一聽，馬上表示贊成，因爲用心理學方法決定小張的去留最科學，也能避免很多問題。

連隊幹部把這個決定告訴我，但我一聽，認爲這是個非常棘手的問題，陷入進退兩難的境地。任何心理測驗的結果都只能當成參考，絕對不能用來下結論。但如果我這樣跟他們解釋，他們只會認爲是我的專業水準不足。而且最關鍵的是，讓我來決定小張的去留，這對我來說壓力實在太大了。

思前想後，我決定還是接招，但我提出要跟小張一對一進行心理測驗的要求；測驗結束後，我也必須跟小張好好聊一聊。於是，某天上午，小張來到我的辦公室。當時，我能看出小張非常緊張，好像有什麼壞事馬上就要發生似的，甚至緊張到說話都開始結巴。我一邊要他坐下，一邊幫他倒水。我先跟他話話家常，聊聊他家的情況、他的嗜好。

慢慢的，他放鬆下來，接著我開始跟他說起心理學方面的知識。他似乎覺得很有意思，於是我順勢問他：「你想不想了解一下你自己？」他當即表示同意。隨後，我拿出一張A4紙和一枝鉛筆，讓他畫一幅畫，告訴他想怎麼畫都行，但這幅畫裡必須包含三項要素：房子、樹和人。

我想給小張做的正是著名的心理測驗——房樹人測驗。該測驗由美國心理學家約翰·貝克（John Buck）於一九四八年首次提出，並在後來的臨床心理學實踐中被廣泛使用。房樹人測驗是一種心理投射測驗，受測者在進行時，並不知道自己描繪的房子、樹和人具有何種意義，專業人員則會根據圖畫來分析和解釋，以了解受測者的心理狀態。

小張慢慢安靜下來，開始用紙筆作畫。過了一會兒，他跟我說，他的畫完成了。看到小張的畫作時，我深感震撼。從畫面上，我感受到小張有非常豐富且細膩的情感。畫面的布局非常飽滿，從中能看出他對生活充滿熱情與嚮往。小張的畫作與現實中的他給人的感覺差別實在太大了。在大家的印象裡，小張就是個木頭人，不但笨拙，而且沒有情感，無法交流。

我發現了畫面裡一個值得注意的部分，那就是他畫的人。這個人好像被鎖在房子裡頭，頭露在窗戶外面，而且房子沒有門。這個人似乎非常委屈，卻又無可奈何。於是，我以這幅畫爲話題，跟小張聊了起來。我問他：「你畫的這個人讓你想到誰？」剛開始，他回答得很慢，但漸漸的，他打開了話匣子。

原來，小張的老家在農村，他還有個哥哥。從小，他哥哥的學業成績就名列前茅，父母都喜歡哥哥。他的成績不如哥哥，尤其不擅長數學，怎麼都學不會；但他很喜歡文學、繪畫和音樂，小時候還特別喜歡看演講，曾幻想過自己能成爲演說家。然而，由於他的成績始終不如哥哥，而且家裡經濟條件有限，於是父母決定讓哥哥去念大學，讓他去當兵。因爲他數學成績不好，父母總是叫他「笨蛋」；哥哥每次講解數學題時，他都聽不懂，所以哥哥也叫他「笨蛋」。漸漸的，他好像眞的變笨了，感覺什麼都學不會，也不想跟別人交流。到部隊後，他覺得更糟糕了，每天都很緊張，無法放鬆，覺得自己什麼都不行，什麼都學不會，總是扯隊上的後腿。

說著說著，小張流下了眼淚。聊了許久，我發現小張是個很孝順的孩子，因爲他現在的所作所爲，都是在下意識「配合」父母給他的稱呼。也就是說，他在潛意識中不斷要求自己「忠誠」於父母。如果扮演不好「笨蛋」這個角色，不就證明父母錯了嗎？不就冒犯父母了嗎？不就「背叛」父母了嗎？這是多麼大逆不道啊！當然，這些話我並沒有對小張說，我怕他無法接受，而且這麼做還會破壞我們之間的信任關係。於是，我決定用其他方式讓小張創造全新的體驗，讓他親手撕掉父母貼在他身上的標籤。

幫小張做完心理測驗後，按照程序，我需要向連長說明情況。我把我的判斷告訴連長，說小張是個情感極爲豐富細膩的人，很有潛力。連長聽我說完，覺得不可能，他認爲小張不僅反應慢，而且學習能力很差，還不愛跟其他人交流，怎麼可能情感豐富呢？

於是，我解釋了一下我所用的房樹人測驗這個方法。連長覺得太玄了，無法理解。於是我也讓連長畫一幅，連長半信半疑地畫了。隨後，我拿著連長畫好的畫，問了他幾個問題。我問他「你是不是一直盼著有個人能走進你內心」時，他一下子愣住了，應該是我的問題觸動他的心吧，因爲他從未對任何人講過自己內心深處的渴望。

連長因此改變了態度，對房樹人測驗深信不疑，也相信了我的判斷。但他向我提出一個很現實的問題：「該如何激發出小張的潛力呢？」我對連長說：「我們得讓他有新的體驗，因爲所有的改變都始於新的體驗。」之後，我們還眞的找到了讓小張創造新體驗的機會——演講比賽。

我們先跟小張說，聽說他喜歡文學，因此想請他幫別人寫份演講稿。之後，我們又謊稱原本準備參加演講比賽的人有了其他任務，於是要小張自己去參加比賽。我們在連隊做了一次預演，讓小張先講一次給連隊的人聽。結果，小張的演講棒極了，語言充滿情感，表情也把握得恰到好處，跟大家印象中的「木頭人」簡直判若兩人。後來，連隊推薦小張去參加演講比賽，小張不負眾望，一舉奪得所有評審的好評。

這次成功的體驗徹底粉碎了原來貼在小張身上的「笨蛋」「木頭人」等標籤。小張也開始了蛻變之旅，訓練成績逐漸達標，而且性格越來越陽光，願意主動跟身邊的戰友交流。他終於找回了自信，工作做得十分出色。等到我代職結束，回到了學校，跟小張的聯繫也少了。聽說後來他因爲成績突出，得了嘉獎。

一晃，幾年過去了。有一天，突然有人加我微信，說認識我。

我跟對方聊了幾句，才知道原來是小張。他已經退伍了，目前在老家的省會城市做房仲，因爲業績突出，光是佣金抽成，每年就能拿到上百萬元。他說他非常感謝我，是我改變了他的命運。但是我對他說，他需要感謝的其實是他自己，因爲是他親手撕掉了原來貼在自己身上的標籤，一鳴驚人，就像如來佛的封條被唐僧揭掉後，被壓在五指山下五百年之久的孫悟空從此一飛沖天。

認識你不曾了解的標籤

羅森塔爾效應中，真正發揮作用的是標籤化的力量。什麼是標籤化呢？事實上，這是大腦在漫長演化過程中逐漸形成的一種妥協策略。人類面臨的外部環境太過複雜，需要注意的資訊太多，而且存取記憶需要消耗大量的能量。

從演化心理學的角度來看，人類只需要快速注意、存取並分辨出四種基本資訊就夠了，分別是：生存資訊、繁衍資訊、家庭與親子資訊，以及跟自己密切相關的社群資訊；而對生存資訊的處理是最優先的。除此以外，無論是認知自我，還是認知外部環境，標籤化一定是最省力的方式。比如我們常見的各種「地圖砲」，比如認爲某某就是「小氣鬼」，再比如小張認爲自己就是「笨蛋」，這些都是標籤化的認知。這其實是無可奈何的，因爲大腦的認知資源有限，要想快速掌握世界，只能用這種便捷的認知方式——即使不準確，仍不失爲有效的手段。

這套認知策略完全能適用於人類祖先生活的那個時代，但進入工業時代後，變得越來越不適用；進入資訊時代後，就必須更換策略了。在現代社會，如果我們還用標籤化的方式來認知世界和自己，反而會非常麻煩。比如小張給自己貼上了「笨蛋」的標籤，那麼他就會下意識維護這個標籤，會不斷去做符合標籤的事情，比如什麼都學不會、考核不及格、像「木頭人」一樣不懂得交流，這種自我標籤化會使他的命運局限在標籤框定的邊界裡。一旦框定了邊界，我們的命運就停滯了，而在這個飛速發展的時代，停滯就意味著倒退，也就意味著被淘汰，這是很可怕的。

撕下標籤，活出你的生命本色

由於在漫長演化過程中形成的認知策略，人們尤其傾向於給別人和自己貼標籤；但在飛速發展的現代社會，標籤化的認知方式又不再適用。那麼該如何解決這項矛盾呢？

其實，你需要做的，就是撕掉原有的標籤。這並不是指你要不斷鼓勵自己，說服自己，那是沒用的。**要想撕掉標籤，就要改變自己的認知；要想改變自己的認知，新體驗的產生是**

必要的。你需要先邁出行動的第一步，在行動帶來不一樣的結果後，就會產生新的情緒體驗，進而改變認知、撕掉標籤，這就是走出心理舒適區的步驟。心理舒適區實際上就是你原有的標籤框定的區域。

心理舒適區最特別的一點，在於它會根據標籤去建構你的應對方式，而非事實。心理舒適區其實是一個很形象的比喻，意指每個人內心深處那一塊最令自己感到舒適的區域。如果我們做出超出這個區域的行爲，就會感到不安。

舒適區的本質是標籤化，它是一塊人爲構想出來的區域；就像孫悟空給唐僧畫的圈一樣，待在圈內，你就會有安全感和控制感。控制感是我們最基本的心理需要，也是安全感的來源。控制感最初是用來應對焦慮的。當我們認爲自己受到威脅、感到焦慮時，需要覺得自己能掌控外面的環境，就像落水後緊緊抓住救命稻草一樣。而走出心理舒適區則意味著放下救命稻草，放下原來應對焦慮的慣用武器，重新面對焦慮，尋找新的適應辦法。

有些人對標籤不敏感，標籤框定的邊界也很模糊，可大可小，這樣的人靈活度就很高，容易適應環境，心理舒適區的面積也很大。但有些人，尤其是那些自我非常弱小，仍處於「未分化」狀態的人，就對標籤非常敏感，心理舒適區的面積也很小，一旦環境發生改變，他們就會適應不了。最極端的例子是自閉症的孩子，他們天生就只能活在一個很小的區域裡，這個區域內的任何東西都不能變動，一有變動，他們就會不安、失控，甚至歇斯底里地喊叫、大鬧。

絕大多數的孩子自我都是很弱小的。但隨著年齡增長、閱歷增加，再加上家庭的支持與關懷，他們的自我會不斷成長，心理舒適區也會不斷擴大。他們會將原有的標籤一個個撕掉，換成最能適應當下環境的標籤。這就是成長的過程。

很多人可能會問：該怎麼做，才能撕掉禁錮著自己的標籤？我在這裡提出四項建議，供大家參考。

第一，你需要不斷地覺知。對自己當下狀態的覺知，是做出改變的前提條件。如果你只是渾渾噩噩地生活，停留在標籤所框定的邊界內，那麼改變也許就與你無緣。其實很多人都是這樣碌碌無爲度過一生的，過得也算不錯，但他們的生命蒼白無力，缺乏意義感。如果連爲什麼活著都沒弄清楚，那人生這條路就算是白走了。面臨衰老與即將到來的死亡時，人會陷入深刻的死亡焦慮，而死亡焦慮會激發人內心的恐懼，在這種恐懼下，人會拚命回憶過去，想從過往經歷中找出意義。但一切都太晚了，蒼白無力的生命不但不會減輕死亡焦慮，還會強化恐懼，帶來悔恨與不甘。

第二，別把希望寄託在別人身上。羅森塔爾實驗中，那些被列入名單的學生是幸運的，他們偶然參與了羅森塔爾教授進行的這項實驗，莫名其妙地被自己的老師貼上了「菁英」的標籤。但這種事在現實生活中發生的機率絕對很小，不要期待它會降臨在你身上。現實生活中，你身邊的人，包括父母、老師、老闆和同事，都更傾向用標籤去評價你，而且負面評價總是多於正面評價。因此，任何時候都要保持清醒，要知道一切只能靠自己。當然，你也可以向心理諮商師等專業人士求助，但任何人都無法替你做出改變，要想有所改變，終究還是得靠自己。

第三，改變源於體驗。絕大部分的標籤化其實都是對過往體驗的提煉和總結，所以不管是對標籤的覺知或改變，都需要從體驗入手。如果你想要更積極的標籤，就要尋找機會、創造機會來體驗。體驗絕對不是想出來的，出現新的行爲結果後，才能體驗到新的感覺。這種感覺難以言說，但體驗者自己很清楚。只有在體驗到這種感覺後，才可能做出改變。當然，你也可以靜下心來，嘗試用靜心的方式問自己兩個問題：**「我現在是什麼樣子？我想成為什麼樣子？」**記住，別用理性去分析，人在理性分析時是存在認知盲點的，你永遠不可能窮盡所有可能的條件。當你眞的靜下心來，進入靜心狀態，大腦中的記憶碎片就會奇蹟般地重組，體驗會隨著這些記憶碎片一起到來。這也是產生體驗的好辦法。

第四，慢慢來。很多人非常心急，有不少來找我諮商的人都抱著「一次就能解決問題」的執念，想一勞永逸，然後馬上過著幸福人生。但現實是，改變絕對不可能一蹴而就。以後再看到那種以「幾天就能讓你○○」爲標題的文章和課程，我建議你直接忽略，因爲那根本不可能。簡單來說，改變始於體驗，而產生新體驗也只是在改變的道路上邁出的小小一步。你需要做的，是在下一次行動時繼續尋找上次的體驗，並一次次重複這種體驗。當然，有時我們會覺得，只有一點點進步不夠過癮。不過沒關係，即使只是每天有一點點覺知，也是很好的，覺知即是改變。堅持靜心，提高自己的覺知力，一段時間後，你會發現自己已經產生了明顯的變化。

願你能撕掉原有的標籤，釋放生命的本色。

10 為惡，人人皆有可能——史丹佛監獄實驗

二〇一八年十一月，法國巴黎爆發了「黃背心」運動。年輕人們身穿黃背心，頭戴黃色安全帽、蒙面、手持鐵棒、石頭和汽油瓶，衝破警方防線、砸毀商店、掀翻並點燃汽車、焚毀建築物、縱火搶劫；更有人在著名的巴黎地標凱旋門上塗鴉，與警方爆發激烈衝突。這是法國自二〇〇五年以來最嚴重的抗議活動。

這場抗議活動後來成爲暴動，並有少數極端主義團體介入其中。許多年輕人緊跟其後，

但他們既沒有明確的目的，也不知道爲什麼要這樣做，反正就是很憤怒。他們有明確、統一的標誌：參與暴亂的人都穿著黃背心；此外，他們還用口罩遮住臉部，用墨鏡或護目鏡遮住雙眼，以免被識別。

實際上，這些參與暴亂的年輕人絕大部分都是學生，甚至還有中學生。他們之中的許多人都曾是老師、同學和家長眼中的優秀人才。

邪惡心理：好人也會作惡

英國現代作家、諾貝爾文學獎得主威廉・高汀有一部名叫《蒼蠅王》的小說。故事發生在未來，第三次世界大戰中的一場核戰後，一群六歲至十二歲的兒童在撤退途中因飛機失事被困在一座荒島上。起先，他們尙能和睦相處，後來由於惡的本性不斷膨脹，他們互相殘殺，釀成悲劇。小說中的傑克是關鍵人物，他原本是教會唱詩班的少年，但自從他脫光了衣服、把漿果汁液塗抹在臉上，並獵殺野豬後，他就變了一個人。後來，他殺死了一名男孩，心中的惡魔也被徹底地釋放出來。

《蒼蠅王》的情節源於現實。第二次世界大戰中，六百多萬名猶太人遭到屠殺，法西斯殺害了不計其數的平民百姓。這些殺人者難道天生就是冷酷無情的壞人嗎？事情並沒有我們想像的那麼簡單。

最早關注「好人爲什麼會作惡」這個問題，並用心理學方法進行研究的，是美國著名心理學家津巴多（Philip Zimbardo）；他還將對這一問題的研究戲稱爲「邪惡心理學」。

他發現，在第二次世界大戰時期，許多納粹德國官兵其實並沒有被長官逼迫，只是因爲經歷了殘酷的戰爭，導致他們完全變了個人似的，殺害手無寸鐵的猶太人，甚至敵國平民。津巴多認爲，這其中一定存在著環境因素，而且環境中還存在著某條界線，人們如果跨越那條界線，就會從好人變成壞人。根據上述假設，津巴多開啓了對邪惡心理的研究。

一九六九年，津巴多進行了一項著名的實驗——蒙面電擊實驗。他找來一批互不相識的女大學生，把她們隨機分成兩組。

第一組學生被帶到一個昏暗的房間。她們被要求戴上頭套，穿上白色實驗衣，每個人都只露出兩隻眼睛。津巴多請一名「全副武裝」的學生對另一名同樣「全副武裝」的學生實施電擊。當然，那名遭電擊的學生其實是津巴多的助手，而且電擊裝置並沒有眞的通電。

第二組學生則被帶到一個明亮的房間。她們穿著平常的衣服，每個人胸前都有一張名牌，上頭寫著自己的名字，彼此都看得很清楚。進行實驗時，津巴多很有禮貌地喊著每個人的名字，請她們進行電擊。電擊者可以透過單面鏡看到被自己電擊的人——其實也是助手扮演的。當電擊者按下按鈕時，助手大喊大叫，流淚求饒，好讓電擊者相信她真的非常痛苦。

實驗結果讓津巴多很驚訝。第一組學生按鈕的次數比第二組多了近兩倍，並且每一次按鈕的持續時間也更長。蒙面會誘發惡行，因爲即使作惡，也沒人知道。

之後，津巴多發現，自己所在的紐約大學附近街道上，經常發生蓄意破壞汽車的案件。當地員警說，這都是住在下水道裡的黑人或波多黎各小孩幹的。津巴多突發奇想，設計了一項偷車實驗。他買來兩輛二手車，拿掉其中一輛車子的車牌、掀開引擎蓋，再將車門打開，就這樣停在紐約繁華的街道邊，並在不遠處放置了錄影設備。十分鐘內，第一個路過這裡的車子駕駛用千斤頂把車頂起來，卸走了一只輪胎；十分鐘後，一家三口經過，爸爸拿走了水箱，媽媽搬空了後車廂，孩子將車內的東西一掃而空。在四十八小時裡，這輛車一共被破壞了二十三次，其中只有一次是孩子幹的，另外二十二次都是中產階級白人幹的。

津巴多對另一輛二手車進行了同樣的操作，把它停在一個社區的街道上。這一次，這輛車停了整整一週，卻根本無人理會。直到實驗最後一天，下雨了，有人將車的引擎蓋放了下來，因爲他擔心引擎進水。

在匿名環境中，只要稍加誘導，人就會越過界線，開始作惡。這兩次實驗結果雖然驚人，但還是無法好好解釋「好人爲什麼會作惡」這個問題。兩年後，年輕有爲的津巴多準備

「玩個大的」。他進行了一項在心理學史上爭議非常大的實驗——史丹佛監獄實驗。

史丹佛監獄實驗：理解人性的里程碑

津巴多在史丹佛大學著手準備實驗。他在當地報紙上刊登廣告，招募男性志願者來參加爲期兩週、關於監禁的心理學研究，承諾每人每天可以得到十五美元的報酬。這在當時是一筆不菲的金額，對沒有收入的大學生來說，頗具誘惑力。接著，他對應徵者進行了各類心理測驗和面試，最終從應徵者裡篩選出二十四名受試者。這二十四人均爲二十歲左右的大學生，身心健康，精神正常，人格健全，不曾經歷過會對成長造成影響的重大事件，也有良好的教育背景，並且都沒有犯罪紀錄。津巴多和這二十四名受試者簽訂了協議，然後將他們隨機分成兩組，讓一組人扮演獄卒，另一組人扮演囚犯。

爲了增加實驗的眞實性，津巴多特意請當地警察局協助，讓眞正的員警來「逮捕」扮演囚犯的受試者。這些「囚犯」被蒙住雙眼，被員警從自己家中送到模擬監獄——史丹佛大學心理學大樓的地下室。囚犯們被帶到模擬監獄後，會被要求脫光衣服，面向牆壁站著，「獄卒」們會向他們發放囚衣與塑膠拖鞋，並用痱子粉在他們的囚衣上噴上號碼。囚犯們被剝奪了名字，只能以囚衣上的編號稱呼。他們的腳踝上都扣著腳鐐，頭上還戴著用絲襪做的囚帽。相較之下，看守們的待遇大不相同：他們穿著統一的制服，配有警棍，還戴著銀色反光太陽眼鏡，可以在模擬監獄內自由行動。獄卒呼叫囚犯時必須叫編號，囚犯則必須稱呼獄卒爲「長官」。

實驗的第一天，所有受試者都對模擬監獄裡的生活不太適應。囚犯們自由散漫，嬉笑打鬧，甚至不服從獄卒的命令。另一方面，獄卒們則很快就進入狀態，他們無師自通地學會了一整套懲罰體制，具體的懲罰方式有：大半夜強行把囚犯叫起來，要他們報數；要求表現不好或者反抗獄卒的囚犯做伏地挺身和青蛙跳；讓不服氣的囚犯去打掃廁所；囚犯要是不好好幹活，就不讓他們吃飯，甚至沒收他們的衣服和床墊；如果囚犯還敢反抗，就用噴滅火器或關禁閉室的方式懲罰他們。總之，獄卒用盡一切辦法要囚犯服從，當獄卒發現自己手上的權力能直接影響到囚犯時，他們的懲罰方式也變得越來越肆無忌憚。

一開始，有零星幾個囚犯站出來反抗權威，拒絕服從命令，甚至煽動叛亂。於是獄卒們學會了挑撥離間，比如讓表現好的囚犯享受特權，然後把叛亂者分成兩部分，給其中一部分人吃好喝好，讓另一部分人懷疑這些同伴賣友求榮。結果，囚犯們之間的信任被摧毀了，獄卒則進一步鞏固了自己的權威。就這樣，實驗僅進行了三十六小時，就有一名囚犯精神崩潰，津巴多不得不提前釋放他。

在之後的幾天裡，又有好幾名囚犯出現了嚴重的壓力反應，比如身體不適、極度憂鬱、哭叫、憤怒、強烈焦慮等，一共有五名囚犯被提前釋放。剩下的囚犯則都變得麻木不仁，逆來順受，完全接受了自己的囚犯身分。

這段時間裡，津巴多曾問這些囚犯，是否願意放棄報酬提前離開，大部分人都表示願意，只有兩人不願意。然而詭異的是，當津巴多告知這些願意放棄報酬離開模擬監獄的囚犯，他們能否離開需要由實驗人員討論後再決定時，這些囚犯居然乖乖服從指示，回到了囚室。他們已經完全入戲了，忘了自己只是在參加一項實驗：只要自己說不願意繼續，隨時都可以離開。獄卒們同樣入戲太深，懲罰方式也更加殘酷，比如在囚犯做伏地挺身的時候，把腳踩在他背上，甚至讓囚犯模仿同性戀性行爲。

到了這個階段，整項實驗已經失控。津巴多也意識到了事態的嚴重性，並在實驗第六天提前結束了這個原本計畫持續兩週的實驗。聽到實驗結束的消息，囚犯們如釋重負，甚至因重獲自由而抱頭痛哭，但獄卒們好像還有點意猶未盡，表現得很不捨。

二〇一八年，美國作家班·布林（Ben Blum）在 Medium 網站發表了一篇文章，聲稱史丹佛監獄實驗是一場騙局，引起了廣泛討論。很快的，津巴多做出回應，認爲布林並沒有充分證據能否定該實驗的結論。津巴多認爲，人類的行爲在很大程度上取決於社會角色和所處的環境，任何人都可能因爲所處的環境變成施虐狂或受虐狂。

我非常認同津巴多的觀點。史丹佛監獄實驗是近半個世紀前的實驗，如果嚴格按照科學實驗的標準來看，並固執於實驗細節的話，受當時的社會條件、技術條件及人們的認知水準所限，史丹佛監獄實驗必然有瑕疵。但這並不妨礙史丹佛監獄實驗成爲心理學史上偉大的實驗，也不妨礙它成爲研究人性的里程碑。這是因爲，史丹佛監獄實驗第一次人爲塑造了一個社會環境，並用事實揭示環境的巨大力量。

原本並無差別的兩組大學生，在短短六天後，其中一組變成茫然無助的囚犯，另一組人變成了以懲罰、羞辱囚犯爲樂的殘暴獄卒。要知道，實驗之前的心理測驗顯示，這兩組大學生都十分正常。是什麼讓這些原本陽光善良的大學生發生了如此大的變化？

從外部條件來看，有三項原因。

第一，扮演獄卒的受試者獲得了絕對權力。實驗人員查看監控影片時發現，當獄卒們發現自己擁有絕對權力後，就逐漸傲慢起來，對囚犯很不耐煩；稍有不滿，就對囚犯拳腳相向。更關鍵的是，之後的回訪紀錄顯示，這些扮演獄卒的受試者還會透過各種方式合理化自己的過激行爲。他們認爲自己只是奉命行事，察覺不到自己對囚犯明顯的暴力傾向。在能賦予絕對權力的環境下，人的意志力無法和環境的力量抗衡。

第二，去個性化，或說「非人化」。一方面，獄卒們穿統一的制服、戴墨鏡、掩蓋自己的面目、被統稱爲「長官」，給他們一種「沒人知道我眞實身分，我也不用爲自己做的壞事負責」的感覺。另一方面，囚犯們一開始就被剝奪了個體性，比如被剝奪了名字，只能以編號稱呼。這種情況下，獄卒會覺得囚犯並不那麼値得尊重，所以很容易對囚犯使用暴力。

第三，從衆心理與服從權威的心理。人總是希望被群體接納，從而獲得安全感和歸屬感。當身邊有個別獄卒在作惡，並有越來越多人跟著作惡時，即使是好心的獄卒，也很難出頭制止，只能沉默。這樣的沉默在無形中縱容了暴力。另外，囚犯會服從於獄卒的權威，透過這種方式維持安全感與控制感，以對抗焦慮與恐懼。

從受試者的心理層面來看，也有三點原因。

第一，角色認同。在實驗過程中，不論獄卒還是囚犯，都隨著時間流逝慢慢入了戲，行爲也越來越貼近自己所扮演的角色。剛開始的時候，獄卒們雖然還不太習慣指使別人，但很快就變得強勢起來，越來越暴躁，愛指揮，愛找碴。後來暴力升級，獄卒不僅把打人當成家常便飯，還把懲罰當成娛樂活動，故意強迫囚犯做一些令人難堪的動作。囚犯在實驗的第二天有過一次反抗，但以失敗告終，之後他們就越來越沉默麻木，逐漸接受權力只屬於獄卒的現實。囚犯們徹底變成了極端環境下的弱勢者，認爲自己沒有決定權，甚至忘記了這一切根本只是實驗。

第二，透過自我辯護合理化自己的行為。獄卒們爲了避免內疚，想出了一個招數，就是把囚犯變成一個抽象的概念。比如，實驗中的囚犯們沒有名字，只用編號來稱呼，獄卒甚至稱他們爲害蟲。如此一來，囚犯們不再是獄卒們的朋友、鄰居、同胞，而成了完全陌生的群體。懲罰乃至消滅陌生群體，是可以被接受的。

第三，習得性無助。在史丹佛監獄實驗中，那些扮演囚犯的受試者在不到一週的時間內就習慣了這種迫害，變得溫順起來。事實上，這就是習得性無助，是指人們在屢次反抗失敗後，會變得消沉，不再嘗試抵抗。

虐囚事件：史丹佛監獄實驗的再現

二〇〇四年一月，美國一名陸軍特種士兵向軍方調查員遞交一份存有美軍在伊拉克巴格達阿布格萊布監獄虐囚照片的磁碟，軍方隨即展開調查。四月二十八日，美國哥倫比亞廣播公司公開了部分虐囚照片，全球一片譁然。隨後，時任美國總統小布希就虐囚事件公開向阿拉伯國家道歉。虐囚事件和史丹佛監獄實驗有很高的相似度，津巴多於是應邀擔任了虐囚案的專家證人。

根據施暴者自己拍攝的照片顯示，囚犯們遭到毆打、踢踹、踩踏、搧耳光，在美國士兵的逼迫下赤腳跳來跳去。在一些照片中，士兵剝光囚犯們的衣服，逼著他們做出各種模仿性行爲的動作，在他們的脖子上繫上繩子，像對待狗一樣把他們拉來拉去，用未戴嘴套、訓練有素的軍犬嚇唬他們……

曾任職於阿布格萊布監獄的人提供了以下證詞。

囚犯們被關進來後，獄卒們經常讓他們頭頂沙袋、用塑膠手銬銬住他們，或是把他們扔在地板上、拴上鏈子，讓他們做出有辱人格的行爲。而所有獄卒也都被告知「囚犯們只不過是狗」。於是，獄卒們把囚犯們視爲比人類低等的生物，對囚犯施加過去從未想過的殘忍舉動，而且惡劣的虐待行爲往往發生在夜班時。

如果將阿布格萊布監獄的虐囚事件和史丹佛監獄實驗放在一起對比，就不難發現，兩起事件都具有匿名化和去個性化的特點。在監獄裡，無論是美國中央情報局情報員，還是不隸屬於軍隊的審訊員，審訊時從不穿制服，也不出示證件。此外，在虐囚照片裡，擔任獄卒的美國士兵大多數也都沒有穿軍裝，他們把上衣脫掉了。獄卒們還會給囚犯貼上「低等生物」

「毫無價值」的標籤，這幾點和史丹佛監獄實驗如出一轍。

不同的是，阿布格萊布監獄虐囚事件中有一項至關重要的因素，那就是獄卒的疲憊感，這是導致監獄中暴力等惡行發生的主要因素。幾乎所有的暴力虐待行爲都發生在夜班，可以想像，這些二十出頭的年輕士兵每天都要從晚上十點值班到第二天早上。在漫漫長夜裡，不但感到極度無聊，一想到戰爭不知道何時才能結束，就更加絕望。最可怕的是，在短短幾個月裡，囚犯的數量從四百人迅速增加到一千多人，由於條件限制，囚犯們無法定期洗澡，也沒有足夠的醫療保障，監獄裡臭氣薰天，待在裡面的人還有罹患傳染病的危險。

這些二十歲出頭的小夥子從條件優越的美國，千里迢迢來到伊拉克，本想在戰場上建功立業，卻被分配到監獄，每天要連續值十二個小時的夜班，有時甚至要連續工作四十天。而且，只配了八名獄卒來看管一千名囚犯，沒有長官來關注他們的工作，沒有人關心他們，也沒有人了解他們，他們嚴重睡眠不足，飲食極不規律。最關鍵的是，監獄裡沒有翻譯，他們根本無法與囚犯們溝通。

如果你在阿布格萊布監獄當獄卒，你會有怎樣的感受？你看著這些根本無法對話的囚犯，心裡火不火，壓力大不大？所有環境因素加在一起，讓阿布格萊布監獄變成一座製造惡魔的工廠。即使過去的你道德再高尚，是好孩子、好學生或好父親，到了這裡，你心中的惡魔也很有可能會被釋放出來。

缺乏覺知，是最大的作惡之源

實際上，作惡者心中的邪惡不是一開始就表現出來的，而是被環境誘導出來的。邪惡的一個特點就是平凡——它存在於最平凡的人心中，也由最平凡的人來實行。在環境的誘導下，人們甚至不知道，也不覺得自己做錯了，不進行反思，只是屈從於環境。無論是史丹佛監獄實驗，還是阿布格萊布監獄虐囚事件，都清楚無誤地展示了：人的行爲並非全由理性、性格、經歷所支配，決定人行善或作惡的，是社會環境，以及塑造環境的系統性力量。

著名心理學家弗洛姆認爲，善就是肯定生命，展現人的力量；而惡就是削弱人的力量。他進一步指出，人要滿足自身需求，有兩條路可走：一條是向前的路，去發展人所特有的愛與創造的能力，這是向善的路；另一條是退行的路，試圖回歸母體，回歸死亡，這是向惡的路。而人的破壞性，就是一種退行路徑。

作惡之人，特別是跟隨他人作惡的人，有一些共同的特徵。他們缺乏生氣與創造力，也缺乏愛的能力，還有深深的無能感。正是這種無能感，讓他們不顧一切地試圖控制別人、凌駕於他人之上，由此獲得自己無所不能的幻覺。正因爲自己缺乏創造力，無法熱愛生命，所以他們才要去毀滅，並且迷戀死亡。

如果一個人渾渾噩噩地過日子，不思考身邊發生了什麼事情，不反省自己的行爲會造成怎樣的後果，毫無對自我的覺知，這樣的人就如同納粹分子，最大的特徵就是兢兢業業地完成上級交代的任務。他們缺乏思考的能力，或是拒絕思考，這使得潛伏在人性中的惡之本能得以釋放出巨大的能量。

正如本文開頭所提到、在巴黎街頭參加黃背心運動的年輕人，他們當中絕大部分都是平凡而無知的人，生命缺乏愛的滋養，自我也沒有獲得充分的伸展，個人價值並未被看見。他們追求的是虛幻無比的理念，採取的策略是透過暴力來控制與毀滅，這是他們唯一可以證明自己無所不能的方式。

唯一能夠對抗平凡之惡的力量，就是對自身的思考與反省，我們以此對抗愚昧與無知。

11 失控，為何我們悲觀和失去信心？

——習得性無助實驗

之前，「三十七歲失業了超級痛苦，怎麼辦？」這個問題在「知乎」火了。可以看出，網友對「人到中年，職場半坡」這個現象的關注程度還是比較高的。題主說，自己今年三十七歲，有國內名校的碩士學位，工作十多年，剛剛失業，之前一直在市場研究公司工作。現在雖然沒有經濟來源，每個月卻要面對將近一萬元人民幣的固定開銷。

眞正引起我的注意的，是題主接下來對自己的描述。題主說自己處理人際關係和識人的能力差，情商低，說話直接，而且缺乏職業規畫。近三年內，他工作換得很頻繁，常常在面試中被挑毛病。他從上一家公司離職的原因是遭到職場打壓後，被上司誣陷並開除；再上一家公司倒閉了；再之前是自己德行淺薄，在公司被排擠。最後他說自己「壓力巨大，超級巨大」。題主對自己的描述，比如情商低、識人的能力差、德行淺薄等，讓我突然回想起曾見過的一些來訪者，面對失敗和挫折時，他們的反應大致可以分爲以下三種類型。

第一種是自我否定。這種類型的來訪者面對失敗和挫折時，特別喜歡主動「背鍋」，但他們背鍋並不是爲了分析和覆盤，僅僅是爲了自責，甚至自我否定。我記得很清楚，有一位來訪者跟我講述自己遇到的挫折時，一直在自我否定，說自己能力有多差，而且不斷強迫我認同他，好像只要我認同了他，他就勝利了似的。

第二種是拚命「甩鍋」。這種類型的來訪者也很有意思，面對失敗和挫折時，他們特別在乎到底是誰的責任，卻不在乎失敗的原因。他們好像非得把那個搞事的幕後黑手找出來不可，一旦找出所謂的幕後黑手，他們就會表現出如釋重負的樣子。

第三種是主動放棄。這種類型的來訪者特別容易感受到壓力，更傾向於放棄，並對此振振有詞，會找一堆理由來證明努力嘗試是一件可恥的事。深入了解這種想法背後的情緒時，我往往會發現這些來訪者心中有深深的恐懼。他們認爲，如果需要付出努力才能做成一件事，就等於說明「我不行，我不好」他們會覺得：「我怎麼可以不行呢？我不行就不配活著啊！」他們要是想做一件事，會偷偷地努力；這樣一來，就算事情做不成，也不至於證明自己不行，因爲別人也不知道。他們對周圍人的評價和看法特別敏感。

這些來訪者中，有些人長期處於悲觀狀態，甚至發展成嚴重的憂鬱症。你想必也見過上述三種類型的人，遇到壞事時，他們往往相信都是自己的錯，認爲這件壞事的影響會持續很久，還會毀掉自己的一生。但是，面對失敗和挫折時，也有些人會認爲失敗只是暫時的，每次失敗都有原因，而且不一定是自己的錯，也可能是環境、運氣或其他因素導致的；他們還會把失敗視爲一種挑戰，更努力地去克服困難。

偉大的發現：習得性無助

從事心理學工作久了，見過形形色色的人，我慢慢發現，許多來訪者的所謂心理問題，都是他們自己習得的。習得，即經過學習和練習掌握技能。也就是說，許多人的心理問題，都是在他所處的環境，比如家庭和學校，經過大量練習逐漸學會的。人的悲觀、逃避、自我否定，其實也是自己學會的，這在心理學上有個術語，叫「習得性無助」。簡單來說，習得性無助就是指人們從失敗體驗中學會了一種**絕望的認知——即便自己再努力，也無法改變現狀，不可能成功**。這種絕望和無助感會使人形成一種思維習慣，深刻影響人的行為模式。

說到習得性無助，就一定要提一下該理論的創立者，美國著名心理學家馬丁·塞利格曼（Martin Seligman）。一九九八年，他以史上最高票當選美國心理協會主席。他大力提倡並創立正向心理學，並為這門新學科奠定了結構體系，是世界公認的「正向心理學之父」。一九六〇年代，他發現的「習得性無助」對心理學的發展產生了深遠影響。

回到開頭的案例，那位三十七歲的題主對自己的描述充滿悲觀，按照塞利格曼的說法，這體現了他的無助感。無助感，就是指自己無論怎麼做都無法改變命運的那種感覺。每個人打從出生起就有無助感。初生的嬰兒無法做任何事，一不舒服就會反射般地哭，這樣媽媽就會來，但這並不意味著嬰兒控制了媽媽來或不來的行為。嬰兒必須在長大的過程中，才能慢慢學會控制自己與外部世界，掌握以自己的行為去改變命運的能力。嬰兒在三、四個月大的時候，就可以自主控制手腳，也可以自主控制哭泣行為，想讓媽媽來時就大哭。差不多一歲時，嬰兒會學會說話和走路。隨著成長，他會獲得更多控制自己與外部世界的能力，慢慢擺脫無助感。

在人生道路上，我們往往會碰到許多自己無法控制的事情，比如瞳孔的顏色，比如所屬的種族與出生的家庭，又比如這次的新冠肺炎疫情，都遠遠超出了我們的控制範圍。但人生中還有一些事情是我們可以控制的，比如怎麼跟別人相處，如何生活，如何賺錢。不同的人，其無助感和控制感的程度是不一樣的。那麼，面對同樣的境遇，為什麼有的人就是比別人更悲觀呢？究竟是什麼讓這些人產生了悲觀的想法？

狗的悲劇

說到習得性無助理論的建立過程，必須要提到塞利格曼做過的一項經典實驗——電擊狗實驗。實驗的具體過程如下：

塞利格曼製作了一只大箱子，並在箱子中間設置了一道擋板，擋板把箱子分成兩部分，一邊的底部鋪有電擊網，另一邊則沒有。做爲實驗對象的狗可以跳過擋板，從鋪有電擊網的一邊來到箱子的另一邊，從而避免遭電擊。該裝置被命名爲「穿梭箱」。接著，塞利格曼挑選了一些狗，把它們分成A、B、C三組。

實驗分爲兩個階段。

在實驗的第一階段，塞利格曼用通電的背帶對A組和B組的狗實施了電擊。A組的狗被背帶綁住，受到輕微電擊，不過牠們面前有能控制背帶是否通電的操縱桿。牠們被電擊時，顯得很痛苦，並表現出很強的求生欲。經過一番掙扎，牠們發現可以藉由操作操縱桿讓電擊停止，並很快就學會用鼻子操作。之後，每當身上的背帶通電時，牠們就用鼻子觸碰操縱桿，讓電擊停止。B組的狗同樣被背帶綁住，受到同樣程度的電擊，但牠們面前沒有操縱桿；也就是說，牠們無法停止電擊，只能忍受痛苦。C組是對照組，牠們也被背帶綁住，但沒有受到電擊。就這樣，A組和B組的狗被電擊了一次又一次，C組的狗則完全不知道發生了什麼事。

在實驗的第二階段，塞利格曼將這些狗逐一放進穿梭箱裡有電擊網的一邊，然後給穿梭箱通電。實驗結果非常令人驚訝：當穿梭箱通電時，A組和C組的狗很快就憑藉本能跳過擋板，擺脫了電擊，而B組的狗則躺下來啜泣，沒有嘗試逃脫，只是忍受著電擊。

根據這項實驗，塞利格曼教授總結出習得性無助的理論。此一理論認爲，人們覺得做什麼都沒用的時候，就會產生放棄的念頭，就像實驗中B組的狗一樣。在實驗的第一階段，B組的狗不管做什麼都無法讓電擊停止，也就是說，研究人員爲B組的狗製造了習得性無助。

相反的，當人們對一件事感覺有控制感的時候，就不會放棄，就像實驗中的A組一樣。A組的狗知道電擊是可以控制的。此後二十多年裡，心理學家們做了大量實驗來研究習得性無助，實驗結果高度一致。根據這些實驗結果，可以得出結論：**習得性無助的來源是經驗。**

無論是人或動物，如果所處的環境讓他們感覺不管怎麼做都沒用，他們的行爲無法替自己帶來想要的東西，這種經驗就會讓他們覺得：在未來，他們的行爲依然會是無效的。也就是說，習得性無助的經驗造就了悲觀的思維，悲觀的思維則源於習得性無助的經驗。

那麼，如何讓悲觀者改變對逆境的看法呢？塞利格曼將習得性無助實驗繼續往下做。他將B組的狗，即產生習得性無助的狗重新放進箱子裡，用手將這些不願意動的狗拖過來拖過去，強迫牠們越過中間的擋板，最後，牠們開始自己動了起來。實驗人員發現，一旦牠們發現自己的行爲對避免電擊是有效的，習得性無助就被治癒了。而且，只要讓一隻狗認識到牠的行爲能有效應對逆境，牠就能一生都對這種逆境有「免疫力」。這項實驗對預防習得性無助的發生具有重大意義。

後來，有位日裔美籍研究者仿照塞利格曼的電擊狗實驗，對人也做了一次實驗，不同的是，他用雜訊代替了電擊。實驗結果跟電擊狗實驗驚人地一致。也就是說，悲觀者消極的思考模式是完全可以改變的。

解釋風格：「學會悲觀」的關鍵

習得性無助的心理機制究竟是如何產生的呢？最早系統性解釋這個問題的，是美國史丹佛大學心理學教授卡蘿·杜維克（Carol Dweck），她在研究兒童心理時有了以下發現：

有些兒童遇到挫折時，比如堆積木失敗時，傾向將失敗的原因歸結爲「我有點笨」等因素，這是一個人身上很穩定的因素，不會隨時間的流逝而變化，即**穩定性因素**；有些兒童則傾向將失敗的原因歸結爲「我不夠努力」等因素，這類因素通常是行爲的結果，並且跟環境的變化有直接關係，非常不穩定，即**暫時性因素**。

悲觀的孩子傾向於將問題歸結爲穩定性因素，也就是他們自身的因素；樂觀的孩子則多半覺得是他們做事的方法不對，並尋找補救辦法。後來，在以成人爲對象的實驗研究中，也同樣發現了這兩種歸因傾向。

杜維克發現，在面對相同的境遇時，不同的個體，應對方式也截然不同。這是由於他們的思維中存在截然不同的解釋模式——解釋模式就是解釋當前遇到的問題的方式，也就是解釋風格。可以說，解釋風格是習得性無助的調節器，也是一種思維模式。

塞利格曼則認爲，若一個人認爲逆境是永久的（永遠不會改變）、普遍的（我會把所有事搞砸）、個人的（這都是我的錯），這個人就會擁有悲觀的解釋風格；相反的，若一個人認爲逆境是暫時的（過段時間就好了）、有限的（在某些方面，我還有改進的空間）、外在的（這次運氣眞差），這個人就會擁有樂觀的解釋風格。他寫道：「樂觀的解釋風格可以阻止習得性無助，而悲觀的解釋風格可以散播習得性無助。」

爲了進一步驗證自己的理論，塞利格曼做了一項歷時五年的研究，對數千名保險業務員進行了調查研究，發現業務員中，較樂觀者的銷售額比悲觀者高出八八%，悲觀者選擇放棄的機率是樂觀者的三倍，而個人天賦並沒有對銷售額與選擇放棄的機率造成明顯影響。而在另一項歷時兩年的研究中，塞利格曼發現，房地產仲介商中，樂觀者的銷售額比悲觀者高出二五〇%到三二〇%，差別如此巨大，令人感嘆。再後來，塞利格曼與瓦倫特（George Vaillant）、伯恩斯（Melanie Burns）等心理學家合作，共同完成了長期追蹤研究。他們藉由追蹤分析研究對象的日記，成功預測這些人在一生中會如何應對逆境，而他們所預測的應對方式竟持續了五十二年之久。

兩種心態，兩種世界

杜維克在做了關於解釋風格的研究後，繼續深入研究了數十年，後來正式提出了思維模式理論。該理論認爲，人的思維模式可以分爲兩種：**一種是成長心態**，具有這種思維模式的人認爲，能否學會做一件事，不在於天賦如何，而在於是否努力；只要努力，什麼事都能學會。**另一種是定型心態**，具有這種思維模式的人特別相信天賦的作用，認爲擅長的事就是擅長，不擅長的事就是不擅長，無論怎麼努力，都不可能學會做不擅長的事。

爲什麼會存在這兩種思維模式呢？杜維克做了一項著名的讚美實驗。爲了解讚美對孩子的影響，杜維克找來數百名中小學生，把他們分成兩組，讓他們做十道非常容易的智力測驗題。當他們完成智力測驗題後，其中一組學生被誇聰明，比如：「你答對了這麼多題，你好聰明！」另一組學生則被誇獎努力，比如：「眞不錯，你做對了這麼多題，你眞的非常努力！」實驗還沒結束，接下來，杜維克讓這些學生繼續做智力測驗，題目的難度會逐漸提高，但要不要繼續挑戰難度更高的題目，由學生自己決定。

實驗結果非常出乎意料。當題目的難度提高後，那些被誇聰明的學生都不願意繼續進行測驗，對解題也沒興趣，哪怕這些題目能讓他們學到新知識也不行，表現也明顯變差。即使重新讓他們做一些容易的題目，也無法讓他們找回信心。甚至到最後，當研究人員讓他們在試卷上寫下自己的得分和做這些題目的感受時，那些被誇聰明的學生中，約有四〇％謊報了自己的得分，報得比實際得分要高。相反的，那些被誇努力的學生卻越挫越勇，保持對解題的興趣，表現也越來越好。而且，他們對自己的評價比較客觀，自信心也越來越強。

人們常說，原生家庭對孩子的成長非常重要，但爲什麼重要呢？最關鍵的原因是，孩子的很多問題都是父母造成的。稱讚孩子時，一味誇孩子聰明，不僅無法增強孩子的自信，還會削弱孩子的抗壓力。不同的讚美方式，會讓孩子開啓不同的思維模式。誇孩子聰明，實際上是讓孩子開啓了定型心態，而且在一次次的強化下，使得孩子的這種心態越來越牢固。像是「聰明」這種標籤，實際上隱含著「人的能力是相對固定的」這層涵義。這種標籤一出現，孩子的大腦就會迅速捕捉到它，並將它與現有的自我評價融合在一起；而孩子一旦將「聰明」這種標籤與對自己的評價融合在一起，自然就會努力維護自己聰明的形象，把注意力從「挑戰任務本身」轉移到「對自我的關注」，這就是定型心態的特點。

至於誇孩子努力，則會讓孩子開啓成長心態。誇孩子努力，其實是在誇孩子的行爲本身，而非他們的自我。行爲本來就不是固定的，是自我的延伸，也是孩子的自我可以控制的。孩子的大腦在捕捉到類似「努力」的評價時，會認爲它完全可以控制行爲。這樣一來，大腦對行爲的控制感就被強化了，大腦就會繼續把注意力集中在行爲本身，而非自我。

後來，杜維克又做了一項長期的追蹤研究。她測量了四百多名十二至十三歲、剛上國中的孩子，著重於評估他們的思維模式，並追蹤觀察他們在接下來數年裡的學習成績。她發現，那些認爲自身智力無法改變的孩子，也就是具有定型心態的孩子，成績在這段期間並沒有顯著的提升；而那些認爲自身智力可以改變的孩子，也就是具有成長心態的孩子，成績則穩步提升。

對這些孩子進行深入訪談後，杜維克發現，兩種思維模式的孩子在如何看待失敗這件事情上差別最大。具有定型心態的孩子被問到，如何看待自己數學不好或體育不行這件事時，會把原因歸結爲自己能力不足。但具有成長心態的孩子卻不是這樣，他們被問到同樣的事情時，會表示自己數學不好是因爲缺乏學習數學的興趣，但興趣可以培養；至於體育不好，只是因爲不擅長某個項目，但自己其他項目做得還可以。

兩種心態背後的大腦機制

浙江大學的胡海嵐教授透過腦科學實驗系統闡述了「成功才是成功之母」的道理，這可說是一項顛覆性的研究。

研究團隊找來兩隻小白鼠：一隻特別勇猛強壯，體型也比較大，稱之爲小A；另一隻不但體型小，膽子也很小，稱之爲小B。研究團隊透過腦科學技術記錄小A和小B的大腦活動，然後將牠們放在同一根空間狹小的管子裡。小白鼠這種生物有很強的領域性，對與自己不是相同品種的同類更是要堅決驅逐。於是，在領域性的支配下，小A和小B廝殺了一番，結果不出所料，小B敗下陣來，並被轟了出去。

研究團隊全程記錄了小A和小B在爭鬥過程中的大腦活動，發現牠們在相互推擠時，大腦前額葉皮質的神經細胞活動有明顯增加，而且小A的前額葉皮質活躍度更高。胡海嵐提出了一項大膽的猜測：「小B膽子這麼小，是不是因爲它的前額葉皮質不夠活躍？」爲了驗證這項猜測，研究團隊採用了一種稱爲光遺傳學（optogenetics）的先進技術。這種技術可以藉由雷射刺激，增加大腦特定區域乃至特定神經迴路的活躍度。研究團隊用雷射刺激小B的大腦前額葉皮質，增強該區域特定神經迴路的連接強度。然後，他們再次將小A和小B放在一起。這一次，小B變得非常勇猛，三兩下就打退了小A，把體形比自己大，實力比自己強的小A推出了管子。他們又試了兩次，結果還是一樣。

研究團隊繼續用雷射刺激小B的前額葉皮質，並換上三隻實力比小A更強的小白鼠做爲小B的對手。結果很有意思，小B越戰越猛，不斷戰勝實力比自己強的對手，取得了勝利。

實驗還沒結束，研究團隊再次找來三隻實力更強的小白鼠跟小B再戰，只是這次他們沒有用雷射刺激小B的大腦。激動人心的時刻到來了，小B保持著勇猛，又打敗了強敵。也就是說，這隻原本膽小怕事的小白鼠已經不需要雷射刺激，僅僅靠自己，就能打敗實力比自己更強的小白鼠。

原來，小B被刺激的大腦區域恰好是主管社會競爭性的。當小B消極退縮時，這個區域的神經元活動沒有什麼變化；然而當小B奮勇向前、做出推擠和抵抗的行爲時，這個區域的神經元活動就會顯著增強。而且，一次又一次的成功經驗，讓小B大腦裡中縫背側丘腦投射到前額葉皮質這條神經迴路的連接不斷增強，徹底改變了小B之前膽小怕事的行爲模式。

成功，是可以學習的

電擊狗實驗中，B組的狗寧可趴在那裡忍受電擊，也不願意做出改變。如果當時有先進的腦科學技術，塞利格曼也許會發現B組的狗大腦中特定神經迴路的變化。無論是成功經驗或失敗經驗，都在重塑大腦中特定的神經迴路。

一次又一次的失敗經驗最終會塑造出定型心態。這種思維模式本身就是爲了應對失敗經驗而出現的。在人類漫長的演化過程中，有很長一段時間，既沒有科學知識，也沒有技術能幫助人們做決定，人們只能憑藉經驗，有時甚至只能碰運氣，那麼做出錯誤決定也就在所難免了。做出錯誤的決定，輕則餓肚子，重則喪命。爲了生存，演化的力量賦予人類在犯錯後吸取教訓、積累經驗的能力，並透過強烈的情感體驗記住錯誤。這種情感體驗包括許多複雜的情緒，如懊悔、內疚、自責、失望等。這種負面情緒體驗極爲強烈，所以當人們再遇到類似情況時，就會馬上提取當時的負面記憶，啓動強烈的情感體驗，避免又掉到同一個坑裡。

但凡事都有兩面，如果負面情緒體驗太多，人不但會變得退縮逃避，也會失去自信，嚴重時還會出現焦慮、憂鬱等心理與精神問題，甚至可能威脅生存。人類因此演化出另一種心理機制，也就是前面提到的定型心態。定型心態的本質是防禦——自己總是失敗、外部環境太惡劣了、自保才是最重要的。成長心態就截然不同了，這種思維模式的本質不是防禦，而是適應環境、主動作爲，以此尋求成長。具有成長心態的人認爲，外部環境雖然很惡劣，但沒有惡劣到能「殺死」我的程度，那麼我就可以透過努力來改造環境。

美國史丹佛大學著名腦科學家大衛·伊葛門（David Eagleman）教授最先提出了「隱藏自我」的概念。他認爲人類的大腦存在兩部分，一部分是我們能意識到的部分，還有一部分是我們根本意識不到的部分。大腦裡有數不清的預設選項，這些預設是我們的祖先在繁衍的壓力下、歷經幾百萬年演化出的一套生存策略，這套策略涵蓋了無數個求生方案，就像一串程式碼般被寫入我們的大腦。還有一部分「代碼」並不是基因寫上去的，而是經驗寫上去的。也就是說，做過的事、獲取的資訊、接觸過的人，也會在無形中塑造隱藏自我。

然而，我們在執行程式的時候，這些程式碼是理性讀不出來的，換句話說，我們的理性並不具備解讀這些代碼的能力。意思是，感知世界的方式不同，經驗寫入大腦的代碼就會截然不同，而成長心態與定型心態都是經驗向我們的認知寫入代碼的過程。

我們的隱藏自我沒有那麼複雜，只知道「是」和「否」，它大多以感受和體驗的形式出現，無法用邏輯說清。當感覺到外部環境很惡劣時，它就會趨於保守，讓人停止行動，不去改變，不去冒險；而當感覺到外部環境較友好時，它就會變得開放，讓人嘗試主動適應環境，改造環境。這其實就是我們的本能。不過，我們現在生活的環境已經不像原始叢林那樣險惡了，現在的社會和平、穩定、開放、包容，但我們的隱藏自我並不理解自己現在是在原始社會或現代社會，有時會誤判外部環境的情況而趨於保守。所以我們需要跟隱藏自我進行溝通，告訴隱藏自我「現在環境不錯，可以走出來了」。

要改變現在的自己，就必須改變原有的思維模式。具體做法可分為兩個步驟：**第一步，向大腦植入一個成長型概念；第二步，在這個概念的引導下，一步步營造成功體驗，**哪怕是小小的成功也可以。

先說說第一步。爲什麼要先植入概念呢？這要先從一項實驗說起。這項實驗由包括杜維克在內的二十三名美國心理學領導人物同時主持。研究人員從美國的六十五所中學裡選出一萬兩千五百四十二名九年級學生，把他們隨機分成兩組：一組是實驗組，實驗人員讓老師給他們看兩段關於成長心態的影片；影片告訴他們，人的智力並非固定的，只要願意學習，就能變得更聰明；另一組是對照組，老師也給他們看了兩段影片，但他們看的是介紹大腦的普通影片，內容並未涉及成長心態。這項實驗被設計得非常嚴格，採取「三盲」的方式，實驗人員請來獨立的協力者監督和管理整個實驗，參加實驗的學生、老師和最後分析實驗資料的人，都不知道誰被分到哪個組，也不知道實驗的目的是什麼。實驗結果很令人振奮，學期結束時，實驗組學生平均的GPA（學業成績平均點數）比對照組高出了〇．〇三分。

你可能會覺得這個差距很小，但我需要解釋一下。美國的GPA系統中，A是四分，按一般學生拿三分左右來算，GPA提高〇．〇三分，就相當於成績提高了一%。而且，有超過一萬人參加這項實驗，就讓這個差距顯得較大了。再說，實驗組的學生只是看了兩段影片而已，等於是不費吹灰之力就把成績提高了一%。如果是大學入學考試，一%的差距可是不得了的。而且，實驗組中所產生的變化更顯著，平均GPA比以前整整高了〇．〇八分。實驗組學生期末考拿到D和F的比例還降低了三%。另外，有些學生在看了影片之後，比以前更願意選擇有挑戰性的課程。

這項實驗透過影片成功地在學生的大腦植入了一個概念。但其實這還不夠，要想讓一個概念在大腦中生根發芽，還要一步步營造成功的體驗——你需要體驗成功後的感覺，需要看見自己的改變。

一開始，你可以先做一件必定能成功的簡單小事，體驗成功後的感覺。但這只是起步，有了一次成功體驗，就會有下一次的成功體驗，在一次又一次成功體驗的浸潤下，之前植入大腦的概念就生根發芽了，並會逐步替代原有的概念。

你也可以向心理諮商師、主管或老師求助，他們要做的，就是在你的大腦裡播下成長心態的種子，並引導你參與現實世界中的互動，幫助你在與現實世界的互動中獲得一次小成功，實現一個小目標，啓動你心中的引擎，讓你在成長心態的引領下，開啓自我成長狀態。

12 恐懼，需要大膽表達出來——小艾伯特實驗

二〇一九年，隨著一部關注並探討校園霸凌的電影《少年的你》上映，校園霸凌這個敏感話題再次進入公眾的視野，引發熱議。電影中，周冬雨飾演的女孩被孤立、被欺負，經歷了絕望、無助與不甘，體驗了迷失與瘋狂，給人留下極爲深刻的印象。其實，不僅遭遇校園霸凌的孩子，那些從小在家暴中長大的孩子也是如此，他們心中有一道深深的傷疤，時不時就會感到疼痛，這道傷疤不斷折磨他們，甚至在長大後，仍讓他們活在童年陰影之下。

我曾見過一名遭遇霸凌的男孩。他沉默寡言，眼睛總是往下看，頭也一直低著，經常嘟噥著什麼，但聽不清楚。我跟他雖然沒有太多交流，但能從他身上感受到一種陰森的窒息感。那是恐懼的氣息。長期生活在恐懼之中，恐懼就會慢慢變成絕望，嚴重影響身心健康。

在這篇文章裡，我不會探討校園霸凌和家庭暴力本身，而想把目光放回那些心靈受到嚴重傷害的受害者身上，關注一下他們共同的情緒——恐懼。

最早用科學實驗來研究恐懼情緒的，是備受爭議的美國心理學家約翰·華生，他是行爲主義心理學的開創者，也是廣告心理學大師。華生於一八七八年出生於美國南卡羅萊納州的格林維爾。華生小時候非常聰明、爭強好勝、獨立、自我中心，不服從老師的管教。一八九四年，華生進入傳爾曼大學，後來又進入芝加哥大學攻讀哲學博士學位。在攻讀博士期間，他開始對心理學產生興趣。

一九〇八年，華生留在芝加哥大學當講師。他在芝加哥大學進行了大量的動物行爲實驗，成果豐碩。後來，華生獲得了霍普金斯大學正式的教授職位，並在學校開始進行一系列極具爭議的兒童行爲實驗，逐漸建立起行爲主義心理學的理論體系。華生年僅三十八歲時，就被選爲美國心理學會主席，走上人生顛峰。而就在此時，像許多成功人士一樣，華生出軌了，對象是跟他一起進行實驗的助手羅莎莉·雷納。由於此事影響很大，華生被迫辭去霍普金斯大學的職務，中斷了學術生涯。

不過，高手就是高手，華生並沒有因此沉淪。辭職後，華生進入剛興起的廣告行業，並將行爲主義心理學的知識應用到廣告宣傳中，成爲歷史上第一個將心理學成果應用於商業領域的心理學家。華生賺了很多錢，最後於一九四七年退休。

「給我一打健康的嬰兒，讓他們生活在我設定的特殊環境裡——你們可以隨便挑選其中一個孩子，說出你們想讓這個孩子成爲什麼樣的人：醫師、律師、藝術家、政客，我都能讓你們的想法實現。不用考慮他的天賦、傾向、能力，祖先的職業與種族。」這是華生留給後人的名言。他認爲，只要創造一個環境，他就可以把任何一個孩子塑造成他想要的樣子。

在今天看來，這話的確狂妄又荒謬，但如果回到華生所生活的二十世紀初，這話還是很有道理的。當時，全世界正處於第二次工業革命時期，生產線被大規模應用到各行各業的生產中，飛機、坦克、汽車等各種新型工業製品相繼問世，人類的思想領域受到機械論的絕對統治。當時的人普遍認爲，任何事物都是可以被計算、控制的，還認爲人也是機器，也可以透過類似齒輪傳動的方式來控制。人們思考問題的方式會受時代所限，我們今天能從腦科學的角度來思考心理學問題，而華生則是以當時的機械論視角來思考。華生的思想在當時還是很先進的，只不過最後命運跟他開了一個大大的玩笑。

可憐的小艾伯特

眞正令華生出名並一直爲後世所詬病的，是一項極不人道的心理實驗——小艾伯特實驗。華生透過大量觀察，發現許多孩子會對黑暗感到恐懼，許多成年女性看到蟑螂、老鼠、蛇等生物時，也會表現出強烈的恐懼。華生開始思考：這些恐懼到底是從哪裡來的呢？然而，華生所處的時代是二十世紀初，當時還沒有先進的技術，基因科學、腦科學和認知神經科學還沒出現，也普遍認爲，人的大腦就是一只黑箱，大腦的運作方式完全是個謎。

於是，華生冒出一個極爲大膽的想法：用嬰兒做實驗。在華生看來，嬰兒沒有受到經驗的汙染，也沒有受到文化與教育的影響。如果嬰兒本來完全不害怕可愛的小白兔或絨毛玩具，但經過實驗操作後，卻開始害怕它們，那就可以充分說明，嬰兒的恐懼是由人爲操作造成的。

帶著這種在今天看來很不人道的思路，華生開始了他的實驗。一九二〇年，他找到了一個名爲艾伯特、十一個月大的嬰兒。爲了保證實驗品質，在實驗開始前，華生先與小艾伯特相處了一段時間。在這段時間裡，華生與助手雷納一起對小艾伯特進行了一系列基礎情感測試。他們把猴子、狗、兔子等動物，以及有頭髮和無頭髮的面具、棉絮、舊報紙等物品依次展示在小艾伯特面前，讓他觸摸它們，觀察小艾伯特是否害怕這些帶毛的東西。結果顯示，小艾伯特對這些東西沒有絲毫恐懼感。

在小艾伯特十一個月零三天時，華生正式開始實驗。華生和雷納將小艾伯特放在實驗室正中間的桌子上，然後，華生將小艾伯特玩了三天的一隻小白鼠從籠子裡拿出來、放在他面前。小艾伯特的注意力慢慢被跑動的小白鼠吸引，在好奇心的驅使下，他試著用手觸碰小白鼠。這是小艾伯特自出生以來第一次觸碰小白鼠。前幾天，華生只是在旁邊觀察，並未阻止他，而是讓他自己和籠子裡的小白鼠玩。但這一天，華生準備加入一項刺激條件。

爲了找到最佳刺激條件，華生曾找來一批孩童反覆實驗。他發現，讓孩子聽到巨大的聲響，或把他們關到黑暗的房間裡，讓孩子失去支持，能引起非常顯著的恐懼反應。但關房間這種做法在實驗中操作起來不太容易，於是華生選擇用巨大的響聲爲刺激，好喚起孩子的恐懼感。爲了找到最能讓孩子恐懼的聲音類型，華生又找來一批孩童，把幾乎所有能敲出聲音的材料都試了一遍，比如用斧頭劈柴，用錘子砸桌子等等。最後他發現，用斧頭或錘子敲打一根直徑約二．五公分、長約九十一公分的鋼條所發出的聲響，喚起恐懼反應的效果最好。

可以說，華生把「科學怪人」的形象演繹到了極致。同時，也可以從側面看出，當時美國社會對兒童的保護是很糟糕的，只要華生肯給錢，就有父母願意把孩子送過來參與實驗，一點都不在乎孩子的感受。不過，這也不能完全怪罪父母。一方面，那個年代的人根本不懂關於兒童心理的知識；另一方面，華生給的報酬又比較豐厚，對美國當時的普通藍領家庭來說，讓孩子參與華生的實驗，是很划算的買賣。

當小艾伯特伸出右手準備觸摸小白鼠時，站在他背後的華生用錘子重重地敲擊鋼條。刺耳的聲音讓小艾伯特嚇了一跳，他猛然一驚，迅速把手縮了回來。由於縮手的動作太快，小艾伯特身體沒穩住，就這樣往前倒了下去。不過還好，他前面有塊軟墊，頭就這樣埋進了墊子裡。小艾伯特完全懵了，不知道發生了什麼事，一臉詫異。不過這時候，他並沒有哭。

片刻後，華生再一次把小白鼠放在小艾伯特面前。小艾伯特又伸出右手想觸摸小白鼠。就在他剛剛碰到小白鼠時，華生又在他背後敲擊那根鋼條。小艾伯特受到驚嚇，猛然跳起來，然後再次向前倒了下去。這一次，小艾伯特嚇哭了，而且哭得非常凶。這次實驗後，小艾伯特的情緒變得非常不穩定，不論雷納怎麼哄都沒用。華生擔心小艾伯特會出意外，因此暫時停止了實驗，計畫把下次實驗放在一個星期後。

一個星期後，十一個月又十天大的小艾伯特再次被帶到實驗室。和上次實驗一樣，華生突然把先前那隻小白鼠放在小艾伯特面前。這一次，小艾伯特看到小白鼠後，並沒有想觸摸牠的意思，只是一動不動地盯著牠。隨後，華生把小白鼠放到離小艾伯特更近一點的地方。這時，小艾伯特小心翼翼地伸出右手準備觸摸牠，但剛伸出手，馬上又縮了回來。接著，他嘗試用左手食指摸小白鼠的頭，只是在手指碰到小白鼠之前，他又將手抽了回來，顯得非常猶豫、害怕。

為了保證實驗順利進行，華生用積木安撫小艾伯特。等小艾伯特的情緒緩和一點後，華生再次把小白鼠放在他面前。就在小艾伯特把手伸過去準備觸摸小白鼠時，華生看準時機，重重地敲響了鋼條。小艾伯特又一次嚇了一跳，身體沒穩住，一下向右邊翻過去，雷納馬上用手扶住他。這時，小艾伯特雖然沒哭，但已經受驚了。華生沒停下來，又把小白鼠拿到小艾伯特面前，小艾伯特直接皺起眉、開始哭泣，並伴隨著身體猛然縮向左邊的動作，不敢再看小白鼠。華生仍舊沒有停下來的意思，直接把小白鼠塞給小艾伯特，然後用力敲了一下鋼條。這一次，小艾伯特直接嚇得向右側翻倒，並大哭起來。

後來，只要小白鼠再出現，小艾伯特會在看到牠的一瞬間就大哭起來、馬上將身體轉向左邊，撲倒在地，並以極快的速度向前爬行，想要逃離現場。

恐懼，讓悲劇不斷延續

這次實驗過後，小艾伯特對自己原本一點都不怕的小白鼠產生了恐懼。然而實驗還沒有結束，可憐的小艾伯特還得繼續被拿去做實驗。在小艾伯特出生後的第十一個月又十五天，華生想看看他在對小白鼠形成條件反射後，如果再碰到其他帶毛的東西，比如兔子、狗，甚至頭髮，會有怎樣的反應？

和先前一樣，小艾伯特被帶到了實驗室。華生先在他面前放些積木讓他玩。小艾伯特玩得正開心時，華生突然在他面前放了一隻小白鼠。小艾伯特一見到小白鼠，立馬大哭起來，迅速收回雙手，並將頭和身體轉向後面，不敢再看小白鼠。然後，華生把小白鼠拿走，再把積木拿給小艾伯特。看到積木後，小艾伯特又開心了起來，接著玩。他正玩得高興時，突然，小白鼠又被華生放回來了。小艾伯特立馬撲倒在地，轉身爬走，想趕緊躲開小白鼠。

不僅如此，小艾伯特只要看見帶毛的東西，無論是兔子和狗之類有毛的動物，或是毛皮大衣、棉花、頭髮這類物品，馬上就逃，絕不會用手去碰。而且，兔子和狗這種帶毛的動物一旦出現，小艾伯特會直接號啕大哭起來，哭得上氣不接下氣，甚至把臉都埋進墊子裡。經過這麼幾番折騰，原本很喜歡堆積木的小艾伯特對積木的態度也發生了改變，只要看到積木，他就會將積木高高舉起，然後用很大的力氣摔在地上，藉此表達他的憤怒。

實驗終於結束了。小艾伯特的父母拿到了高額的實驗報酬，華生和雷納則拿到了珍貴的實驗紀錄和資料，看似是個雙贏的結局，但小艾伯特的噩夢才剛剛開始。二〇〇九年，研究人員查閱了大量史料，發現一九一九年三月九日，一位二十二歲的白人女性在約翰霍普金斯醫院產下一名男嬰，這名男嬰的名字是道格拉斯·梅里特，而他的出生時間正好與小艾伯特吻合。研究人員又找到一名認識道格拉斯母親的人，並從此人手中拿到一張道格拉斯嬰兒時期的照片，照片上，道格拉斯的相貌正好與華生留下的實驗影像資料中的嬰兒相貌相符。

原來，道格拉斯就是小艾伯特。令人遺憾的是，道格拉斯在一九二二年罹患腦水腫，一九二五年就夭折了，去世時年僅六歲。雖然沒有直接證據顯示華生的實驗是道格拉斯患病並早夭的直接原因，但道格拉斯在幼年時期的確一直受恐懼折磨。這對嬰兒來說，無疑是巨大的心理創傷，會在嬰兒接下來的生命過程中嚴重影響其身心發育。

再說回華生。他不但因爲出軌名譽掃地、家庭破裂，竟然還用自己的孩子做實驗，把自己創立的理論毫無保留地用在孩子的教育上，希望他們能成爲優秀的人。結果，命運跟華生開了一個大大的玩笑。華生的長子因長期受到驚嚇，缺乏關愛，罹患憂鬱症，曾多次自殺未遂，最終在三十多歲時自殺成功；次子整天如行屍走肉般流浪，和父親感情淡漠，從來不回家；小女兒整天酗酒，多次產生自殺念頭；甚至連華生的外孫女也深受其害，一生中曾多次嘗試自殺。

杏仁核：恐懼情緒的源頭

從當今科學的角度來看，小艾伯特的大腦裡究竟發生了什麼事？在回答這個問題前，我們先來看看發生在小艾伯特實驗四十六年後的一起案件。

一九六六年八月一日，美國發生了一起令人髮指的慘案，一個名叫查爾斯．惠特曼（Charles Whitman）的前海軍軍人先是殺死了自己的母親，然後又殺害了自己的妻子。隨後，他帶了三把刀、七百發子彈和七把槍前往德州大學奧斯汀分校的一座鐘塔。在那裡，惠特曼用槍枝殺害了十四人，並有超過三十人受傷。警方來到惠特曼家中時，發現惠特曼在妻子和母親的屍體旁邊留下一張字條，字條上說，他非常愛母親和妻子，但就是控制不了自己，他太害怕了，想要殺人。

惠特曼死後，法醫解剖並仔細研究了他的大腦，發現他的大腦中靠近杏仁核的區域長了一顆腫瘤，這顆腫瘤已壓迫到周圍神經。精神疾病專家在鑑定報告中寫道：「可能是惡性腦瘤使他無法控制自己的情緒和行爲。」一九六○年代的技術條件有限，腦波與磁振造影技術還沒出現，因此科學家們只能推測，可能是大腦杏仁核旁邊的腫瘤導致惠特曼的大肆殺戮行爲。這起案件後，「杏仁核」這個神奇的東西第一次進入公眾的視野。

在那之後，科學家們開始對杏仁核進行一系列研究。起初的實驗有些殘忍，實驗人員直接透過外科手術切除小鼠大腦中的杏仁核，觀察小鼠的反應。結果，當實驗人員把被切除杏仁核的小鼠和貓放在一起時，小鼠不但不逃跑，反而對貓進行挑釁，甚至發動攻擊。隨後，實驗人員又把一隻正常的小鼠和一隻被切除杏仁核的小鼠放到野外的模擬實驗場。正常的小鼠花了一週的時間才把方圓幾平方公尺的地方探查清楚，而被切除杏仁核的小鼠則只用了一天時間，就把整個實驗場跑了個遍，完全不在乎附近是不是有潛藏的危險，最後從實驗場的假山上掉下去摔死了。實驗人員爲了紀念這種被切除杏仁核的小鼠，還給牠們起了個名字，叫「鼠大膽」。

後來，一些神經科學家採用簡單粗暴的辦法，直接把電極插入動物大腦的杏仁核。他們發現，只要給電極通電，本來很平靜的動物就會變得非常恐懼、暴躁，攻擊性行爲也顯著增加。

再後來，有些科學家膽子就比較大了，直接在人體進行實驗。他們藉由手術將電極埋置在一名女性大腦右側的杏仁核。實驗開始後，研究人員先讓這名女性彈奏吉他，然後突然給電極通電，用微弱的電流刺激這名女性的杏仁核。結果，這名女性在受到電刺激後，立馬停止演奏，憤怒地將吉他摔在地上，然後開始拍打周圍的牆壁。她徹底憤怒了。

科學家們在反覆研究後發現，原來杏仁核是大腦中一塊專門負責快速處理和表達情緒的區域，特別是激烈的情緒，比如恐懼、焦慮、攻擊衝動和憤怒。杏仁核會在大腦中掌管理性的部分啓動前就開始運作，比如看到一條蛇時，絕大部分人都不會上前摸牠，而是本能地逃走，以求自保。實際上，杏仁核就像大腦裡的警報器，在感受到外界刺激時，經常擅自接管我們的身體，甚至「劫持」我們的理性。

這就是惠特曼毫無理由想殺人的原因，他的杏仁核長了顆腫瘤，這顆腫瘤壓迫了杏仁核周圍的神經，使得杏仁核始終處於被刺激的狀態，就這樣直接「劫持」了他的身體。此外，杏仁核又分爲中央杏仁核和基底外側杏仁核兩部分。中央杏仁核更古老，負責先天具備的恐懼。比如一隻在實驗室出生、長大的小鼠，雖然牠從來沒見過貓，但如果你讓牠聞貓的氣味，牠仍會感到恐懼，這就是中央杏仁核的作用。基底外側杏仁核則負責後天習得的恐懼。孩子對打針的恐懼絕大部分都是後天習得的，經歷過第一次打針的痛苦後，孩子就會對打針這件事產生恐懼，這就是基底外側杏仁核的作用。如果一個人的基底外側杏仁核受到損傷，他就會忘記生活的慘痛教訓，反覆掉進同一個坑裡。

恐懼的神經迴路

被切除杏仁核的「鼠大膽」的行爲已經充分說明，杏仁核不是產生攻擊性的區域，而是產生恐懼的區域。也就是說，杏仁核會發出信號，告訴你哪裡有危險。但腫瘤壓迫杏仁核的確導致惠特曼做出暴力行爲，那麼他的攻擊性是由於怎樣的大腦機制產生的呢？

首先，惠特曼透過自己的各種感官，像是視覺、聽覺器官等，將妻子和母親的感官資訊傳遞到大腦的感覺中樞。比如，他看見妻子正在拿小刀切水果。這時候，惠特曼的視覺中樞會把看見的畫面轉化爲大腦可識別的圖像信號，然後傳遞給大腦的感覺中樞，大腦就會接收到「我的妻子正拿著一把刀在切水果」此一訊息。但是，感官訊息會經過一個快速通道優先傳遞給杏仁核。在惠特曼的理性還沒意識到妻子到底想做什麼的時候，他的杏仁核就已經判定「我妻子正拿著一把刀，這是一種威脅」。

正常人在這種情況下，會有負責理性的前額葉皮質來參與決策。杏仁核受到刺激後，一方面向身體發出信號，讓身體進入壓力狀態，爲接下來的戰或逃反應做準備，另一方面則把它所判斷的資訊報備給前額葉皮質。這時，前額葉皮質會啓動理性，提取記憶，結合之前的經驗做出判斷，然後趕緊發信號給杏仁核，告訴它「馬上停下來，別衝動，那個人是你的妻子，對你沒有惡意，她只是在切水果」。

如果惠特曼的杏仁核附近沒長腫瘤，到這裡也就結束了。但腫瘤壓迫了杏仁核周圍的神經，一下子就放大了杏仁核受到的刺激。這時候，杏仁核根本顧不上理性傳回來的信號，直接啟動了壓力反應，調動全身資源準備戰鬥。就這樣，悲劇發生了，在杏仁核的「劫持」下，惠特曼拿起手槍，扣動扳機，開槍打死了妻子。惠特曼當時處於極大的心理壓力下，做出了他當時覺得無比正確，但事後讓他腸子都悔青了的決定。更不幸的是，惠特曼是一名退役軍人，能十分熟練地操作各類武器，並早已形成了肌肉記憶，毋須大腦理性的參與，直接提取經驗，迅速完成了拔槍、上膛、開槍這一系列動作。

恐懼，讓心智停止成長

從演化的角度來看，恐懼本質上是原始社會人類在長期演化過程中形成的一套應對環境、保障生存的機制。恐懼對人類在原始環境中的生存和繁衍，是至關重要的。

一方面，杏仁核產生的恐懼情緒會暫時接管大腦，讓人迅速做出反應來應對危險，人根本毋須思考，就能自動完成這個過程。不僅如此，這種恐懼還會以情緒體驗的形式進入記憶系統，讓人們下次見到類似情景時，就能馬上逃走，「一朝被蛇咬，十年怕草繩」就是這個道理。小艾伯特因爲想觸摸小白鼠時，總是會聽到巨大的聲響，所以把小白鼠跟巨大的響聲連結在一起。之後，只要他看見小白鼠，他的記憶系統就會瞬間提取之前的情緒體驗，讓他體驗到恐懼。所以小艾伯特會大哭，並且想逃跑。

另一方面，由於杏仁核對危險的識別能力實在太差，恐懼情緒不但會在（與曾遇過的危險情境）相似的場景中被喚起，就連完全無關的場景，也有可能喚起恐懼；而恐懼情緒一旦被喚起，往往會持續相當長的一段時間。比如，一個曾被蛇咬過的人，再見到蛇或跟蛇很像的繩子時，除了會轉頭就跑，並會在接下來很長的一段時間裡都心驚肉跳，稍微有點風吹草動，就會受刺激。此時，這個人的恐懼已經從對蛇這種特定事物的恐懼，變成了對周圍一切事物的恐懼。

從上述兩項特點來看，恐懼情緒既模糊又粗糙，不像理性分析那樣精準。但正是這種模糊和粗糙，讓人類能在充滿危險的原始社會環境中時刻保持警覺，這對生物的生存非常重要。但恐懼不能在大腦裡長時間存在，否則會導致十分嚴重的問題，尤其是對嬰幼兒來說。

大腦如果長期處於恐懼中，大腦裡的某些基因就會被永久啓動或關閉。比如，如果一名女性在懷孕期間，因丈夫出軌或遭受虐待等遭遇而感受到巨大的壓力，子宮內的胎兒就會因此長時間暴露在壓力荷爾蒙（皮質醇）高度分泌的環境中，這種高濃度的荷爾蒙能改變胎兒大腦的發育進程，尤其會讓杏仁核增大，讓人變得非常容易激動。這種高濃度的皮質醇環境還很可能會繼續傳遞好幾代。

我曾見過一位女性來訪者，她父親是個酒鬼，經常喝到酩酊大醉；而且只要一喝多，回到家就會鬧事，不但大吼大叫、亂砸東西，甚至動手打她的母親。這位女性從小就生活在這樣的家庭氛圍中。她說她晚上會特別害怕聽到敲門聲或用鑰匙開門的聲音，只要聽到一點點動靜，她就會怕到不行。她長期受失眠所困，儘管年齡不大，但看起來很蒼老。每天晚上，她都得把房間裡所有的燈都打開，把門都重新鎖一遍，再把自己蒙在被子裡，才能度過長夜。即使如此，她還是非常害怕，總覺得有人會掀掉她的被子，把她拖走。

好在她的丈夫非常照顧她，每晚都照她的要求，把家裡所有的燈全部打開，把門重新鎖一遍，然後抱著她，陪伴她慢慢入睡。有一次，她的丈夫因爲工作應酬喝了點酒。結果，她發現丈夫喝酒之後，一下子變得歇斯底里，在家裡大鬧大哭，甚至在撕扯間抓傷了丈夫。她完全控制不住自己的情緒，而她的丈夫只能無奈地看著她鬧。這位女性說她恨透了酒，都是酒毀了她。

在我看來，這位女性其實深深愛著自己的父親。雖然父親喝酒鬧事，給她的心靈造成了嚴重的創傷，但她還是透過儀式化行爲向父親表達自己的愛。比如說，她睡覺前要把所有的燈打開，把門重新鎖一遍，實際上是爲了迎接父親回家而做的準備；她把自己蒙在被子裡，其實是要讓父親看到自己已經乖乖上床睡覺了；丈夫喝酒後，她大吵大鬧，這反應跟父親當年喝多之後的反應是一樣的。她實際上是在重複父親的行爲，是在向父親表達自己的忠誠：「看，我跟你一樣。」

這位女性其實一直都沒有長大，雖然她早已成年，但她的心智還停留在小時候的狀態，她仍把自己定位爲父親心中的乖女兒，希望父親能重新愛自己一回。於是，她在潛意識中把自己的年齡永遠定格在小時候。長期處於對酒鬼父親的恐懼中，讓這位女性大腦中的基因表達發生了變化，她的某些高階心智功能就此被關閉。

治癒恐懼：你需要表達出來

全世界有將近七五%的人或多或少有過童年創傷經驗，比如父親酗酒後施暴、父母離異、遭到校園霸凌、親人離世等等。但還是有很多人能從童年陰影中走出來。有一項針對兒童大腦的研究發現，孩子大腦中的杏仁核越活躍，布羅卡區就越不活躍——布羅卡區是掌管語言表達的區域。杏仁核活躍時，孩子會感到害怕、緊張，皮質醇濃度迅速上升。這時，大腦會啓動自我保護模式，讓孩子一直處於「戰或逃」的狀態。同時，孩子的語言系統也關閉了。蘇聯著名教育心理學家維高斯基（Lev Vygotsky）曾把語言比喻成人類心理的工具，認爲孩子只有學會使用這項工具，其心智才有繼續發展的可能。

如果你問一個處於巨大恐懼下的孩子發生了什麼事，他可能會完全呆住，根本說不出來。而如果心理創傷發生在孩子很小的時候，由於孩子無法理解那些事，就更沒辦法用語言表達出來。於是，孩子受到的傷害會以情緒體驗的形式被存入大腦的記憶系統。當這個孩子再次遇到類似場景時，他的杏仁核會馬上捕捉到信號，並跳過理性思考，直接讓他做出行動。這種模式會伴隨這個孩子終身，就像甩不掉的影子一樣，即使他的理性再努力，不斷告訴自己不要怕，也一點用都沒有，因爲這由不得他。

最糟糕的情況是長期處於恐懼，或突然經歷重大創傷性事件，諸如地震、戰爭、性侵、虐待等。這樣的創傷經歷會抑制孩子的布羅卡區，阻礙他們對傷痛的語言表達，影響其心智發育。傷痛還會以情緒體驗的方式深深刻進孩子的記憶，伴隨他們一生。

雖然杏仁核過於活躍會對語言表達功能造成影響，但我們完全可以透過心理學的辦法來重啓我們的語言表達系統，打破我們大腦內部的恐懼惡性循環。讓我們來看一個案例。

小王（化名）是名非常優秀的士兵，軍事素質非常高，可以說是「兵王」。既然是「兵王」，按照常理，他應該從小就健壯勇猛，武功高強。但事實並非如此，小王小時候非常弱小，曾長期遭受校園霸凌。

小王家在農村，爸爸做裝修行業，常年在外打工，家裡只有媽媽、爺爺和奶奶。爺爺奶奶身體不好，長年臥床，媽媽幾乎是一個人撐起全家，不僅要幹農活，還要打零工補貼家用。小王小時候不僅個子矮小、身體瘦弱，而且性格內向，不愛說話。小王的噩夢始於小學，學校裡有幾個留守兒童（指因父母在外地工作，長期與父母分開生活的孩童）整天欺負他，孤立他，不許任何人跟他玩；誰要是跟他玩，他們就欺負誰。他記得自己被欺負得最慘的那次，幾個孩子把他按在地上，還有一個孩子朝他頭上撒尿。這些事，小王從來不跟家裡說，始終一個人默默承受。他變得越來越自閉，甚至到了孤僻的程度。

有一次，小王的媽媽去縣城辦事回來，正好路過學校，想接小王放學回家。突然，她看到小王正被三個孩子按在地上用腳踩。她當場就心碎了，趕緊跑過去保護小王，並怒斥那三個孩子。就在此時，其中一個孩子突然從背後一把將她推倒在地，隨後，三個孩子都一溜煙地跑了。她從地上爬起來，滿身是土，看到小王嘴角流著血，心疼極了，抱著小王便傷心地哭了起來。

就在媽媽抱著小王哭起來的瞬間，小王突然產生了一種前所未有的感覺——憤怒。以前他只感到害怕，從來沒感受過憤怒，總是討好、忍讓別人。但是這一次，當他看到媽媽爲了自己而難過地哭泣時，他產生了憤怒的感覺。他抱著媽媽大哭起來，說：「媽媽，他們欺負妳，我很生氣！」

那天起，小王不懼酷暑與嚴寒，每天鍛鍊身體，跑步，做伏地挺身，做仰臥起坐，身子越來越壯。有一天，那幾個孩子又來欺負他，這一回，小王徹底發作了，對那幾個孩子發出憤怒的吼叫，氣勢一下子就鎮住了其中幾個人。有個孩子仍上來挑釁，小王感到一股驚人的力量從身體裡湧了上來，衝上前去一把死死按住挑釁他的人。被按住的孩子嚇得大哭起來，其他孩子也跟著撒腿就跑，從此再也沒有人敢欺負小王。由於身體強壯，意志堅定，小王去部隊當兵。他的各項訓練成績都名列前茅，表現非常優秀，還在多項比武競賽中爲自己所屬的連隊拿到第一的好成績，多次立功受獎。

長期霸凌造成的壓力是孩子難以承受的。小王是在體驗到媽媽的情緒，並用語言表達出憤怒的那一刻改變的。由於小王大腦中的杏仁核長期受到刺激，已經形成了逃避與討好的行爲模式，語言中樞也處於關閉狀態。然而當媽媽抱住他痛哭的那一刻，在親情的強烈刺激下，他的語言中樞突然又活躍起來，並將杏仁核發過來的信號解讀成憤怒，告訴他：「要反擊，要保護媽媽。」他堅持鍛鍊身體，在看到成果、獲得成功體驗後，建立起新的行爲模式。他再也不是以前那個弱小的孩子，他可以藉由自己的努力戰勝困難。

治癒童年創傷的關鍵在於重新體驗情緒和情感，並用語言把體驗到的情緒和情感描述出來。但這需要機遇，不是所有人都能像案例中的小王那樣順利蛻變，也不是所有人都能找到一個體貼的丈夫來治癒自己。你可以求助於專業人士，也可以靠覺知的力量治癒自己；而後者需要你不斷學習，不斷領悟，不斷體驗。

願所有人都能成功擺脫恐懼留下的陰影。

13 家庭，是我們最大的壓力緩衝器

——棉花糖實驗

有一次，我帶著孩子出去聚會，和孩子的幾個幼兒園同學及家長共進午餐。用餐過程中，一位小男孩跟媽媽的相處模式引起了我的注意。小男孩今年五歲，看起來脾氣特別大，性子特別急，不管是玩遊戲，吃飯，還是參加活動，只要稍有耽擱，他便會發脾氣。他的媽媽也很有意思，他越是想做什麼，她越是不答應。

午飯時，上了一道點心，小男孩急著想吃，可媽媽不同意，要求他先把碗裡的飯吃完了再說。他吃完飯想出去玩，媽媽又不同意，讓他等大家都吃完後，再和大家一起去玩。這時小男孩情緒失控了，氣得直拍桌子，整個餐廳的人都看向我們。這位媽媽卻不慌不忙，溫柔且堅定地對他說：「你能等一等嗎？這麼小的事情都等不了，以後能做成什麼事呢？」

聽了她的話，我便接了一句：「孩子想做什麼，就讓他去做吧，事先跟他商量好規則就行。」這位媽媽一下來勁了，試圖說服我：「那怎麼行呢？心理學裡不是有個概念叫『延宕滿足』嗎？那些菁英人士從小就知道延宕滿足，自制力特別好，所以才那麼優秀。」我聽完之後，愣了好長一段時間，不知道該跟她說什麼好。

實際上，這位媽媽的腦子裡裝了一個極其錯誤的觀念，那就是把延宕滿足簡單地等同於自制力，認爲孩子只要能夠延宕滿足，就算是有自制力。

延宕滿足的由來

提到「延宕滿足」這個概念，就必須要提到美國著名社會與人格心理學家沃爾特．米歇爾（Walter Mischel）。根據美國期刊《一般心理學評論》於二〇〇二年刊登的一項調查顯示，米歇爾憑藉在社會與人格心理學領域做出的貢獻，位列「二十世紀最傑出的一百名心理學家」第二十五位。而米歇爾最爲世人所熟知的，正是他設計的棉花糖實驗和他提出的延宕滿足理論。

早在進行棉花糖實驗之前，米歇爾在研究種族刻板印象時，就已經有所發現。一九五〇年代，米歇爾在俄亥俄州立大學獲得博士學位後，開始在科羅拉多大學任教。當時，米歇爾主要從事社會心理學研究，聚焦於研究刻板印象領域的課題。爲了推進研究，米歇爾所屬的團隊還特地前往中美洲加勒比海南部的國家「千里達及托巴哥共和國」。由於歷史原因，除了本土的原住民外，當地還聚集了許多非裔黑人。原住民認爲非裔目光短淺，過於放縱，不知節省；非裔則認爲原住民只知節省，不知享樂，生活缺乏激情。兩個族群的人彼此看不順眼，關鍵或許就在於他們對生活滿足的態度不同。

爲了檢驗這項假設，米歇爾從這兩個族群中分別選擇了一些年齡較小的孩子來進行實驗——之所以拿孩子爲實驗對象，是因爲孩子受社會文化影響的程度比較小。米歇爾讓這些孩子在兩顆糖果之間做選擇。其中一顆糖果較大，另一顆糖果較小，且大糖果的價格是小糖果的十倍。糖果當然不是白拿的，參加實驗的孩子必須遵守米歇爾定下的實驗規則：如果選擇較大的糖果，就必須等一週後，才能得到下一顆糖果；如果選擇較小的糖果，第二天就能得到下一顆糖果。

米歇爾本來只是想透過這項實驗，觀察非裔和原住民對生活滿足的態度，希望藉此找到能證明種族刻板印象存在的證據。不過，在實驗過程中，他意外發現了一個非常引人深思的現象：參與實驗的孩子中，相較於沒有父親或父親長期缺席的孩子，家裡有父親的孩子更有可能選擇等待一週時間，來獲取較大的糖果，但當時的社會心理學理論完全解釋不了這個現象。

後來，米歇爾又分別對這兩個族群的孩子單獨做了實驗，發現兩個族群都存在這種現象：與父親生活在一起的孩子當中，有一半以上的人選擇了延遲的獎勵，而沒有父親的孩子裡，竟沒有一個人願意等那麼久。並且，這個現象跟族群差異並沒有明顯的關係。

米歇爾原本想深入研究一下這個現象，但在當時的美國，民權運動和女權運動正進行得如火如荼，而米歇爾的實驗結論非常敏感，甚至有些「政治不正確」，很有可能成爲當時女權主義者的攻擊對象，並在社會上引起軒然大波，這將嚴重影響他的學術生涯。於是，爲了規避政治風險，米歇爾在之後的研究中絕口不提單親或雙親家庭的問題，只關注孩子的行爲本身，這就引出了著名的棉花糖實驗。

史丹佛棉花糖實驗

一九七二年，米歇爾在美國史丹佛大學校園裡的一所幼兒園開始了史丹佛棉花糖實驗。他找來一些四歲的孩子，每次讓一個孩子單獨待在一間小房間裡。房間裡的桌子上放著一只托盤，裡面有一顆又漂亮又誘人的棉花糖——那個年代的孩子很難抵禦這樣的誘惑。研究人員告訴孩子，自己要離開一會兒，如果他想在這段期間吃掉桌子上的那顆棉花糖，那他就得搖一下放在桌子上的鈴鐺。但如果他能忍住、暫時不吃這顆棉花糖，堅持等待十五分鐘，等研究人員回來後再吃，那麼研究人員就會再給他一顆棉花糖做爲獎勵。

這項實驗看起來是不是跟前面提到的種族刻板印象實驗很像？你大概已經猜到實驗結果了：有些孩子的確無法抵禦誘惑，研究人員一離開，他們就直接把棉花糖吃了；有些孩子能等待一會兒，但也只等了三分鐘左右就放棄了；有些孩子用各種計策轉移自己的注意力，比如矇住自己的眼睛，假裝看不見棉花糖，或是開始唱歌，甚至乾脆趴在桌子上，準備睡一覺來抵禦誘惑；有些孩子則乾脆連實驗規則都不顧了，沒搖鈴就吃掉了棉花糖。另外還有一些孩子比較能忍耐，他們成功等待了十五分鐘，延遲了自己對棉花糖的欲望，等來了研究人員，最終兌現了屬於自己的獎勵。

在將近三十年時間裡，米歇爾的團隊陸續追蹤調查了當年參加實驗的孩子們，發現當年在實驗中較能抵禦誘惑的孩子，在進入青少年時期後，自制力、意志力與心理調節能力較強，並且更值得他人信賴。他們的SAT（學術水準測驗考試，是美國各大學申請入學的參考條件之一）成績也普遍較同齡人更高，成年後的職業發展也較成功。

一項簡單的棉花糖實驗居然預測了一個孩子未來的人生，這簡直就是一顆上帝送來的甜蜜棉花糖啊！結論一發表，便引發大量關注，米歇爾成了延宕滿足和自我控制理論的代言人和開山鼻祖。後來，米歇爾還獲得美國心理協會頒發的傑出科學貢獻獎。

從質疑到推翻

在米歇爾關於延宕滿足和自我控制的研究為世人熟知後，他立即受到世界各國那些望子成龍、望女成鳳的家長頂禮膜拜。各類青少年的教育培訓產品開始打著「延宕滿足」和「增強意志力」的旗號大行其道，甚至還出現了所謂的「延宕滿足教育」。

文章開頭提到的那位媽媽，就是延宕滿足教育的忠實信徒。現在，很多育兒書和公眾號

（微信公眾平臺）都會介紹所謂延宕滿足的理念，教家長在面對孩子的要求時，不要馬上滿足，而要等一等，看一看，將所謂自制力教育理念付諸實踐。

棉花糖實驗的確反映了延宕滿足的能力。透過觀察孩子們的行爲，米歇爾認爲這種能力源於「後設認知」（metacognition）能力，即主動意識到自己在思考什麼問題，並有意識控制自己認知和思考過程的能力。那些能長時間等待的孩子往往會想出一些轉移注意力的方法，比如唱歌、睡覺、看別的地方等。這些孩子知道近在眼前的棉花糖對自己有強大的誘惑力，因此有意識地想出抵禦這種誘惑的辦法。

然而一顆棉花糖眞的能預測孩子的未來嗎？米歇爾的挑戰者很快就出現了。二〇一三年，美國羅徹斯特大學的艾思靈（Richard N. Aslin）博士所領導的團隊重新做了一遍棉花糖實驗。實驗一開始，研究人員跟參加實驗的孩子交代完規則後，就離開了房間。不同的是，研究人員準備對參加者中的半數不遵守先前的承諾：有一半的孩子雖然等待了十五分鐘，卻沒有拿到他們一直期待的第二顆棉花糖。經驗過欺騙的孩子在後續實驗中，不再願意靠等待來換取更大的獎勵，他們認爲研究人員是不可信的，甚至覺得桌子上的棉花糖隨時都有可能被研究人員拿走，於是轉變態度，開始享受當下了。那些經驗過欺騙的孩子願意等待的時間大幅降低，不到那些未經驗欺騙的孩子願意等待時間的四分之一。研究人員的欺騙行爲讓那些米歇爾眼中「願意等待的優秀孩子」馬上變成了不優秀的孩子。

二〇一八年五月二十五日，紐約大學的泰勒．瓦特（Tyler Watts）、加州大學的葛瑞格．鄧肯（Greg Duncan）和權浩南（音譯）幾位教授，在心理學領域的頂級期刊《心理學》上發表了一篇論文，宣稱推翻了著名的史丹佛棉花糖實驗。

這三位作者是這樣評價棉花糖實驗的：孩子能否獲得成功，並不取決於孩子是否有延宕滿足的能力，而取決於孩子出身的家庭。這三位研究者發現了當年米歇爾進行棉花糖實驗時所犯的致命錯誤——參加實驗的孩子只有不到九十名，而且這些孩子居然統統來自史丹佛大學校園裡的幼兒園，也就是說，這些孩子有著極爲相似的家庭背景，他們的父母基本上都是史丹佛大學的教職員，是社會菁英、高級知識分子，我們單憑直覺就能知道，這些孩子的前途想必不會差到哪裡去。

三位研究者在新的實驗中，將參加者數量增加了約十倍，到九百名。研究者還充分考慮了孩子父母的背景，比如種族、社會地位、經濟背景、信奉的宗教等等，盡量做到多元化。參加者的父母中既有一般勞工，也有商界菁英；既有高學歷者，也有低學歷者。實驗過程都和米歇爾所進行的過程一模一樣，那麼，實驗結果會怎樣呢？

實驗結果顯示，能不能抵禦棉花糖的誘惑，與孩子未來發展得好不好沒有半點關係。此外，實驗還得出一個令人心酸的結論——有錢人家的孩子普遍比窮人家的孩子更能抵禦棉花糖的誘惑，更願意等待，更傾向於信任他人，也表現出更多的合作傾向。相較而言，那些家庭條件比較差的孩子，尤其是非裔孩子、拉丁裔孩子等，更沒有耐心多等一會兒，更在乎眼前的第一顆棉花糖。

三位研究者一致認爲，家庭條件才是影響孩子未來發展的關鍵因素。這裡的家庭條件不僅指經濟條件，也指父母是否能爲孩子提供物質上和精神上的穩定感。對窮人家的孩子來說，今天有棉花糖吃，明天可能就沒有，因此對他們來說，等待的風險要遠遠大於收益。

窮人家的父母往往因爲自身能力和家庭條件的限制，無法給孩子做出過多的承諾；即使答應了，也可能會變成空頭支票，所以窮人家的孩子不願意等待。但那些富有家庭的孩子則不同，他們的父母受教育程度高，收入也多，有更多的資源可以用來滿足孩子的要求；並且他們多半對孩子講誠信，也更秉持公平、平等的價值觀，對富有家庭的孩子來說，等待的收益要大於風險。因此，這些孩子延宕滿足的能力更強。過往的經驗告訴這些孩子，他們的父母能保證他們衣食無憂，這讓他們對未來有更穩定的預期，對外部環境也更有控制感。

新棉花糖實驗告訴我們，**孩子延宕滿足的能力並不取決於他自己，而是取決於家庭背景。家庭能否為孩子提供物質和精神層面的穩定感，才是孩子長大後走向成功的關鍵因素。**

那些曾經能做到延宕滿足的孩子，之所以在長大後獲得成功，不是因爲他們自制力有多好，而是因爲其家庭與所處環境讓他們心理上獲得了持續的穩定感。對未來的穩定預期讓他們覺得生活有希望、有盼頭。正是這種穩定感爲孩子未來的發展提供了前提條件。

心理上的匱乏狀態

哈佛大學著名經濟學家森迪爾·穆蘭納珊（Sendhil Mullainathan）曾在二〇一三年與普林斯頓大學行爲學家埃爾達·夏菲爾（Eldar Shafir）一起寫過一本叫《匱乏經濟學》的書，書中詳細講述貧窮如何讓人們更加關注短期獎勵，而非長期獎勵。

貧窮的本質是心理上的匱乏狀態，這種狀態會催生出固有的思維模式——匱乏思維，讓人們只關注當下的得失，尤其是那些與生存需求和安全需求直接相關的因素，而不是自我實現這樣的需求。客觀來說，匱乏思維是有好處的，這種狀態會讓大腦將一切資源都集中在最緊迫的需求上，讓人們更敏銳地感覺到一塊錢、一分鐘、一卡路里熱量、一個微笑的價值。但匱乏思維的重大副作用在於，它會不斷消耗人們的精力和意志力，減少大腦的「頻寬」。

穆蘭納珊舉了一個例子：印度蔗農在甘蔗收割前，因爲資金緊綳，其智商測試成績比甘蔗收穫後低十幾分之多。匱乏狀態會像魔咒般控制人們的大腦，讓人們的視野變得狹隘，降低洞察力與思維的前瞻性。窮人不是對錢想得不夠多，忙碌的人也不是對時間想得不夠多，他們正是因爲想得太多，才陷入心理上的匱乏狀態，導致壓力占用了他們的大腦，白白消耗了認知資源。

孩子心理上的匱乏不僅包括物質上的，比如吃、喝、拉、撒、睡、玩等需求得不到滿足，還包括關係和情感上的，也就是被關注、被理解、被看見的需求得不到滿足。如果孩子跟撫養者建立深厚依附關係的需求，長時間得不到及時的滿足，那麼孩子的心理就會進入匱乏狀態。那些從小沒有得到足夠的家庭關愛，甚至受到父母虐待的孩子，心理將一直處於嚴重的匱乏狀態，並會感受到巨大的壓力。

壓力會導致大腦中糖皮素（glucocorticoid）的水準異常，從而影響孩子的大腦發育。可悲的是，由於此時孩子的語言能力尚未發展起來，他們即使感受到了壓力，也沒有辦法用語言將它表達出來；壓力得不到釋放，就會一直存在。那些從小缺乏愛、常常生活在驚恐狀態下的孩子，就像把大腦泡在裝滿糖皮素的水缸裡一樣。而過多的糖皮素不僅會直接損害孩子的認知能力、自制力、同理心和人際交往能力，妨礙大腦額葉皮質的成長，還會損害負責短期記憶的海馬迴。這些經常備感壓力的孩子，他們大腦中負責處理恐懼、憤怒和暴力的杏仁核往往比其他孩子更發達，哪怕導致他們產生壓力的事件已經結束了，也需要很長的時間才能恢復過來。

不僅如此，經常讓孩子感受到壓力，還會損害他們大腦中的多巴胺獎勵系統，使得孩子的多巴胺D2受體的活性降低。在相同的外界環境刺激下，多巴胺D2受體活性低的孩子需要更多刺激，才能產生足以讓他們感覺與其他孩子同樣快樂的多巴胺。因此，這類孩童很容易形成成癮行為，比如遊戲上癮、酒精上癮、藥物依賴等，而且容易罹患憂鬱症。

家庭，是孩子最大的壓力緩衝器

導致孩子心理匱乏狀態的因素中，物質只占很小一部分，情感匱乏才是主要因素。情感匱乏與家庭貧窮或富裕並沒有直接關係，而是與父母對孩子的養育方式、情感模式和相處模式密切相關。

家庭是孩子的避風港。這裡所說的「避風港」指的是家庭系統，它對於應對和化解外在壓力來說至關重要。家庭系統就像一隻看不見的手，既保護著孩子，同時也影響和塑造孩子。如果家庭系統出了問題，孩子將受到直接影響。

一九五一年，美國家庭治療大師維琴尼亞．薩提爾女士在社區服務時，一位被診斷為思覺失調症的女孩被送到她這裡，進行心理治療。經過六個月的精心治療，女孩的心理狀況漸漸好轉。照理說，女孩的家人應該高興才對，可是不久之後，這名女孩的母親卻打電話來，指責薩提爾挑撥離間她們母女的情感。薩提爾敏銳地洞察到這裡頭不對勁，並意識到對這位母親的治療，也是治療女兒的重要組成。於是，薩提爾請這位母親與女兒一起來進行諮商。

當母親和女兒一起來見薩提爾時，薩提爾驚訝地發現，女孩又回到了六個月前的狀態，之前自己和女孩所做的所有努力，尤其是建構起來的良好治療關係，竟蕩然無存。這到底是什麼狀況？難道這位母親有什麼神奇的力量嗎？她到底對女兒施加了什麼影響？還是自己的治療出了問題？這些想法始終環繞在薩提爾心頭。帶著這些疑問，薩提爾繼續爲這對母女進行心理治療。隨著治療的進行，薩提爾慢慢與這對母女建構了全新的治療關係，女孩的症狀也開始改善了。

隨著治療更深入，薩提爾也把女孩的父親請來，一起參與女孩的治療。結果，當女孩的父親加入後，薩提爾與這對母女建立起來的良好治療關係又消失殆盡，女孩再次回到原來的狀態。這一連串情況遠遠超出當時心理諮商理論能解釋的範疇。薩提爾碰到了全新的問題，她意識到自己可能已經接近某個問題的核心本質了，而正是這個問題，成爲後來她創立「薩提爾家族治療模式」的契機。

薩提爾乾脆把這個家庭的所有成員都請來了，包括這對父母所生的另一個孩子——是位男孩。實際上，這個家非常重男輕女，男孩可說是家裡的天之驕子，幾乎所有人的注意力都在他身上；只要男孩一出現，女孩就會被家人忽略，整個家庭幾乎沒有人看見女孩的存在。也就是說，這名女孩完全被她的家人排斥在家族系統之外。這家人重男輕女的觀念如此根深蒂固，讓女孩非常痛苦，但她在家裡卻表達不出來，她的痛苦根本無人回應。她不被看見，她的聲音沒人回應，想被看見的願望於是導致這名女孩罹患思覺失調症。

自從女孩罹患思覺失調症後，家人開始關注她，送她去醫院做心理治療。精神疾病的症狀將女孩重新納入了家族系統，讓她重新與其他家庭成員建立起連結。這就全部解釋得通了，如果薩提爾只為女孩治療，或只為女孩的父母治療，那就只是對家族系統的局部進行調整；一旦女孩走出治療室、回歸家庭，她的症狀又會回來。有些所謂的心理或精神疾病其實是整個家族系統的產物，甚至有可能是患者所處環境的產物。這些疾病對患者來說，很可能是生存與和他人相處的必要條件。實際上，我們看見的絕大部分心理問題，尤其是孩子表現出來的心理症狀，基本上都是孩子周圍的人，也就是孩子的父母、老師和同學（特別是父母）「合謀」教出來的。

找到問題的癥結後，薩提爾想到用身體姿勢來表達關係的方法，因為身體姿勢具有很強烈的語言和情感表達功能。順著這個思路，薩提爾開始嘗試。她讓這家人把自己與其他家庭成員的關係用身體姿勢表達出來。結果，這家的父母居然都在兒子面前下跪，以此表達對兒子的重視與討好，完全忽略了女兒。薩提爾不斷調整他們的身體姿勢，使全家人都能看見並理解他們彼此的關係。漸漸的，那位女孩逐漸好轉了。而這次，她好得比較徹底，因為她已經不再需要靠思覺失調來融入家族系統了。

這個案例給了薩提爾極大的啓發。她從這次經驗出發，在後來不斷爲患者進行諮商的過程中，慢慢發展出一整套家族治療的技術，並創立「薩提爾家族治療模式」，爲心理諮商界帶來了巨大的影響。

重新看見，重新連結

米歇爾早年所做的種族刻板印象研究，正是家族系統對孩子心理影響的眞實寫照。在日常生活中，那些父親長期缺席的孩子處於怎樣的處境？可以說，他們的家族系統欠缺抗壓能力。單親媽媽們不僅需要獨自扛起整個家庭，還要對抗來自各方面的壓力，只有當媽媽能一個人完全撐起一塊安全和穩定的空間時，孩子才能不受影響。但這對一個女人來說，實在太難了，絕大多數人是不太可能做到的。因此，這種壓力會傳遞給孩子，導致孩子受到家族系統的影響。

棉花糖實驗中，孩子們的行爲表面上反映了他們的自制力，但深想一層便不難發現，孩子們表現出來的，正是他們在自己的家族系統中所學會應對外部環境的方式，他們只不過是把這種方式帶進實驗室而已。

後來的新棉花糖實驗其實也是一樣的道理。其中，艾思靈加入了「信任」的因素，說明關係對孩子延宕滿足能力的影響。信任是關係的一種，孩子應對外部環境時，特別是跟人打交道時，其實都是將自己與家庭成員之間的關係模式進行了移植。泰勒．瓦特、葛瑞格．鄧肯和權浩南三位學者則更深入了一層，他們將家族系統在不同環境中的表現形式，透過實驗呈現了出來。

富有家庭和貧窮家庭所面對的外在壓力是非常不一樣的。貧窮家庭面臨的種種問題，尤其是他們面對的外在壓力，是富有家庭難以想像的。但不是所有窮人家的孩子都會出問題，那些抗壓力較強的貧窮家族系統，一樣能給孩子營造穩定、安全的環境，孩子未來也會發展得很好；而那些家族系統有問題的富有家庭，即使能提供給孩子再好的物質條件，家庭系統中的問題也會導致孩子出現各種問題，對孩子未來的發展造成負面影響。

家族系統有辦法改變嗎？當然可以，改變的前提，就是先看見自己的家族系統，尤其是家庭成員間的關係。當家庭成員間的關係能充分展現在一個人面前，並被他自己看見時，改變就會發生。

比如說，在家族治療中，有一項治療工具叫「家庭樹」，這項工具能讓一個人從家庭、家族、歷史、文化、經濟等各方面來看待家庭成員對自己的影響。這些影響是一種客觀的存在，並不隨個人的主觀決定或主觀感受而改變。當這個人看見家族的歷史，看見自己的由來，看見家庭和自己身上不能改變的東西，他就會自然而然地接納自己曾接納不了的家庭成員，關係也將在這個時刻重新獲得連結。

我記得有一次，去同濟大學進行家庭樹研究的諮商室參觀，諮商室牆上掛著一張很大的白紙，這是諮商人員為來訪者進行諮商時，製作家庭樹需要用到的。曾有位資深的家族治療師跟我分享，諮商過程中，當她把來訪者的整個家族都呈現在白紙上的那一刻，來訪者會非常受觸動，甚至熱淚盈眶。在諮商結束後，來訪者會小心翼翼地把家庭樹摺疊好帶走。

家庭樹不僅將來訪者的家族歷史呈現在來訪者面前，還展現出來訪者的家族與民族，乃至於國家同頻共振的歷史。我記得非常清楚，有位中年女性在製作家庭樹的過程中，重新看見了她的爺爺和奶奶。她的爺爺和奶奶曾是上海交通大學的高級知識分子，早在一九五〇年代初，他們就響應國家的號召，前往條件最艱苦的新疆，不僅參加了屯墾戍邊和新疆建設，還參與過原子彈製造，可說是為國家奉獻了一切。換言之，她整個家族的命運與國家的命運緊緊聯繫在一起。

那位女士在看見爺爺奶奶的那一刻，眼淚止不住地往外流。她強烈感覺到自己與家族的每一位成員在一起，與這個國家在一起，這是一種她從未有過的體驗。她不再感到孤獨，不再感到迷茫，而是真正看見了她的家人，也看見了她自己。

希望我們能多用心去看見自己、看見伴侶、看見孩子、看見家庭、看見社會，也看見世界，不臆想，不「腦補」。停止自戀，張開雙臂去擁抱這個世界，你的世界將會大不相同。

14 善惡，選擇就在一瞬間

──旁觀者效應實驗

二〇一九年十一月五日，一名九歲的男孩在長沙市雨花區雅塘村匯城上築社區，被一名體格粗壯的赤腳男子毆打致死，整個過程大概持續了二十分鐘。當時有很多人在現場圍觀，但無人挺身而出，搭手相救。這件事被媒體報導後，在網路上引起軒然大波。輿論指責現場的圍觀群眾冷漠、缺乏道德。

二〇二〇年五月二十二日，四川籍深圳貨車司機鄭義滿載貨物，從佛山市南海區裡水鎮出發，前往深圳市鹽田國際集裝箱碼頭（貨櫃碼頭）。從五月二十一日晚上至次日凌晨，幾乎整個廣州地區都降下了特大暴雨，並引發水災。鄭義在途經廣州市增城區新塘鎮廣園快速路塘美路段附近時，看見一名落水男子正在掙扎呼救，水性較好的鄭義立即脫下衣服，奮勇下水救人，卻在救人過程中因體力嚴重透支，被湍急的水流沖走。後來，落水男子獲救了，鄭義卻犧牲了。

人性是善是惡，是無私的還是自私的，這個問題在歷史上已經爭論了上千年。有無數案例能證明人性是惡的、自私的，也有無數案例能證明人性是善的、無私的。英國社會學家理查·道金斯在著作《自私的基因》中指出：人性是自私的，因為基因是自私的，只有用自私的策略才能讓物種延續下去。但如果採用這項理論，該怎麼解釋鄭義的義舉呢？

一起駭人聽聞的殺人案

一九六四年三月十三日凌晨時分，在美國紐約皇后區，一位獨居、名叫吉諾維斯（Catherine Genovese）的酒吧經理結束工作後，開車回家。由於從停車場到她的住所還有一段距離，於是她停好車子後，便朝自己所住的公寓走去。當時是凌晨三點十五分，一名男子尾隨其後，突然拿著刀朝她的背部和腹部猛刺。吉諾維斯瞬間鮮血直流，她開始慘叫並大聲呼救。她的慘叫與呼救驚醒了周邊居民，周圍的房屋也紛紛亮起燈光。有人打開窗戶衝著凶手大喊：「放過那個女孩！」凶手嚇得落荒而逃，而身中數刀的吉諾維斯掙扎著爬到路邊，倒在一家書店門口。

沒想到過了一會兒，周邊居民竟紛紛關掉了燈，街道又恢復寂靜，好像什麼事都沒發生過。凶手發現並沒有人過來查看，也沒有人報警，於是決定回去。他找到渾身是血、蜷縮在地上的吉諾維斯，繼續朝她猛砍。吉諾維斯再度發出慘叫和呼救聲，幾分鐘後，周圍的房屋又一次亮起燈光。凶手再度退卻，吉諾維斯則設法爬進她住的公寓大樓裡。幾分鐘後，凶手又找到了她，再度對她施暴。她先是大聲呼救，但不久後，就只能發出微弱的呻吟了。凶手掀起她的裙子，慘無人道地強暴了她。

整起案件前前後後持續了三十五分鐘，從凌晨三點十五分到三點五十分，凶手三次對吉諾維斯施暴，吉諾維斯每次遭受暴力時都尖聲呼救，周邊居民也都聽見了。雖然這些居民開燈查看，甚至目睹了事件經過，但始終沒有人伸出援手。後來經警方調查統計，案件發生時，共有三十八名目擊者隔著窗戶，眼睜睜看著一名女子身中多刀，飽受凌虐，直到凌晨三點五十分罪行結束後，才終於有人打電話報警。但遺憾的是，當時吉諾維斯已經身亡。凌晨四點，那些目睹一切的人又回房間繼續睡覺去了。

《紐約時報》都會新聞主編羅森泰（A. M. Rosenthal）得知吉諾維斯的悲慘經歷後，敏銳地察覺到這起事件的新聞價值，並洞察到問題的關鍵所在：爲什麼三十八名目擊者全都選擇了袖手旁觀？於是，他振筆寫下〈三十八名目擊者：吉諾維斯命案〉這篇經典文章。不出所料，該文章迅速傳遍美國，全美一片譁然，討伐之聲四起；許多讀者紛紛寫信給《紐約時報》，一時間，信件如潮水湧向編輯部。

有些人要求將這三十八人的名單公諸於世，讓他們接受社會譴責；有的人斥責這三十八人懦弱冷漠，簡直讓人難以置信；有些人甚至要求《紐約時報》出面，敦促紐約州議會盡快修訂法律，將這三十八人繩之以法。然而，就在全民沉浸在極度憤怒時，卻有兩名年輕人卻保持著難得的清醒。

他們沒有從道德角度批評這三十八名目擊者，也沒有抱怨美國社會道德淪喪，抑或抱怨法律存在漏洞，而是冷靜地做出了如下思考：兇手曾三次對吉諾維斯施暴，行兇過程還持續了半個多小時，以常理判斷，應該沒有人會袖手旁觀。這些目擊者之中，有養兒育女的父母，有從事護理工作的人，他們不可能殘忍無情。而且，這三十八人之中，有些人家裡已經安裝了電話，只要拿起電話報警，就能說明被害者正在遭遇的事，這可是舉手之勞；這樣做既不會造成生命危險，也不會被牽扯進這起案件而受累。因此，這兩位年輕人推斷，吉諾維斯遇害當晚，必定有某種「神祕力量」作祟，影響了這三十八人的心理。

這兩位年輕人就是後來鼎鼎大名的社會心理學家約翰・達利（John Darley）與畢博・拉塔內（Bibb Latané）。當時，達利剛獲得哈佛大學心理學博士學位，而拉塔內剛獲得明尼蘇達大學心理學博士學位。達利與拉塔內一起設計了一系列實驗，用以測試一般人在哪些情景中會漠視他人的求助，在哪些情景中會毫不猶豫地提供幫助。由於無法完全復原吉諾維斯遇害時的情景，於是他們另闢蹊徑，用突發疾病來代替謀殺，看看在有人突然發病的情況下，人們會做何反應。他們以「研究都市大學生適應性」爲名，在紐約大學招募了七十二名不知情的學生參與實驗，其中女生有五十九名，男生有十三名。

達利和拉塔內找了幾個空房間，讓參加實驗的受試者單獨坐在其中一個房間裡面。房間裡放著麥克風和音響，受試者需要拿起麥克風，談論自己在紐約大學學習與生活期間遇到的挑戰；其他房間裡則放著答錄機，答錄機中的磁帶事先錄製了其他學生關於學習與生活挑戰的想法。所有的房間都以線路連接，受試者可以清晰地聽到從每個房間傳來的聲音，卻不知道其他房間裡都只放了答錄機，還眞的以爲有其他情況跟自己一樣的受試者在場。

受試者被告知的實驗規則如下。

受試者必須依實驗人員事先安排好的順序發言，先聆聽其他受試者所說的內容（其實是預錄的），輪到自己時才能發言；且所有受試者都必須用兩分鐘講述自己在大學遇到的學習與生活挑戰。在還沒輪到自己的時候，麥克風是打不開的，受試者只能聽其他人講述，有點類似團體諮商。受試者看不到其他人的臉，只能透過麥克風聽到其他人討論，並依序發言。

實驗正式開始，實驗人員播放錄音。第一段錄音中的學生自稱患有癲癇，他用躊躇為難的語調對在場其他人表示，自己很容易發作，尤其是在考試前。同時，這名學生還表示自己在紐約過得很艱難，在紐約大學念得很辛苦，之後，他的聲音慢慢減弱。緊接著，另一名學生的聲音（錄音）出現，他聽起來非常活潑健談，談論自己的學習與研究方向，以及情感生活。不知情的受試者感同身受地聽著其他學生說話，卻絕對沒想到，這些所謂的「發言」全是假的，只是錄音而已。

終於輪到受試者訴說自己的情況了。受試者很真誠地訴說了自己在大學學習與生活的情況，期待能得到他人的共鳴。等受試者說完後，實驗人員又陸續播放了幾段錄音。

這時，出現了突發狀況。那位聲稱自己患有癲癇的學生突然「發作」了。因為所有房間彼此隔離，不知情的受試者看不到這位所謂患者發作時的模樣，也無法看到或聽到（他以為在場的）其他受試者的反應。「癲癇患者」的錄音繼續播放著，起初，他說話還算正常，接著開始胡言亂語；聲音先是越來越大，越來越急切，然後又變得斷斷續續，最後他不斷懇求其他人幫忙，說自己快死了，請大家救救他。在一陣急促的喘氣聲後，錄音停止，房間重新歸於寂靜。

此時，唯一在場的眞實受試者認爲，至少還有其他受試者在場，隨時可能有其他受試者起身下樓向實驗人員求救；只是儘管受試者能聽到其他人的聲音（錄音），但由於房間彼此隔離，所以看不見其他人。此外，麥克風只在輪到特定人員說話時才會打開，因此受試者無法與其他人溝通。受試者知道有人癲癇發作，並以爲其他人也聽到了，但因爲麥克風未開，無法與其他人商討該怎麼處理。那麼，此時此刻，眞實受試者在面對這樣的情景時，會做何反應呢？

責任分散與決策時間

達利與拉塔內爲了盡可能還原吉諾維斯命案的情景，煞費苦心地導演了這場歷時六分鐘、癲癇發作的戲碼，並精心設計了實驗場景。實驗結果令人驚訝：只有三一％的受試者採取了行動。這還沒完，後續實驗的結果更讓人不解。

達利與拉塔內調整了群體人數後，再次進行實驗。實驗結果顯示，如果受試者以爲當時有四人或四人以上在場，絕大部分受試者會選擇不採取行動。但如果受試者認爲，實驗中只有自己在場，大部分受試者會毫不猶豫地救人，採取行動者的比例高達八五％，而受試者用於決策的時間也都在三分鐘以內。此外，達利與拉塔內還發現，不論受試者認為共有多少受試者在場，三分鐘後，如果受試者仍未向實驗人員報告發生緊急情況，那麼之後他採取行動的機率也會變得很低。

最終，在不斷的努力下，達利與拉塔內找出了吉諾維斯命案發生時，「三十八名目擊者袖手旁觀」此一現象背後的兩個關鍵因素：**群體人數和持續時間**。人們有個既定概念，叫人多力量大：人越多，大家就會越勇敢，越不怕危險，也更會主動伸出援手。但從達利與拉塔內的實驗結果來看，事實非如此，過多的旁觀者人數往往會阻礙助人行為的產生。此外，時間也會影響人們採取行動的可能。三分鐘是助人行為決策的分水嶺，如果超出了這個時間，人們可能就不會採取行動。

達利與拉塔內還全程觀察了受試者在以為有人突然發病的情況下，其情緒與行為反應，結果無一例外，所有人都顯得非常驚慌失措。儘管他們沒有採取行動，情緒反應卻異常激烈。有些受試者會對著麥克風大喊：「天哪，他發作了，我該怎麼辦？」有些受試者會大口喘氣，緊張得說不出話來。在所謂患者「發作」的六分鐘之後，如果受試者仍未採取任何救助行動，實驗人員便會進入受試者所在的房間。這時，受試者無不汗流浹背，全身發抖，陷入壓力狀態。他們大多會開口詢問：「那個人沒事吧？他需要照顧嗎？送醫了嗎？」透過表情，可以看出他們非常沮喪難過，有些人還展現出懊悔的情緒，顯然他們的內心正處於嚴重失衡與矛盾的煎熬中。

達利與拉塔內推測，沒有採取行動的受試者並非冷酷無情，而是還沒下定決心是否要行動。他們內心充滿矛盾，猶豫不決，不知道要不要做出反應。這種情緒反映了其內心持續不斷的衝突。相對而言，採取行動的受試者內心則不會出現這種矛盾衝突。

可以想像，那些目擊了吉諾維斯命案發生過程的人們，內心應該也飽受煎熬。**他們之所以袖手旁觀，多半是因為惶恐猶豫以至於手足無措**，而非人們所認爲的「都市人就是冷漠無情」。達利與拉塔內將此一現象命名爲「責任分散效應」，也稱爲「旁觀者效應」。

行善背後的心理祕密

在達利與拉塔內所處的年代，心理學的革命性研究工具，比如腦波、功能性磁振造影等大腦影像技術設備還沒有出現，人們還無法從大腦的運作機制去了解人性善惡的本質所在。因此只能說，達利與拉塔內對人性善惡的理解只完成了一半，但這已是非常了不起的成就，因爲他們爲「人性善惡」的理解打開了全新的視角。

而眞正將理解人性善惡的工作推向全新高度的，是美國喬治城大學的心理學教授艾比蓋爾．馬許（Abigail Marsh）。在她從事研究工作的時期，各種大腦成像研究工具已經出現，並廣泛運用於腦科學與認知神經科學研究。馬許正好趕上了這場大腦研究的革命，並成爲用大腦分析方法剖析人類行爲的先驅者。二〇一八年，馬許出版了著作《人性中的善與惡：恐懼如何影響我們的思想和行爲》，將她多年來對人性善惡的探索總結成書，深刻揭示了隱藏在善惡行爲背後的心理祕密。

馬許從事心理學研究可說純屬偶然。她原本就讀於知名醫學院，打算成爲一名醫師。要知道，在美國，醫師不但工作穩定、待遇優厚，而且有很高的社會地位。但她後來卻放棄攻讀醫學，轉而走上心理學研究之路。按照馬許的回憶，這與她被陌生人搭救的一次經歷緊密相關。

馬許十九歲那年，有一次她在西雅圖與童年時代的好友愉快地共度夜晚。午夜時分，她打算自己開車，經由五號州際公路，從西雅圖回到學校所在的塔科馬。就在她行駛於高速公路上時，突然從路邊竄出了一隻狗。馬許急忙打方向盤躲避，但爲時已晚，車子失控後猛烈地旋轉，最後竟然衝出護欄，停在對向的快車道上。

夜晚的高速公路上，迎面飛馳而來的車輛開著遠光燈，按喇叭示警。駛來的車子速度極快，這時，馬許必須把車子開離原地，否則會有生命危險，但她的車卻怎麼都發動不了。當時，她大腦一片空白，手腳顫抖，完全不知所措，覺得死亡近在眼前。就在此時，一位萍水相逢的路人相準機會，冒著生命危險穿越車流來到她的身邊，幫她重新發動了車，並開到安全區域。這位路人臨走時只留下一句「妳自己當心」，然後就回到自己的車上，很快地消失在夜幕中。

這件事徹底改變了馬許的人生軌跡，一個問題從她內心深處逐漸升起：為什麼有人願意犧牲自己去幫助他人？馬許準備用嚴謹的心理學和腦科學實驗方法來找出答案。要搞清楚這個問題，就必須找到合適的實驗對象。毫不利己的人在幫助他人時，是真的不求回報地全心付出，而且他們很有可能為此付出極大的代價，甚至有可能犧牲自己的生命。

這種人非常難以選別，但馬許找到了一個絕佳的群體，那就是曾將自己的活體器官捐贈給陌生人的好心人。我們來設想這樣一個情境：有一天，有人打電話給你，說遠在千里之外的某個人生命垂危，急需一顆腎臟救命，而這個病人恰好與你配對一致，但這個人與你非親非故，你完全不認識他。我想問的是：此時此刻，你會捐出自己的腎臟去救這位陌生人，還是會掛斷電話直接忽略呢？

如果是自己的孩子需要腎，別說是腎了，就連自己的命，都願意給孩子；但換成陌生人，你還願意承受極高風險將器官捐給非親非故的陌生患者，且不收取任何報酬，甚至不把自己的名字告訴患者嗎？世界上的確有這樣的人，他們眞的能做到將自己的器官，比如腎臟，捐給一位素昧平生的陌生人。而這些人成了馬許的絕佳研究對象。

馬許共招募了十九名這樣的受試者。這些受試者中，許多人都是收入頗豐的專業人士，包括軟體工程師、銀行職員、醫師，還有行銷人員，但他們都毫不猶豫地請了幾天的假，從美國各地飛到喬治城來參加實驗。因爲他們相信，參與這項實驗是一次有意義的善行。

實驗過程非常簡單，就是讓受試者躺在核磁共振儀裡，觀看呈現憤怒、恐懼、喜悅等表情的圖片，同時掃描他們的大腦。雖然實驗耗時非常久，持續了將近五個小時，但這些受試者中，沒有一個人表現出任何猶豫和動搖。與此同時，馬許還招募了一些普通人做爲對照組，讓他們也躺在核磁共振儀裡觀看同樣的圖片，並掃描他們的大腦。

實驗結果讓所有人都大吃一驚。當這十九名受試者看見呈現恐懼表情的圖片，比如含有雙目圓睁、嘴角下垂、雙唇微張等資訊的圖片時，他們的杏仁核要比對照組大了將近八%，而且更加活躍。也就是說，他們看到別人恐懼的樣子時，自己也會感到恐懼，甚至會心跳加快，掌心出汗。由此可見，**真正無私的英勇行為並不是因為無畏而做出的——是因為恐懼**。

這項結論讓馬許團隊裡所有人的眼鏡都跌破了——對傳統觀念的衝擊實在太大。爲確保研究的可靠性，馬許的團隊又找來一批性格特別冷酷無情，且極端自私，甚至有些反社會、暴力冷血的人做爲受試者。實驗過程還是一樣，讓受試者觀看呈現各種表情的圖片，同時用核磁共振儀掃描受試者的大腦。

實驗結果再次證明了先前的結論。這些冷血受試者看到呈現恐懼表情的圖片時，大腦裡的杏仁核非常不敏感，有些受試者的杏仁核甚至一點反應都沒有，而這些受試者的杏仁核也比正常人小了大約二〇％。在後續訪談中，這些冷血的受試者幾乎難以描述自己對恐懼的體驗，但對憤怒、厭惡、快樂、悲傷的描述卻很清晰；甚至有人說自己不知道什麼叫恐懼，因爲從未害怕過。

從神經機制的角度，弄清善惡的本質

如果是恐懼導致了行善助人的行爲，那麼人性本惡的說法就是對的，因爲人們正是因爲害怕自己遭受同樣的痛苦，才會去幫助他人。但還有一個問題沒有解決，那就是**人們從「感受到恐懼」到「採取助人行為」這中間，大腦裡究竟發生什麼事**？這個問題同樣困擾著馬許及其他學者。

經過長期研究，科學家們發現，在恐懼體驗和助人行爲之間，存在一種非常重要，也是人類特有的情感體驗，那就是**同理心**。同理心，就是一個人對另一個人的遭遇產生恰當情緒的能力。同理心包含兩個部分：**第一個部分是識別，即理解對方的想法和感受；第二個部分是反應，即理解對方的遭遇之後，用恰當的情緒來回應**。

研究發現，當杏仁核啓動，並產生恐懼等相應情緒時，還會進一步啓動其他腦區，其中包括前扣帶皮質尾部和前腦島，這兩個腦區正好有負責疼痛的神經迴路，也被稱爲「疼痛基質」。也就是說，當人們感受到疼痛時，這兩個腦區就會被啓動。

不僅如此，人們看到別人痛苦的樣子時，這兩個腦區也會啓動；當人們自己正在經歷疼痛，或看到其他人處於痛苦中，甚至想像他人的疼痛時，這兩個腦區的活動都會增強。因此，人們對他人的痛苦的主觀感受，跟對自己痛苦的感受是一樣的。在杏仁核、前扣帶皮質尾部、前腦島等腦區產生反應的時候，這些腦區的神經信號還會持續透過神經元傳導到負責分析與決策的大腦前額葉皮質；前額葉皮質則會綜合分析傳遞過來的這些神經信號，並試著對情緒感受和體驗進行解讀，也就是去理解和同理對方。

與此同時，前額葉皮質會不斷地向下傳遞信號，並啓動另一些神經傳導物質和激素去強化、維持或減弱杏仁核、前扣帶皮質尾側、前腦島等腦區的反應。在這些神經傳導物質和激素中，有一種叫催產素的荷爾蒙發揮了很大的作用。催產素是哺乳的母親體內用來促進乳汁分泌的激素。後來，人們發現催產素不僅存在於哺乳期母親的體內，也存在所有人的大腦裡。催產素是由大腦裡的一小群神經細胞製作，再釋放到大腦中，啓動腦細胞的電活動。這種激素能促進親密關係，所以也被稱爲「愛情荷爾蒙」。

實驗表明，即使是那些有冷血傾向的受試者，在注射催產素之後，也會表現出更強烈的母性；除了對嬰兒面孔的好感增加，他們對他人恐懼表情的識別能力也會明顯提高。

隨著對催產素的研究越來越深入，科學家們發現，催產素並不是爲了愛情而存在的，而是爲了分清「你」和「我」，尤其是分清誰才是自己的後代而存在的，因爲後代是絕對的「自己人」，優先順序高過其他所有人。也就是說，催產素是專門爲了建立親子關係，爲了讓母親更妥善照顧下一代而存在的。大腦中催產素的分泌還與多巴胺有相輔相成的關係。當一位母親餵養與撫摸自己的孩子時，大腦裡的催產素濃度會持續升高，最終維持在一定水準；而撫育孩子並與之互動的過程，又會進一步促進母親的大腦分泌多巴胺。

以上的神經機制，與同理心產生的過程其實是高度吻合的。重新分析一下馬許的實驗，看看那十九名受試者的大腦裡究竟發生了什麼：

當一個人看到他人痛苦、恐懼的樣子時，這項訊號會傳遞到杏仁核，並啓動它，使之產生相應的恐懼反應，這些情緒反應會進一步啓動前扣帶皮質尾部、前腦島等負責疼痛的腦區，並將這些訊號傳到前額葉皮質。前額葉皮質在試著解讀這些訊號的同時，進一步啓動了催產素分泌機制，將需要救助的對象識別成「自己人」，使這個人對需要救助的對象產生感同身受的情感體驗。接著，這種情感體驗會回饋到大腦皮質，使這個人決定幫助他人並付諸行動；如果這個人眞的執行了助人行爲，則又會促進多巴胺的大量分泌，以做爲獎勵。

馬許曾特地採訪那些曾捐贈活體器官給陌生人的善心人士，問他們在手術檯上醒過來是怎樣的體驗？會想到什麼？幾乎所有受訪者都表示，覺得自己能救人一命是非常有意義的，並覺得自己實在太幸福了。這種意義感，正是馬斯洛所說的「高峰體驗」，而這種體驗實際上正是催產素與多巴胺相互作用所產生的結果。

激發大腦的行善功能

現在我們可以從大腦神經機制的角度，來理解達利與拉塔內的旁觀者效應實驗了。決定人們是否採取助人行爲的，有內外兩方面因素。從內部因素來看，要想讓一個人執行助人行爲，首先要讓杏仁核啓動，使之產生恐懼，同時還要啓動前扣帶皮質尾部、前腦島等腦區，讓他感受到受苦者的痛苦。光有痛苦的體驗還不夠，還要讓前額葉皮質對這種體驗有恰當的解讀，並分泌一定程度的催產素，形成同理心，這樣一來，這個人才會做出助人的決策並執行。並且，執行助人行動之後，還需要有多巴胺的獎賞。

雖然這個神經迴路的反應時間非常短，一瞬間就能完成，但這其實是多個腦區合力完成的，中間存在著非常複雜的機制。假如這個神經迴路中有哪個環節沒銜接好，那麼這個人很可能不會幫助他人。比如，那些比較冷血的人杏仁核天生不敏感，難以產生恐懼；又比如，有些人沒自信，總是認為自己不行，當這種情感體驗傳導到前額葉皮質時，他就會解讀成「我做不到」，認為自己就算採取行動，也不會成功，於是他很有可能只是旁觀，默默承受恐懼和道德良知的譴責，反覆體驗習得性無助的感覺；再比如，有些人催產素分泌不足、沒有形成催產素—多巴胺的循環、同理心的體驗不夠強烈，都會影響他採取助人行動的決心。總之，這個神經迴路中，任何一個環節出了問題，都會影響最終的行為。

從外部因素來看，要想讓一個人採取助人行動，還需要合適的外部環境。達利與拉塔內在後續的補充實驗中發現，當受試者知道只有自己在場，或受試者被其他人點名請求協助時，情況就會完全改變，他們會毫不猶豫地選擇幫助他人。馬許的另一項實驗也顯示，一個人在遭遇危險並露出恐懼的表情時，如果其面孔看起來與嬰兒高度相似，人們幫助他的機率就會大大增加，而且這種協助都是無私、不需要回報的，助人者會直接忽略代價和風險。

假如你陷入危險境地，且周圍有旁觀者，並希望他們出手相助的話，必須滿足以下五項條件：

一是必須讓旁觀者注意到當下正在發生的事件。光讓他們聽見還不夠，還要讓他們看見，尤其是讓他們看見你痛苦的表情。

二是必須讓旁觀者把事件判斷為緊急情況。這一點非常關鍵，因爲每個人判斷輕重緩急的標準不一，必須讓大家都認爲這是緊急情況才行，要向他們強調你有生命危險。

三是必須讓旁觀者感覺到救助你是他們的義務，也就是要激發出旁觀者的同理心。

四是旁觀者要有足以採取救助行動的知識和能力。如果旁觀者不具備相應的知識與能力，比如有人落水了，但旁觀者並不會游泳，在這種情況下，旁觀者硬要救人的話，反而會引發新的悲劇。

五是旁觀者需要下定決心，並執行助人行為。

因此，當你遇到突發危急狀況時，你需要這麼做：首先，大聲呼救，能喊多大聲就喊多大聲，必須引起周圍人的注意；其次，明確告訴其他人發生了什麼情況；然後，從人群中指定一個人來幫助你，明確地告訴他應該做什麼；最後，告訴他幫助你沒有任何成本和風險，以消除他的顧慮。

有個好消息是，研究發現，人們的助人行爲完全可以透過後天環境來塑造。例如，曾經有位腦損傷患者，大腦中的杏仁核遭到病毒嚴重破壞，因此，他根本感知不到恐懼，對人也非常冷漠無情。但經過醫師和護理人員的悉心照料，再加上父母的接納與呵護，他並沒有變成一名冷血的罪犯，而是成爲一個善良的普通人，只是比較缺乏人際溝通能力而已。

當然，要充分激發人們心中的善，是需要條件的。

一是經濟條件要相對富足。根據美國一項關於各州捐腎概況的調查顯示，經濟條件較好、人們生活較優渥的州，捐贈者的比例明顯較高。經濟條件好，人們幫助他人的能力就會比較強，後顧之憂也比較少。

二是需要較高的社會文化水準。文化水準越高，知識傳播越普遍，對利他主義的宣傳和提倡也就越充分，有利於促使人心向善。有研究顯示，閱讀小說等文學作品，尤其是悲劇作品，能顯著提高同理心，讓人更能體驗到苦難，更樂於助人。相較之下，閱讀學術著作和紀實作品、看電影和電視劇都沒有這種效果。這是因爲學術著作過於抽象、紀實作品過於寫實，而電影和電視劇又過於具象，這些特點都會阻礙人們的同理心。至於文學作品，尤其是那些讓你對書中角色遭遇和情感產生代入感的作品，特別能激發同理心。

三是接納與包容。一個人要想有愛的能力，首先要體驗過被愛，否則他根本不清楚愛是怎麼回事。著名神經科學家辛格（Tania Singer）說，人類大腦的可塑性非常強，我們絕對可以成爲富有同情心的人。

在美國威斯康辛州，有一家名爲蒙多塔青少年治療中心的機構，雖然這家機構收容的都是行爲非常惡劣的孩子，曾做出暴力、偷盜、性侵等惡行，但管理者從來不用懲罰的方式去矯正孩子們的行爲，而是用眞心與他們建立關係，發現他們身上的亮點，讓他們體驗到被愛、被關注、被看見。要知道，每個問題孩子背後都一定存在一個問題家庭，一定存在不接納、不理解，甚至忽略、強迫、虐待孩子的父母。在這種環境裡成長的孩子，很難形成能做出助人行爲的神經迴路。

人性看起來很複雜，但我們可以透過心理學知識去認識人性。善惡並不絕對，取決於你在與環境互動的那瞬間做出了何種選擇。

15 愛情，你所不知道的祕密

——吊橋實驗

說到愛情，你腦中第一時間會浮現什麼呢？是甜甜蜜蜜的激情，還是刻骨銘心的傷痛？是攜手共度黃昏的情景，還是曾經熟悉、如今陌生的背影？愛情讓人捉摸不透，以至於歷史上無數文人墨客，甚至最有智慧的哲學家，都用盡畢生精力去闡述它。

吊橋實驗：人爲製造的愛情

一九七四年，美國著名心理學家亞瑟・艾倫（Arthur Aron）做了一項非常有趣的實驗，他透過精確的實驗設計，憑空「製造」了愛情。艾倫在加拿大溫哥華北部一座名叫卡皮拉諾的吊橋上進行實驗。這座吊橋全長約一百三十七公尺，寬約一・五公尺，建在距離湍急河面約七十公尺的空中。橋的主體由兩根又長又晃的纜繩構成，纜繩固定在吊橋兩端僅一・六公尺寬的木樁上。

這座吊橋經常會隨著風左搖右擺。可以想像，當你小心翼翼走在上面時，雙腳踩在晃悠悠的木板上，雙手緊抓住旁邊的纜繩，向腳下看一眼，便能看到一條波濤洶湧的大河。艾倫請了一位非常漂亮的女性做爲助手，讓她站在吊橋中央。她的任務是攔住過橋者之中那些沒有女伴陪同的年輕男性，並請求他們協助自己完成一項有關創造力對風景區吸引力影響的心理學研究。這些男性不僅被要求塡寫一份簡短的問卷，還被要求根據助手出示的照片編一則簡短的小故事。編故事採取一問一答的聊天形式，氣氛非常輕鬆。

實際上，這個所謂心理學研究是刻意設置的煙幕彈，只是爲了避免受試者猜到眞正的實驗目的。等到這些男性完成任務後，助手把自己的電話留給每位參加實驗的男性，並告訴他們，如果對實驗結果感興趣，可以撥打這支電話。你猜，那些男性後來是否眞的打電話給漂亮的女助手？結果是，參加實驗的男性中，有大概一半的人後來撥了這支電話。更誇張的是，居然有不少人向助手表達了愛慕之意，並提出約會請求，希望能再次與她見面。

艾倫在另一座橋上也做了同樣的實驗。不同的是，這是一座橫跨在小溪上的石橋，橋身堅固且低矮，並不像卡皮拉諾吊橋那樣讓人驚心動魄。在這座橋上，同一位漂亮的女助手也瞄準那些沒有女伴陪同的年輕男性，邀請他們參加實驗，同樣要求他們塡寫問卷並講一個故事，最後也把連絡方式留給那些參加實驗的男性。這一次，參加實驗的十六位男性中，只有兩位打了這支電話。値得注意的是，兩座橋上的男性受試者（根據女助手出示的圖片）所講的故事情節，也存在明顯差別。卡皮拉諾吊橋上的受試者所說的故事主題，幾乎都跟情感，尤其是愛情與兩性關係有關，有些人的故事中帶有非常明顯的性挑逗意味；而那座穩固石橋上的受試者所講的故事主題五花八門，卻很少有跟愛情相關的，也幾乎沒有人會在講故事時提及性的話題。

艾倫一時半刻無法找到夠好的解釋。他原本以爲，受試者在吊橋上會體驗到恐懼，感受到壓力與焦慮，這些負面情緒會觸發本能的戰或逃反應，讓人進入壓力狀態，表現爲心跳加快、呼吸急促、面色蒼白、多汗及肚子痛等。人在壓力狀態下，是不太可能想到性的，因爲包括人類在內，絕大多數動物的性行爲都有一項前提條件，就是一定要在安全的環境進行，所謂「飽暖思淫欲」正是如此。

在更早的一九六二年，哥倫比亞大學的史丹利．舒赫特（Stanley Schachter）和傑羅美．辛格（Jerome Singer）做過一項實驗：他們找來一群受試者，隨機分成兩組，給其中一組受試者注射了腎上腺素，另一組則注射了生理食鹽水，也就是安慰劑。當然，受試者並不知道自己被注射了什麼。研究人員只是告訴他們，等一下他們會出現雙手顫抖、心跳加速、呼吸急促及面部潮紅等症狀，但這些症狀都是很正常的。隨後，這兩組受試者逐一被帶入等候室，裡頭有一位志願者等在那裡，並與受試者單獨聊一會兒。志願者有兩位，其中一位既友善又親切，時不時會幽默一下；另一位則是個「憤青」，怨念不斷，始終碎念著自己的不滿。

在等候室待一會兒後，受試者會被研究人員帶到另一個房間，並被要求完成一份非常冗長的調查問卷。在填寫問卷的過程中，儘管同樣被注射了腎上腺素，但那些與友善又親切的志願者單獨聊天的受試者，填問卷時的心情都異常好，甚至可以用興高采烈來形容；那些跟「憤青」志願者待在一起的受試者在填寫問卷時，則非常憤怒，認爲研究人員設計的問卷太愚蠢了，還抱怨這是個很糟糕的實驗。

這項實驗給了艾倫很大的啓示。受試者站在晃悠悠的吊橋上時，會本能地感受到恐懼，恐懼會使腎上腺素分泌增加，導致受試者出現心跳加速、呼吸急促等症狀。這時，一位年輕漂亮的女性出現在男性受試者面前，受試者會本能地被漂亮女性吸引，但與此同時，受試者的身體還處於壓力狀態，他們能感覺自己心跳加速、呼吸急促、手心冒汗。人的大腦皮質一直在工作，它無時無刻不在解讀和分析周圍的環境、理解身體的變化。但這個時候，受試者的大腦暈了：這到底是什麼情況？突然，大腦從自己的情緒記憶庫調出過往的體驗，發現以前面對喜歡的女孩時也會這樣。於是，大腦做出了判斷：我被她打動了，我喜歡她。接下來，這些認爲自己已經喜歡上女助手的受試者就會撥打電話，向女助手提出約會要求。

愛情是否會出現，與大腦如何解釋自己的身體和所處的環境有密切關係。那麼，大腦的認知是如何影響愛情，又如何維繫愛情的呢？

帶有情感的語言：能被預測的戀愛與婚姻

美國華盛頓大學心理學教授，同時也是西雅圖人際關係研究所所長約翰・高特曼（John Gottaman）從事婚姻家庭研究長達四十年，是此一領域的頂尖專家，獲評爲「美國最有影響力的心理治療大師」，還被媒體公認爲「婚姻教父」。

從一九七〇年代至今，高特曼只做了一件事情，即建立愛情實驗室。正是在這個實驗室裡，高特曼和他的合作者一起研究了三千個美國家庭、七百多對夫妻或戀人，發布了多份重量級婚姻家庭關係研究報告，拯救了數萬個陷入危機的家庭。高特曼還與牛津大學教授詹姆斯·莫瑞（James Murray）合作，開發建構了著名的「夫妻關係公式」，揭開了愛情的祕密。

經過長時間嚴謹細緻的思考，高特曼和莫瑞一致認為，在愛情和婚姻當中，發揮決定性作用的是「關係」，也就是伴侶關係（戀人或夫妻）。那麼，該如何衡量關係呢？有沒有什麼客觀項目能說明兩個人的關係是好還是壞，是親密還是疏遠呢？他們發現了一項非常重要的關鍵，那就是溝通。這個項目包含三個具體指標：溝通的頻率、溝通的內容，以及溝通時的情緒。

有了這三項具體指標，就可以客觀進行觀察了。高特曼和莫瑞進一步細分了這三項具體指標，特別是溝通內容，他們進一步區分爲詞義、詞性與詞頻（詞彙出現的頻率），並將詞義和詞性用具體數字來指代。這樣就能量化統計溝通內容，也就能運用數學模型來研究它。

高特曼和莫瑞大量觀察夫妻與戀人的對話，發現他們無論是在正常對話中，還是在爭吵、歡笑、調侃中，所表達的態度與情感總是與一些特定的用詞有很強的關聯性，比如幽默、贊同、高興、喜歡、感興趣、憤怒、控制欲、悲傷、抱怨、好鬥、防衛、厭惡、妨礙和蔑視。既然有關聯，那就先找出這些帶有情感色彩的詞，然後賦予這些詞語數值，比如幽默是四分、悲傷是負一分、高興是四分、爭鬥是負二分、憤怒是負一分、厭惡是負三分、專橫是負一分、蔑視是負四分……諸如此類。

沿著這個思路，高特曼和莫瑞設計了一項實驗。他們準備了一個房間，房間內放有桌椅和攝影機。他們讓參加實驗的伴侶依次進入房間，面對面坐下，然後圍繞研究人員事先準備的爭議性話題，比如金錢、性、對孩子的教育等，開始交談。雙方自由發揮，各抒己見。

每對伴侶針對該話題交談的時間爲十五分鐘，過程會被攝影機全程記錄下來。實驗結束後，高特曼和莫瑞統計了受試者在談話過程中說出的情感色彩詞，計算他們的得分。那些在談話中說出「喜歡」「幽默」「幸福」的人得到很高的分數，而那些用詞表現出輕蔑和好鬥的人，則得到低分。

高特曼和莫瑞一共邀請了七百多對伴侶參與實驗，並全程記錄了他們的談話內容。這還不算結束，之後每隔一、兩年，高特曼和莫瑞都會與參與實驗的七百多對伴侶再次進行交流，詳細記錄他們的關係狀況，整個實驗過程持續了整整十二年。

經過多年的不斷修正與調整，高特曼和莫瑞最終建立了數學模型。這個數學模型預測離婚或分手的準確度高得驚人——高達九四%。他們還借助這個數學模型發現了一個關係轉折點——著名的「五比一原則」，即如果伴侶雙方在日常交談中所使用正面與負面詞語的總分比例低於五比一，那麼這段關係就要出問題了。到這裡，高特曼和莫瑞發現了愛情中最關鍵的因素，那就是**帶有情感的評價性語言**。

後來，美國著名心理學家羅伯特．史坦伯格（Robert Sternberg）在前人研究的基礎上，提出了著名的「愛情三元論」，認爲**愛情裡包括三項元素：激情、親密和承諾，而完美愛情等於「親密＋激情＋承諾」**。

激情，主要是欲望和需求的表達方式，多指性方面的需求和欲望。

親密，指的是愛情關係中那些促使雙方親近、志同道合、不分彼此的感情；與伴侶互相吐露心聲、互相依賴、尊重和理解對方、願意與伴侶分享等，都是親密元素的體現。

承諾，由短期承諾和長期承諾組成。短期承諾是指決定要愛一個人，而長期承諾是指維護這段關係，爲兩個人的關係負責，與伴侶一起面對未來，願意犧牲、奉獻、經營彼此的愛情關係。

實際上，激情就是我們在吊橋實驗中看見的景象，是由生理喚醒與認知對身體反應的解讀而產生的；親密與承諾則是透過帶有情感的語言，特別是帶有積極情感的正面語言來實現的，這裡所說的語言還包括擁抱、親吻等肢體語言。

愛情的反應閉環：催產素與多巴胺

無論是艾倫的吊橋實驗，還是高特曼和莫瑞的婚姻預測實驗，實際上都是對愛情產生與維繫的描述。受當時的科學技術水準，尤其是研究方法的限制，這個問題還沒有得到很充分的解答。直到現代神經科學進步，像核磁共振儀這樣的研究工具問世，人們才第一次看清了愛情的「內部構造」。

要研究愛情的內部構造，就需要對比大腦在愛與不愛這兩種狀態下有什麼區別。但不可能直接研究人，故意破壞人與人之間的感情，這是非常不道德的。好在，自然界正好有兩種類型的田鼠，一種是長相廝守型，另一種是處處留情型。

長相廝守型的雄鼠是模範丈夫，天天圍著雌鼠轉，幫雌鼠找吃的、帶孩子、做家務，不但樣樣精通，還超級顧家；處處留情型的雄鼠則是典型的「渣男」，不但同時與多隻雌鼠有染，而且交配結束後馬上開溜，對下一代從來不聞不問。同樣是田鼠，爲什麼在孕育下一代的策略上竟然會有這麼大的差別？

科學家發現，好丈夫田鼠大腦裡的受體比渣男田鼠要多很多，而且還有一種受體是專門針對催產素的，這可能就是造成兩種田鼠有所差別的原因。但這只是假設，如果想讓假設變成理論，就必須要經過實驗的驗證。醫學上，有種藥物可作用於大腦裡的催產素受體，注射這種藥物後，受體就會與藥物結合，而不是與催產素結合，等同於阻斷了神經傳導。當科學家把這種藥物注射在一隻好丈夫田鼠身上後，這隻田鼠馬上改變了對雌鼠和幼鼠的態度，拋家棄子，另尋新歡，變臉的速度之快，簡直令人咋舌。

催產素會對田鼠造成這樣的影響，那它也會對人產生同樣的作用嗎？英國倫敦大學的兩位神經科學家做了一項愛情實驗。他們選擇了一批熱戀中的大學生，讓他們躺在核磁共振儀裡，然後給他們看一些照片，有風景、帥哥美女、明星的照片，還有他們戀人的照片，並用核磁共振儀掃描他們的大腦活動。

實驗結果顯示，當他們看到自己戀人的照片時，大腦活動異常活躍，而且一個叫「尾核」的區域變得很活躍。神奇的是，科學家們在另一項實驗中也見過這種現象，人在吸食古柯鹼後，大腦也會呈現這種狀態。也就是說，熱戀中的人的大腦狀態居然跟吸毒者一樣。大腦分泌的多巴胺參與了愛情的過程。

愛情本無意義，只是爲了生育和繁衍

大腦中的愛情神經迴路是這樣的：當男女雙方因爲情感而相互吸引時，大腦就會分泌多巴胺讓他們感覺興奮，用於獎勵與異性的互動和交往，尤其是出現性行爲時，大腦更會大量分泌多巴胺，以獎勵生育行爲。

但多巴胺是一種控制神經細胞活性的化學物質，如果一直存在於大腦，會讓神經細胞過度興奮；如果不能及時清除，人就會變得過度衝動，這是很危險的。因此，人類大腦演化出及時消解多巴胺的機制。

只有多巴胺參與的兩性關係只是一夜情。但人類如果要生存、繁衍、養育後代，就必須長期維繫兩個人的關係。所以，大腦又演化出一種機制，這種機制既能調節多巴胺，讓人不至於處於過度的癲狂與興奮中，還能透過催產素維持人與人之間長久的親密關係，也就是：多巴胺刺激催產素的分泌，催產素又刺激持續產生多巴胺，這個閉環機制就此誕生。

科學家對催產素進行了深入研究。他們原本以爲，催產素能增加彼此的信任，讓人能更親切友善地待人。但很不幸的是，催產素除了能調節多巴胺的分泌，還有一項重要的功能，就是界定社會意義上的「自己人」。如果對方被界定爲敵人或與自己無關的他人，催產素不但不會讓人親切友善地對待對方，反而會讓人表現出更多的惡意和恐懼，使人的攻擊性更強，合作性更差。

隨著對催產素的研究越來越深入，科學家發現，雌性田鼠大腦中分泌多巴胺和催產素的神經細胞都比雄鼠要多，做了媽媽之後，還會變得更多。大量實驗證明，催產素並不是爲了愛情而存在的，而是爲了分清你和我，尤其是分清誰是自己的後代而存在的。因爲後代是絕對的「自己人」，優先順序高過其他所有人。也就是說，催產素是特地爲了讓媽媽更妥善照顧下一代、建立親子關係而存在的。雌田鼠生完孩子後，大腦就會分泌多巴胺，鼓勵牠去餵養孩子，同時又分泌大量催產素，來維持這種反應閉環。

更神奇的是，科學家發現，田鼠媽媽大腦中的多巴胺—催產素閉環啓動後，不但會細心餵養幼鼠，還會在餵養過程中撫摸和舔舐幼鼠，而當牠這樣做時，大腦裡多巴胺—催產素閉環就會增強，讓牠備感幸福。與此同時，幼鼠的大腦也被田鼠媽媽的行爲給啓動了，各種基因開關相繼開啓，大腦持續穩定地生長發育，而且更加健康。

這時候，如果強行將田鼠媽媽和幼鼠分開，那就眞的是「鼠間悲劇」了。看不見媽媽、得不到愛撫和舔舐的幼鼠，大腦很快就會出現各種發育不良的症狀。儘管當科學家用毛巾製造人爲撫摸時，幼鼠的情緒可能會好一些，但遠不如跟媽媽在一起時的情況好。

到這裡，你或許要面對一個很殘酷的現實：愛情本來就不是爲了兩個人長相廝守、幸福美滿而存在的，而是讓異性雙方彼此吸引，並在吸引的基礎上產生性行爲，把彼此的基因傳遞下去。至於伴侶之間的親密關係，也只是爲了共同照顧後代而存在的。對雄性來說，他們的使命本來就只是將更多攜帶著自己基因的廉價精子廣泛地散播出去，而不是與同一名伴侶長相廝守。雌性的使命則是從眾多雄性中，挑選出最有利於撫養後代的雄性，與他繁衍子孫，並想辦法把他拴住，讓他承擔起撫養後代的責任——如果雌性能獨立撫養後代，那就根本沒雄性的事了。

這也是爲什麼，在動物世界中，我們可以看到許多動物都是單親媽媽，雄性只在發情時才出現，交配完成後就溜了，剩下的全是雌性的事情。這不是因爲雄性薄情寡義，而是因爲雌性完全能靠自己完成撫養後代的任務，不需要雄性的參與。

愛情與婚姻的關鍵：讓彼此體驗到情感連結

從心理學的角度來看，既然愛情與婚姻的本質是關係，那麼長相廝守的愛情與幸福美滿的婚姻最重要的功能，就是讓兩個人共同成長、克服孤獨、實現自己的價值，最終直面自己的死亡。那麼你可能會問：如果我不要愛情和婚姻，還能不能獲得成長呢？我的答案是：很難！因爲每個人的成長都離不開關係。

還是嬰幼兒時，我們的成長離不開與母親之間的親密關係；進入青春期後，我們除了要在家裡與父母建構家庭關係，也要在學校與老師、同學建立最初的社會關係；成年後，我們步入社會，不僅要面對複雜的社會關係，還要進入親密關係。

社會關係是我們實現個人價值的必要途徑，因爲無論做什麼事，都離不開他人，我們需要與他人競爭或合作，才能完成想做的事。與此同時，我們還必須在親密關係中與伴侶一起達到心靈的整合，體驗親密和穩定，並感受與實踐彼此的承諾，慢慢使自己的性格變得更堅強、穩重、溫和，讓自己對世界充滿關懷與愛，完成自己一生的使命，最後平靜地走向死亡。這是人性的一部分，也是我們的生命的意義所在。

然而現實是，同樣是進入親密關係，不同個體的體驗卻是千差萬別。有些人在親密關係中不但沒有實現自我成長，反而把自己弄得遍體鱗傷。

婚姻家庭研究的頂尖專家高特曼和莫瑞根據其研究，將所有伴侶分成五種類型：

第一類是幸福的伴侶。這類伴侶在溝通和互動過程中呈現出冷靜、親密、相互扶持、友好的狀態，並且更傾向於分享經驗，尤其是自己的體驗與感受。

第二類是無效的伴侶。這類伴侶在溝通和互動過程中，會盡最大努力避免衝突。他們會積極回應對方，就事論事；遇到衝突時也會退讓或妥協。儘管雙方在理性層面有默契，但在情感層面是有明顯距離的。

第三類是不穩定的伴侶。這類伴侶在溝通和互動過程中，會表現得極富浪漫與熱情，但也會因觀點衝突而異常激烈地爭論，甚至爭吵。他們的婚姻關係就像雲霄飛車一樣，非常不穩定，雙方也會爲此感到苦惱。

第四類是敵對的伴侶。這類伴侶在溝通和互動過程中，會表現出明顯的敵對態度與情緒。一方不想談論某件事時，另一方卻一定要談，兩個人簡直就像刻意跟對方對著幹似的，非要把另一方壓服不可。這樣發展下去，要不就是無窮無盡的戰火，要不就是以其中一方的勝利而告終；失敗的一方要不就是開始討好另一方，要不就是對另一方不再有感覺。

第五類是彼此無感的伴侶。這類伴侶在溝通和互動過程中，往往是一方興致勃勃地想討論，另一方卻對話題根本不感興趣，或雙方都覺得與對方的談話很無聊，不想進行下去。

一般來說，不穩定和敵對伴侶的婚姻關係都能持續下去，離婚的機率並不高，但若是彼此無感和無效的夫妻（尤其是前者），離婚率往往較高。

高特曼透過進一步研究發現，能否維繫幸福的婚姻關係，關鍵不在伴侶雙方人格是否完美，也不在於彼此受教育的程度或財富的多寡，而在於兩人的關係匹配程度。關係的匹配需要雙方共同努力。如果雙方都懷著關心、愛意和尊敬去對待，甚至化解對方身上的不完美之處，這段婚姻關係就會充滿生機。如果雙方常以苛刻的語言開始一場對話，言談中也經常出現批評、鄙視、辯護等內容，還經常冷戰，也對配偶和婚姻有很深的負面看法，這段婚姻關係就比較危險了。

此外，高特曼還發現，儘管離婚最大的誘因看似是一方的外遇行爲，或性生活不和諧、家庭暴力；但這些只是結果，而非原因。比如，外遇大多是婚姻關係出現問題導致的，根本原因在於伴侶雙方無法彼此理解、尊重和關心。一個人從配偶身上得不到理解、尊重和關心時，就有可能去別人那裡找。

高特曼的研究中有個很有意思的現象：那些天天吵架、經常發生爭執與衝突，且情緒激烈的伴侶，其離婚率反而比那些理性、彬彬有禮、懂得妥協退讓的伴侶低。這就是爲什麼許多人常說：「天天吵架甚至打架的夫妻，往往不容易離婚；反而是那種看起來很好的夫妻，有時候說離就離了。」只是那些天天爭吵的夫妻雖然沒有離婚，但由於彼此的情感整天糾纏在一起，每天都「負能量爆棚」，精神憔悴，十分無助，彷彿每天都身處危險之中，隨時準備戰或逃。

這個現象充分說明了愛情的本質是彼此的情感連結。所謂情感連結，就是兩人情緒和情感的互動過程，是兩個人內心眞實的情感體驗，也正是這種情感連結發揮了決定性作用。如果這種情感連結中充滿愛、包容、尊重和理解，那麼它就會轉化爲向上發展的正能量，透過婚姻關係持續滋養伴侶雙方，同時也滋養整個家庭，尤其是孩子；如果情感連結中充滿敵意、怨恨、強迫，那麼它就會轉化爲向下的負能量，這種負能量會不斷消磨伴侶雙方的意志、損耗彼此的精神，除了會摧殘雙方的心理健康，也會危害孩子的成長。

至於那些表面上看起來彼此尊重、相互妥協的夫妻，彼此的情感連結反而很弱，甚至已經斷裂。他們的和諧關係實際上是理性頭腦塑造出來的，缺乏情感體驗，就像演戲，往往顯得很不眞實。

除此之外，高特曼和莫瑞的研究，更將伴侶之間持續不斷的負面情緒與負面評價視爲婚姻頭號殺手。爲什麼有些人會用負面情緒與負面評價攻擊自己的伴侶呢？爲什麼老是要跟伴侶作對呢？這其實與人的性格形成有關。不得不說，父母是決定性的關鍵。父母與孩子建立了怎樣的關係，孩子就會將怎樣的關係深深刻在心裡，並使之成爲人格的一部分。當孩子走出家庭，走向學校，走向社會，他就會不斷複製這段刻在心中、之前與父母建立的關係。

如果伴侶雙方與父母建立的關係充滿愛與包容，那麼他們就能充分接納對方，並感受到彼此的情感；但如果是充滿抱怨與指責的關係，那麼他們就會用這種方式來對待彼此。

曾有位女士來到諮商室，一坐下就開始滔滔不絕地指責她的丈夫有多糟糕，用詞的刻薄程度簡直讓人難以接受。經過諮商後，我發現這位女士的母親也是這樣的人，在來訪者還小的時候，就對她極爲刻薄，也從不讚美她。而她的父親則長期在外地工作，並未給予她基本的陪伴。這位女士結婚後，行爲就跟自己的母親一模一樣，每當丈夫或孩子不聽她的話時，她的心中就會像火山爆發似的，嘴巴有如機關槍，根本控制不住。

還有一位女士，以前結過三次婚，第四次結婚後又離婚了，離婚的原因是丈夫家暴。但在諮商過程中，我了解到這位女士小時候經常被爸爸打，幾乎天天挨打，爸爸只要心情不好，就會打她。她結婚後，只要有一點不開心，就會跟丈夫大吵大鬧，在丈夫面前失控地陷入歇斯底里的狀態，不停問丈夫：「你是不是想打我？你打呀！不打就不是男人！」結果丈夫被激怒，眞的動手，成功落入了她的「圈套」。

看見彼此的生命繪卷，擁有共同的現象場

幸福的婚姻並不是那麼容易就能擁有，卻也沒那麼遙不可及。想擁有幸福的婚姻，關鍵在於對自己有足夠的覺知與理解。首先，伴侶雙方要能感受並體驗彼此的情感連結；如果

有一方體驗不到，很有可能是他自己的問題。其次，伴侶雙方都要對自己的成長歷程有充分的覺知，不能渾渾噩噩，如果覺知不到，可以請求專業的心理諮商師協助。然後，在前兩項基礎上，可以針對自己在婚姻中的溝通能力進行訓練，充分覺察自己話語中的攻擊性、負面情緒與負面評價，不斷修正自己的表達，並進行回饋與互動。最後，要經常與伴侶分享自己的情感體驗；記住，一定要是情感層面的體驗，而不是理性層面的觀念。如果能眞的做到這些，相信每個人都能擁有幸福的婚姻。

心理學家亞瑟·艾倫在做完吊橋實驗後，又做了一項驚世駭俗的實驗。他找了一群陌生人，按一男一女分成若干對，讓他們兩兩面對面坐下，然後拿出一份實驗人員事先準備的問卷，上面有三十六道題目，讓每對男女一題一題輪流把自己的答案說給對方聽。這個過程最多需要九十分鐘。完成後，雙方要保持沉默，互相凝視四分鐘。我將這三十六道題目列在下方，如果你願意，可以找個人試試看。

① 全世界的人裡，你最想與誰共進晚餐？

② 你想出名嗎？用什麼方式出名？

③ 打電話之前，你會先考慮一下措辭嗎？

④ 在你看來，完美的一天應該是怎樣的？

⑤你上次一個人對著鏡子唱歌是在什麼時候？對著其他人唱呢？
⑥如果能活到九十歲，保有三十歲的心智和三十歲的體魄，你想選哪一個？
⑦你曾預感到自己會以某種方式死去嗎？
⑧列出你們的三項共同點。
⑨什麼最令你感激？
⑩如果能改變成長過程中的一件事，你要改變什麼？
⑪用四分鐘告訴對方你的人生經歷，盡可能詳細。
⑫如果明早醒來後，你能獲得某種技能或能力，你想擁有什麼？
⑬如果水晶球能告訴你一切事情，你願意知道嗎？
⑭有沒有哪件事是你一直想做但沒做的？爲什麼？
⑮你人生中最大的成就是什麼？
⑯一段友誼中，你最看重什麼？
⑰你最寶貴的回憶是哪一段？
⑱你最糟糕苦悶的回憶是哪一段？
⑲如果生命只剩一年，你願意改變現在的某種生活方式嗎？爲什麼？
⑳友情對你而言意味著什麼？

㉑在你的生命中，愛和情感扮演什麼角色？

㉒互相說出對方的五項正向特質。

㉓你與家人的關係如何？你覺得自己的童年比其他人更快樂嗎？

㉔你與母親的關係如何？

㉕用「我們」開頭造三個句子，比如：「我們都在這個房間裡，感覺……」

㉖完成這個句子：「我希望和某個人在一起，分享……」

㉗如果你們準備成爲親密的朋友，告訴對方有什麼重要的事是他／她必須知道的。

㉘如實告訴對方你喜歡他／她的哪些方面，說點平時你不太會講的話。

㉙告訴對方你遭遇過的尷尬時刻。

㉚你上次在別人面前哭泣是什麼時候？獨自哭泣呢？

㉛告訴對方，你發自內心喜歡他／她身上的哪些特質？

㉜你覺得哪些事情是不能開玩笑的？

㉝如果今晚你將離世，而且沒有機會與任何人告別，你會最遺憾沒和誰說什麼話？爲什麼這些話你至今都沒告訴他／她？

㉞假設你擁有的東西都在一幢房子裡，現在房子起火了，你拚命救出家人和寵物後，發現還有一次機會可以返回火場，你願意拿出什麼東西？爲什麼？

㉟在所有家人中，誰去世最讓你難過？爲什麼？

㊱就一個私人問題請教對方，如果是他／她會怎麼做？然後告訴對方你的想法。

最後的結果是，任何兩個人只要嚴格按照上面的步驟做完問卷，並認眞對待每一道問題，就都會愛上彼此。

值得注意的是，這三十六道題目是對一個人生活經歷的調查，調查的也都是人生中的關鍵事件，比如什麼時候念小學，在學校裡最深刻的記憶是什麼等。

美國人本主義心理學家卡爾．羅傑斯（Carl Rogers）提出一個專業名詞——現象場，即一個人所體驗到時間與空間各個因素的總和。你可以把現象場理解爲反映一個人成長歷程的清明上河圖，而這幅繪卷就隱藏在每個人的記憶中。平時我們之所以想不起來，是因爲沒有提取的線索；而當另一個人透過語言提示，讓我們將所有的記憶碎片串起來，我們的生命繪卷就可以展開了。這幅繪卷展開後，會讓我們產生非常強烈的情感體驗，並會讓我們進一步看清楚自己的生命繪卷上究竟畫了什麼。

深刻認識一個人的過程，其實就是和他一起展開他的生命繪卷，並和他一起看見和體驗的過程。事實上，眞正相愛的兩個人，通常會花費數月、數年甚至一輩子去了解彼此的現象場，並與對方一起創造共同的現象場，而這也才是眞正的愛情。

你可以試著稍微修改一下前面這三十六道問題的內容，然後與伴侶展開一次深入的談話。記住，一定要看著對方的眼睛，認眞且眞誠地提問或回答每一道問題，看看有什麼樣的體驗。

我曾對這三十六個問題做了修改，然後在課堂上讓幾對夫妻做了這項練習。現場有一位將近四十歲的男學員，問到一半的時候突然哭了出來，因爲他的妻子分享了許多他從來不知道的感受，他忽然覺得自己好像重新認識了妻子，感受到她對自己的愛。於是，他一把抱住太太，第一次向她道歉，說自己平日因爲工作而不夠關心她，也不夠理解她，心裡很內疚。他的妻子聽到這裡，也淚流滿面，說自己非常愛他，一直都是，今天能聽到他這樣說，便覺得自己的付出值得了。

16 身體，是丈量世界的尺度

——感覺剝奪實驗

感覺隨時隨地陪伴著我們，只是絕大多數人都沒有認眞體會過它的存在。實際上，我們全身上下有許多感官，都是用來實現感覺的。比如，眼睛能看見生動的畫面和鮮明的色彩、鼻子能聞到香水的美妙氣味、舌頭能嘗到調味料的可口味道、溫柔的觸摸給我們安慰，輕柔的愛撫有時則會把我們從夢中喚醒。

我們全身的各種感官分別將不同形式的感覺刺激，比如視覺、聽覺、嗅覺、觸覺等，轉換爲可以被神經系統理解的語言，也就是脈衝，再將這種編譯好的脈衝沿著神經通路傳導到大腦皮質中樞。

一九五四年，加拿大麥吉爾大學的心理學家赫布（Donald Hebb）和貝克斯頓（William Bexton）做了一項名叫「感覺剝奪」的實驗。赫布和貝克斯頓招募了一批大學生爲受試者，告訴這些大學生，他們每人都要忍受一天的感覺剝奪，如果挺過去了，就可以獲得二十美元的報酬。當時大學生打工的工資大約是每小時五十美分，而一天就可以獲得二十美元，對當時的大學生來說，絕對算得上一筆不菲的收入。

實驗任務看起來沒有任何難度，受試者只要在一個小房間裡的舒服大床上躺個二十四小時就行了，這聽起來甚至像是一次愉快的享受。也許這就是人們說的「躺著就贏了」吧。此外，在實驗過程中，受試者除了吃飯和上廁所外，都必須嚴格控制任何感覺輸入。爲了達到這個效果，研究人員爲每一位受試者戴上半透明的塑膠眼罩，這種眼罩只能透進散射光，讓圖形視覺被阻斷了；受試者還必須戴上紙板做的袖套和手套，以限制觸覺；同時，小房間裡一直充斥著空氣調節閥的嗡嗡聲，以干擾聽覺。

實驗剛開始時，所有受試者都慶幸自己能找到這樣一個既輕鬆又報酬豐厚的工作，處於興奮狀態。但僅僅過了一會兒，有些受試者就覺得不行了，他們表示自己已經無法再忍受躺在這個小房間裡，有些受試者甚至在實驗時間還沒過一半，就表示自己願意放棄二十美元的報酬，請求立刻停止實驗。

看起來這麼簡單的實驗，居然沒幾個人能堅持下來。為了搞清楚原因，赫布和貝克斯頓在實驗結束後對受試者進行訪談，想了解這些受試者被剝奪感覺後，到底發生了什麼事。

訪談結果令赫布和貝克斯頓感到震驚。有些受試者表示，剛開始他們還覺得很新鮮，但過了一會兒，就有種自己的大腦好像被什麼東西卡住的感覺，他們既無法集中注意力，也無法進行連續且清晰的思索，思維總是跳來跳去的。

有受試者本來計畫在實驗時回憶一下自己先前念過的書，為之後的考試做準備。但在房間待了一會兒後，他突然發現自己根本沒辦法回憶，大腦像是突然當機了似的。這種狀態甚至在實驗結束後仍持續了一段時間，甚至久久都無法進入正常的學習狀態。

還有部分受試者說，他們在實驗裡體驗到了幻覺。有些人的幻覺比較簡單，比如兩眼冒金星、看見了忽隱忽現的光，或昏暗但灼熱的光；還有些人聽到了很奇怪的聲音。只有少數受試者表示，他們體驗到較複雜的幻覺，比如有一位受試者說，他彷彿看到一塊電視螢幕出現在眼前，他努力嘗試閱讀上頭顯示的模糊資訊，卻怎麼也看不清，裡頭還有個人影若隱若現，讓他很害怕。

最讓人感到震驚的是，有位受試者將他待在小房間時的感受畫了下來。他畫出兩個自己，而且都非常眞實，他甚至不知道哪個才是眞正的自己。

再後來，許多學者開發了多種形式的感覺剝奪實驗研究方法。所有實驗結果都顯示，在感覺遭到剝奪的狀態下，人會出現緊張、憂鬱、記憶力減退、判斷力下降等情況，甚至出現各種幻覺和妄想，最後難以忍受，不得不要求立即停止實驗，讓自己回到有豐富感覺刺激的環境。這意味著大腦的一切活動完全離不開身體感覺；又或者，難道是我們的身體感覺在塑造大腦嗎？

身體動作正在重塑大腦

一提起肉毒桿菌素，很多人可能最先想到的是臉部醫美，因爲注射肉毒桿菌素是用來改善臉部皺紋最常見的醫美手段。肉毒桿菌是一種生長在缺氧環境下的細菌，在罐頭食品及密封醃漬食物裡具有極強的生存能力，除了是毒性最強的細菌之一，也是一種致命病菌，在繁殖過程中會分泌肉毒桿菌素，它能抑制神經末梢釋放乙醯膽鹼，使訊號無法傳遞到肌肉刺激其收縮，因而導致肌肉鬆弛、麻痺或萎縮。

不過，低劑量的肉毒桿菌素可用於醫美整形。根據美國整形外科學會於二〇一八年發布的整形外科統計報告顯示，在微創整形治療中，A型肉毒桿菌素的消費金額排名第一，高達二十九．五億美元。此外，肉毒桿菌素也可用於治療肌肉痙攣和其他肌肉疾病，對偏頭痛、磨牙等症狀也有效。

然而，德國和瑞士的科學家針對肉毒桿菌進行研究時，意外發現肉毒桿菌素能顯著降低憂鬱症患者的憂鬱水準。科學家無法理解，肉毒桿茵素原本是用來消除皺紋、延緩衰老的，與緩解憂鬱症八竿子打不著。難道肉毒桿菌素有什麼奇妙的功效嗎？

爲了揭開此一謎題，科學家們與精神疾病研究機構一起做了一項實驗，招募一批患有重度憂鬱症的患者，把他們隨機分成兩組：其中一組是實驗組，另一組是對照組。研究人員會在實驗組患者臉上注射肉毒桿菌，而在對照組患者的臉上注射類似生理食鹽水的安慰劑。該實驗是隨機雙盲實驗，參與實驗的研究人員和患者都不知道注射的是哪一種試劑。

實驗結果顯示，注射了肉毒桿菌素的患者，其悲傷、絕望和負罪感等憂鬱症狀的程度平均減少了四七％；相對的，那些被注射安慰劑的患者在整個研究過程中，憂鬱程度都沒有明顯變化。科學家對肉毒桿菌素再進行了更細緻的研究，發現肉毒桿菌素不但不會讓神經細胞興奮，還會麻痺神經細胞，過量的肉毒桿菌素甚至會對神經細胞造成破壞。

隨後，英國心理學家又對一批動過整形手術的人進行追蹤調查，發現使用肉毒桿菌素消除眉間皺紋的人，其情緒有非常明顯的改善，比起那些用肉毒桿菌素消除魚尾紋、果酸煥膚或使用玻尿酸豐唇的人更明顯。

腦科學家對此又做了一系列研究。他們讓受試者持續做出表達負面情緒的表情，例如皺眉頭、嘴角下垂等，然後用核磁共振儀掃描受試者的大腦。實驗結果顯示，當人們做出表達負面情緒的表情時，大腦中負責處理臉部表情的腦區就會啓動，負責處理情緒的腦區也開始活躍。

有意思的是，研究人員讓受試者連續幾週保持表達積極情緒的表情，比如微笑，受試者的大腦就會變得對負面情緒信號不敏感。原來，在眉間或嘴角注射肉毒桿菌素後，皺眉或扁嘴的行爲會因此弱化。如此一來，臉部表情無法將不高興的信號回饋給大腦，大腦則會將這樣的表情解讀成「嗯，我還滿高興的」。也就是說，我們的臉部表情能重塑大腦。

與此同時，科學家還對身體姿勢進行了研究。不知道你有沒有看過《神力女超人》這部電影？神力女超人有個招牌的「能量姿勢」，非常簡單，就是雙腿分開站在地上，兩隻手扠腰，手臂向外打開，這是一個看起來非常自信的姿勢。哈佛大學商學院的社會心理學家艾美·柯蒂（Amy Cuddy）曾在TED演講中表示，只要保持這個姿勢兩分鐘，你就能獲得眞正的自信，睪固酮水準將提高二〇%，這意味著你會更有信心，更願意冒險；與此同時，皮質醇的濃度也會降低一五%。

另一方面，科學家在研究擁抱時發現，擁抱能促進多巴胺的分泌，並降低血壓和皮質醇濃度，減輕壓力。此外，只要親密觸碰幾秒鐘，大部分的人都會覺得壓力減輕了。被他人觸碰時，皮膚上的感知器會受到刺激，這些感知器會將信號傳遞到迷走神經，而迷走神經正好是大腦內調節血壓等身體重要指標的區域。人在被他人擁抱或擁抱他人時，會因迷走神經受到刺激而使血壓下降，因此覺得更平靜。人在被擁抱時，大腦還會分泌多巴胺，也就是所謂的幸福荷爾蒙，能增加人的安全感、滿足感。

身體的表達

身體除了能重塑大腦，還能幫助諮商師了解來訪者眞正的心理問題所在。這裡有個眞實的案例。每年考試季節來臨時，總有朋友來找我商量孩子考試焦慮的問題，請求我幫孩子做考前心理放鬆的練習，並期待他們能考個好成績。

以前，我一直以爲考試焦慮是學習壓力過大造成的，因此我首先會引導他們宣泄情緒，透過調節自己的心理狀態來緩解學習壓力，也讓心態更開放；我還會建議他們聽聽音樂，去野外散散步，找自己的朋友傾訴。我認爲，只有將心理調整好，才能以放鬆的狀態面對考試，從而發揮出自己最好的水準。直到最近我接觸了幾個案例，尤其是前段時間遇到的小A，我才深刻認識到，考試焦慮遠比我想像的要複雜。

當時小A是個十八歲的男孩，高三，二〇一九年參加大學考試。小A的爸爸在他參加考試前找到我，希望我能跟他聊一聊。根據小A的爸爸描述，從以前開始，小A只要一遇到考試，就會莫名其妙肚子痛；好在狀況並不嚴重，只是隱隱作痛。之前曾到醫院檢查過，也做了所有能做的檢查，但查不出任何問題。最後醫師說可能是心理問題，建議小A去找心理諮商。

這位爸爸對醫師的解釋很不滿意，認爲是醫師的醫術不夠好。醫學檢查的確沒查出問題，小A肚子痛也不至於影響正常的學習和生活，於是爸爸就沒當一回事。等到小A升上高三，一次又一次的模擬考讓肚子痛的問題重新出現。這一次，小A的疼痛感明顯增加，並且伴隨著心跳加速、呼吸急促、冒冷汗、手腳冰冷等症狀。儘管這些症狀已經影響到了正常複習，但小A去醫院做檢查的結果，依然查不出任何問題。

這位爸爸很無奈，輾轉找到我這裡，向我求助。第一次與小A會面時，我看到的是一名身材瘦高，皮膚偏黑，有一點駝背的男孩。小A坐下來時，頭垂得低低的，雙腿緊緊併攏，左手還不斷摳著自己右手大拇指的指甲。他戴著眼鏡，不敢和我對視，顯得很內向。我能明顯感覺到他的緊張與刻意逃避。

我向小A表達出對他的接納與包容，並表明了自己的態度，保證我會對他所說的一切嚴格保密，絕不會告訴他的父母，這才讓他慢慢放下了警戒。起初，我們隨意聊天，說些小A感興趣的話題，也盡量讓他主動開口，我則認真做好一位聽眾，並及時回應他，讓他感覺我有用心聽他說話。漸漸的，小A打開了話匣子，開始展現出溝通表達的意願，我們之間的基本信任感就這樣建立起來。

在建立基本信任感之後，我們慢慢將聊天內容轉移到了學校、學習與考試。聊著聊著，我發現腹部有點不舒服，有種抽動的感覺。當時，雖然我並不清楚腹部的這種不適感是什麼，但直覺告訴我，這種不舒服並非來自我自己，應該是我感受到了小A的感覺；或者說，小A在跟我的聊天互動中，逐漸把他的感覺投射給我，而我也接納了它。於是我把自己肚子不舒服的感覺回饋給他，他說他也有同樣的感覺。

接下來，我使用了精神分析中最常用的自由聯想法與小A對話。我請小A放鬆自己的身體，體會身體坐在椅子上的感覺、雙腳踩在地上的感覺，集中注意力去巡視自己的身體。小A隨著我的引導，慢慢靜了下來，進入了狀態。當我請他感受自己的腹部時，他說他可以感受到肚子的不舒服，腹部就像被一根鋼纜牽引似的，整個人都被拽著往前走。

我請他慢慢放鬆，不去刻意迴避腹部的不適，並當場詢問小A感受到腹部的牽引感時，第一時間會想到什麼，然後又想到什麼，接下來還想到什麼，也告訴他不要刻意修改自己想到的畫面與內容。

小A先是想到了考卷和考場，但我認爲考試本身並不是導致他腹痛的直接因素。後來他又想到了自己小學時背的書包，還想到了自己喜歡看的漫畫書，想到了小學時自己和朋友常去的一座廢棄舊倉庫。突然，他想到了媽媽，腹部的疼痛感頓時加劇。我讓小A先放鬆下來，然後問他看到的媽媽是什麼樣子，在做什麼。小A說，他看見媽媽有一張非常凶、很生氣的臉，好可怕。當我請小A具體描述他看見的母親時，他內心深處的傷痛就這樣慢慢被揭開了。

原來在小A小時候，由於爸爸長期在外地工作，很少回家，因此他從四歲起，就一直跟媽媽兩人一起生活，直到上了高中後，爸爸才從外地調回來。媽媽在當地一家國營企業上班，小A就讀的小學則是這家公司的子弟學校。媽媽對小A非常嚴厲，甚至可以說到了苛刻的地步。

小A清楚記得，他小學三年級時，當時是六月，快要期末考了，媽媽在沒跟他商量的情況下，就幫他報了當地一家培訓機構辦的數學班。他很不開心。他非常喜歡漫畫，想去學畫畫，於是找媽媽商量，卻被媽媽狠狠地訓斥了一頓。他還清楚記得媽媽當時對他說：「學漫畫有什麼用？能當飯吃嗎？將來能考上好高中和好大學嗎？考不上好大學，就會跟你爸爸一樣賺不到錢，無能！」後來，媽媽爲了讓他專心學念書，在他不知情的情況下，把他蒐集的所有漫畫書、動漫公仔及貼紙統統沒收了。

那天，小A放學回到家裡，發現自己的寶貝都不見了，於是跑去問媽媽自己的東西去哪裡了。媽媽對小A說：「你要好好念書，看那些東西幹什麼？都是些害人的東西！」小A非常生氣，要求媽媽歸還自己的寶貝。這時，媽媽突然暴怒，把小A的寶貝從衣櫃裡拿了出來，當著他的面把漫畫書全部撕掉，把公仔摔壞，然後把碎片撿起來甩在小A臉上。

說到這裡，小A失聲痛哭起來，他說當時媽媽一邊撕他的書，一邊對他哭喊：「你就不能給媽媽爭點氣嗎？你看看張阿姨家的孩子，再看看你！養你有什麼用？就不能讓媽媽省心嗎？」就在和媽媽爆發衝突後的那次期末考，小A突然得了腸胃炎，肚子疼得厲害，考試因此受到了影響。按照慣例，如果考試考不好，回家一定會被媽媽狠狠教訓。但這次媽媽帶他去醫院做檢查，陪他打點滴，幫他煮粥，甚至還餵他吃飯，完全沒提考試的事情。爸爸得知小A生病，也特地請假從外地趕回來看他，還偷偷給他帶了他最喜歡的動漫公仔。

談到這裡，我問小A：「肚子痛這件事對你來說，有重要意義嗎？」小A愣了一下，慢慢低下頭，若有所思。我接著問：「腹部的這種牽引感，像媽媽在拉扯你嗎？」小A流下了眼淚，放聲大哭起來。他說，聽我這麼一說，突然覺得自己好委屈：只有肚子痛的時候，父母才會關心他，尤其是媽媽，才會對他溫柔一點；只有肚子痛的時候，爸爸才會回來，一家人才能團聚；只有肚子痛的時候，考試的結果才不重要，他才能暫時迴避痛苦。我說：「你愛媽媽，也愛爸爸，你希望被爸爸媽媽看見。」小A點點頭，低頭哭泣著。

用身體表達被壓抑的情緒情感

經過多次諮商，小A考試前肚子痛的症狀慢慢得到了緩解。像小A這種情況，在心理學上被稱爲「身體化」（somatization）。所謂身體化，就是指某些情緒或感受因爲無法在情感層面表達出來，於是被壓抑到潛意識中，只能透過身體來表達。

人類的心理過程既有頭腦層面的認知過程，也有情緒情感過程和身體感受過程。情緒情感過程最好能在感情層面表達出來，當這個層面的表達受阻時，就可能轉而透過身體來表達。這時候，身體的表達就非常具有象徵意義。

韓國有種疾病叫「火病」。火病被歸類爲「文化結合症候群」，是一種精神疾病。在不同國家，定義爲文化結合症候群的疾病也不同，在韓國是火病，在中國是神經衰弱，印度則是 Dhat 症候群。

在韓國，「火病」是因在生活中遭遇苦惱卻無處發洩憤怒，才會導致的精神疾病，在社會階層較低的更年期女性中尤為常見。患者不斷出現頭疼、胸悶、焦慮、失眠等症狀，但去醫院做檢查又查不出生理性原因。患者之所以主要是五十歲左右的女性，是由於她們在家中沒有話語權，又忌憚丈夫的權威，而過於壓抑自己的感情，導致心中有太多的怒火無法表達，才患上這種疾病。

韓國是一個特別講究家族權力序位的國家，家中的男性長輩可肆無忌憚地攻擊女性與晚輩，包括強迫、冷暴力、打壓，甚至辱罵與暴力；而弱勢者往往選擇忍耐。韓國的文化非常強調服從，即女性服從男性，晚輩服從長輩。患有火病的女性大多長時間反覆遭丈夫毆打、被婆家虐待，且丈夫有外遇、酗酒、賭博等惡習，但她們卻認為這是自己的宿命。

從精神分析的角度來看，儘管她們不斷被丈夫和婆家虐待，心中累積許多怒火，但她們無法表達出來，結果這些情緒轉而透過頭痛、胸悶、焦慮、失眠等身體症狀表達出來，這就是身體化。

不僅身體對情緒有很大的影響，情緒也能透過身體來表達。俗話說「空虛寂寞冷」，其實一點都沒錯。空虛寂寞是心理感受，冷是身體感受，也就是說，冷會讓人備感孤獨。

我曾經聽一位諮商師分享過一個案例。這位諮商師說，曾有位中年女性來訪者找她諮商。當時是七月，正值上海的盛夏，天氣非常炎熱，室內開著空調，大家都穿著短袖上衣，這位來訪者卻穿著長袖上衣和長褲，還穿著外套。她進入室內後，把外套脫下來拿在手上，但進入諮商室後，她馬上就披上厚厚的外套，似乎非常怕冷。

來訪者與丈夫和婆婆的關係都非常糟糕，身心俱疲，因此前來諮商。我記得當時那位諮商師採用的是精神分析取向治療，她說自己跟那位來訪者在一起的時候，她也感覺到了冷，但空調的溫度一直是二十七度，沒有調過。那位來訪者剛開始還覺得挺熱的，但一坐下就感受到了寒意，披上了厚厚的外套。

隨著諮商的深入，諮商師慢慢觸碰到這位來訪者的內心。原來這位來訪者的父親拋棄了她和母親，跟第三者生活在一起。後來，她有過一次婚姻，丈夫出軌，拋棄了她，也跟第三者在一起。現在這段婚姻是她的第二次，但她的這一任丈夫似乎也有外遇，婆婆也知道，使得家裡關係非常緊張。諮商師了解到，這位來訪者的父親當年拋棄她和母親時，正值北方的冬天，外面冰天雪地；她和母親抱在一起哭泣，結果父親一收拾好行李，便頭也不回地走了。這位來訪者說，她的心好像被永遠鎖在那個冰天雪地的冬天，她的身體好像也停留在了那個冬天。

從精神分析的角度來看，這位來訪者透過「冷」來表達她壓抑的憤怒。雖然我不是精神分析流派的，但我認爲一定可以在大腦的神經活動中找到這種現象的原因。實際上，對溫度的感受與腦島有密切的關係。腦島主要接收來自內臟與皮膚感知器的信號，這些感知器分別對某一種感覺特別敏感，包括冷熱、搔癢、痛覺、味覺、飢餓、口渴、肌肉疼痛、內臟感覺及空氣感覺等。與此同時，腦島又是性欲、噁心、驕傲、羞恥、內疚和補償等複雜情緒的源泉，同時還會引起道德感、同理心及對音樂的情緒反應。也就是說，腦島除了記錄身體感受，也會記錄心理感受。如果身體感覺冷，心裡很可能也會覺得冷；如果身體感覺到溫暖，心裡也會覺得被人接納。

那位怕冷的來訪者被父親拋棄那天的記憶，與那個冬天的寒冷天氣緊密聯繫在一起。她的腦島一方面記錄了當時的天氣，另一方面也記錄了她的情緒，並將這兩種記憶聯繫起來。每當她在生活中遇到同樣的場景時，當時的記憶就會被提取出來，神經迴路就又會被打通。這時，她的腦島對皮膚溫度感知器傳過來的信號視而不見，而是被情緒記憶影響，將寒冷的信號傳給大腦，大腦則對身體做出回饋，讓她覺得現在的環境很冷。這正是被壓抑的情緒透過身體表達出來的證明。

體現認知：身體與心理互爲鏡像

體現認知（embodied cognition）是當前心理學發展的新突破。在傳統心理學中，認知和身體就像是分開的；體現認知則認爲心理過程依附於身體，認知是身體的認知，心智是身體的心智，離開了身體，認知和心智都不存在。

體現認知與笛卡兒的身心二元論是對立的。從笛卡兒開始的西方傳統科學將意識和身體分開，並把意識當成主體，身體則當做純物質機器來對待，假設意識是獨立於身體之外的，是純粹意識層面的存在。

傳統心理學沿著笛卡兒身心二元論的道路發展，認爲人的認知過程與電腦類似，本質就是計算，是一種純數位化的邏輯程式。而體現認知的概念最早來源於心理學家詹姆斯・吉布森（James Gibson）於一九七九年提出的「視知覺生態論」，此一理論不斷發展變化，後來形成了體現認知的流派。

對體現認知的簡單解釋是，因爲我們擁有獨特的身體，也曾用身體感知與體驗了獨特的生活經歷，所以我們才擁有獨特的大腦與心理特徵。也就是說，身體與心理是一個整體，這個整體和我們在現實世界中的經歷是相互聯繫的。

一個人的內心世界是他全部生活經歷的投影；一個人生活經歷的投影是他的所有關係，特別是與父母關係的鏡像。一個人關係的鏡像是此人所屬家族故事的鏡像；而一個人所屬家族故事的鏡像，則是這個家族所屬社會變遷的縮影。

回到小A的例子，當了解到小A是如何長大的，尤其是他在生命歷程中經歷了哪些關鍵性事件後，就能弄清楚他如何形成了現在的心理狀態。

他與環境（原生家庭）的互動塑造了他現在的身體和心理；他現在的身體和心理則塑造了他現在的認知。小A擁有這樣的身體，是因為有這樣的認知和環境（原生家庭）。按照體現認知的理解，**一個人的思維過程、身體過程和情緒過程是互為鏡像的**；而人的身體，特別是外表，是很容易看到的一個鏡像，所以透過觀察並分析小A考試前腹痛的現象，就能引導出小A壓抑的情緒，展現出他眞正的內在心理邏輯。

自己做主，學會說不

在長期被父母控制和壓抑環境中長大的孩子，雖然會在理性上告訴自己「父母愛我，我要孝順父母」，但他們的身體呢？你是否見過那些所謂的好學生和孝子，目中無光，整個人如同行屍走肉？

有些所謂的「好學生」會在親密關係中充分展現「渣男」本色，比如某位「PUA」（簡單來說，就是利用心理技巧操控女性）了自家學妹的北京大學學生幹部；又比如那些天天把孝道和規矩掛在嘴上的家庭，一到了分家產時，就會鬧得雞犬不寧；再比如，媒體好幾次報導過，明明是非常優秀的孩子，卻用極慘烈的方式結束自己年輕的生命；有位山東的優秀女孩甚至親手殺死了自己的律師媽媽。雖然有些案例最終突破了道德和法律的底線，但從另一個角度說，這也是在用身體和行爲來吶喊和表達。

父母看到孩子不聽話、沒有按自己的意願成長時，就會對孩子充滿敵意和攻擊性，輕則表現爲溫情的強迫，重則表現爲謾罵與毆打。然而大多數時候，父母會把這種敵意與攻擊性美化成「我都是爲你好」「我對你所做的一切都是因爲愛」……

那麼，孩子又該如何應對父母的敵意與攻擊性呢？毫不誇張地說，父母那些披著愛之外衣的敵意與攻擊性，對孩子來說，更像是散發著「愛之毒氣」的有毒香水。

當然，敵意是互相的，父母對孩子的敵意可用愛的名義來表達，那麼孩子該怎麼表達自己對父母的敵意呢？絕大多數情況下，孩子是無法表達的，因爲父母還有一種武器，叫「孝順」，也叫「好孩子」，這種武器完全壓抑了孩子的情緒表達，但父母所釋放的愛之毒氣卻沒有解藥。

無法表達情緒，不代表情緒不存在。如果父母太自戀，無法接受孩子對自己的敵意，甚至不能接受孩子對自己懷有敵意，那麼孩子壓抑的情緒就會變成無法在意識層面表達的心理內容，最後透過身體化的方式表達出來。如果父母能包容和接納孩子，引導孩子從意識層面接受並表達這些敵意，敵意就會消解，變成可以忍受的心理內容。

如果想遠離身體化，就應該按照體現認知的觀點思考：我的身體，本來就應該由我說了算；我的事情，本來就應該由我來做主；我的地盤，本來就應該由我來經營。

爲人父母者，如果不想讓孩子受身體化所困擾，就要充分接納和包容孩子，讓孩子明白：你的身體由你自己做主，你的事情由你自己說了算。做到這一點是非常難的，因爲我們的文化中有太多類似「身體髮膚，受之父母，不敢毀傷」之類的話。

如果脫離具體語境，單獨理解這句話，它的意思就是「你的身體不是你的，你做不了主」，而這會進一步發展成「你的時間你做不了主，你的愛好你做不了主，你的專業你做不了主，你的職業你做不了主，連你的結婚對象你都別想做主」。

青春期的孩子去紋身、整形，乃至於抽菸喝酒之類的，其實都是在表達一個訊息：「這是我的身體，我想自己說了算。」但父母及社會卻無法包容孩子的表達。每個人都想自己說了算，這是一種遏止不住的本能，如果非要抑制，即使表面上抑制住了，也往往會以更糟糕的方式表達出來，甚至導致嚴重的心理問題或精神疾病。

17 拖延，與生俱來的自我保護機制

——拖延實驗

空閒時，我們總會不自覺拿起手機。雖然我們都覺得應該少玩手機，多利用零碎時間看看書，但手機系統出賣了我們，它每天都會把我們使用手機的情況記錄下來。我們下載了很多電子書，打算有時間就看；我們給自己訂了一個年度計畫，準備從下個月的第一天開始，好好大幹一場；我們都覺得學好英語能讓自己更有職場競爭力，於是我們準備明天開始，每天用三十分鐘練習英語口語……

然而，大多數情況下，我們都會拖延。我們制訂計畫是爲了滿足未來的自己，但手機裡的社群軟體和朋友圈，才能滿足當下的自己。實際上，人總是更傾向於即時滿足，如果未來的某些目標會讓我們覺得費勁、耗神，我們就會本能地去逃避、拖延。

及時行樂，才是人性常態

爲了搞清楚拖延的原理，心理學家們進行了一系列實驗。其中，羅文斯坦（George Loewenstein）等人用一個非常巧妙的實驗，揭示了人類拖延行爲背後重要的心理機制。

研究人員首先挑選了二十四部電影，這些電影中既有像《辛德勒的名單》和《海上鋼琴師》這樣嚴肅且有深度的經典電影，也有像《西雅圖夜未眠》和《窈窕奶爸》這樣既有豐富故事情節，又比較符合大眾口味的電影，還有像《摩登大聖》和《捍衛戰警》這樣極具娛樂性和可看性的商業電影。這些電影在深度和娛樂性上存在明顯差別。接著，研究人員招募了一批受試者，讓他們從二十四部電影中選出自己感興趣的三部。

絕大部分受試者選出來的電影中都有《辛德勒的名單》，但言情片及一些相對比較輕鬆的電影卻少有人選擇。研究人員讓這些受試者從自己挑選的電影中選出一部立即觀看，再選出一部兩天後觀看，剩下的一部則在四天後觀看。

實驗結果顯示，大部分受試者都選擇在第一天觀看像《摩登大聖》和《捍衛戰警》這樣不燒腦的娛樂性電影，六三％的受試者選擇在兩天後觀看品味較高的電影，七一％的受試者選擇在四天後觀看品味更高的電影。而選擇了《辛德勒的名單》的受試者中，只有四四％的人選擇在第一天觀看它。

研究人員又進行了後續實驗。他們要求受試者從所有電影中選出三部，並要求受試者一次看完。這次的實驗結果就很有趣了，只有不到七％的受試者選擇了《辛德勒的名單》。

第一次實驗時，很多受試者之所以選擇《辛德勒的名單》，是因爲這部電影獲得過奧斯卡獎，口碑很好，而且是著名導演史蒂芬·史匹柏的傑作，但其實並沒有多少人眞正喜歡這部電影；還有一些人是爲了讓自己看起來很有格調，才聲稱自己喜歡這部電影。

《辛德勒的名單》講述了辛德勒救援猶太人的過程，整部電影運用黑白色調，突顯出壓抑的視覺效果。敘事冗長，內容表達並不直接，且非常有深度，對觀眾的觀影水準有一定要求，如果不消耗大量精力去思考，就無法體會到這部電影表達的深刻內涵。

雖然有許多受試者選擇了《辛德勒的名單》，但他們之中的大部分都選擇把這部電影放到最後再看。如果要這些受試者一天之內看完自己選出的三部電影，那麼許多人乾脆就不選

《辛德勒的名單》。

猴子的賭博心理

不光人類，猴子也一樣有拖延症。當科學家爲猴子樹立一個需要努力才能實現的遠大目標時，猴子一開始會偷懶，拖拖拉拉，直到任務快要完成時，才會變得積極。

這項實驗是由美國著名神經生物學家巴瑞·李奇蒙（Barry Richmond）和他的團隊所進行的。他們找來一隻小猴子，在小猴子面前放了一具帶槓桿的實驗裝置和一部電腦螢幕，螢幕上有一個紅色光點，這個紅色光點會慢慢變成綠色，變到一半時則是藍色。

研究人員開始訓練這隻小猴子，讓牠學習按壓槓桿，而且不能亂按，必須在螢幕上的光點剛好變成藍色的那一瞬間按壓，太早或太晚都算出錯。此外，螢幕上還有一個灰色的進度條，小猴子完成任務的次數越多，灰色的進度條就越亮，當進度條達到一定的亮度時，小猴子就能得到牠的最愛：果汁一杯。

實驗開始後，小猴子在距離得到獎賞還很遙遠時，會表現得心不在焉，拖拖拉拉，經常出錯。但隨著進度條越來越亮，小猴子對任務越來越熱中，完成任務的正確率也越來越高。當進度條到了三分之二時，小猴子完成任務的正確率明顯比進度條到一半時高出許多。等到快要能拿到果汁的階段，小猴子完成任務的正確率達到最高。

在實驗過程中，李奇蒙透過大腦顯像技術發現，當小猴子看著進度條按壓槓桿時，大腦中負責視覺記憶和獎賞的區域很活躍。於是，李奇蒙和同事利用技術方法，將猴腦裡位於視覺記憶區與獎勵區中間區域、負責接收多巴胺的Ｄ２受體去活化，相當於把感受多巴胺的門關上了。這麼一來，小猴子看到進度條時，就無法把此一視覺資訊與多巴胺獎勵聯繫起來；也就是說，進度條已經無法影響小猴子對行爲結果的預期。原本小猴子認爲，要透過努力才能喝到自己最愛的果汁；現在情況卻發生了變化，接收多巴胺的Ｄ２受體遭到抑制後，小猴子認爲只要按一下槓桿，隨時就能得到果汁。牠變成了不計後果、徹頭徹尾的工作狂，即使進度條的亮度還很低，離得到果汁獎賞還很遙遠，牠仍會瘋狂按壓槓桿。

人類在賭博和抽獎時，腦子裡就沒有這個「進度條」；也就是說，我們對結果出現的時間沒有穩定預期，一心覺得自己隨時有可能中獎。

小猴子也是這樣。失去進度條的小猴子不再把果汁當成要努力才能得到的遙遠獎賞，而是視其爲隨時可能得到的獎勵，所以牠會覺得，只要努力操作槓桿，搞不好什麼時候就能得到獎賞了。這下子，小猴子變得像在賭博一樣，開始對按壓槓桿這件事上癮，停不下來。

拖延，是一場理性與情感的較量

透過上述兩項實驗，我們已經窺探了有關拖延的心理機制——這是一場理性與情感之間的較量。我曾遇過一位白領女性小張（化名），當年二十八歲的她，在短短五年內就換了十次工作，而且每次換工作的原因都跟拖延直接相關。但她不是因爲拖延工作進度、造成公司和團隊損失被開除的，而是主動辭職。辭職的原因是，她每次都要等到截止日期快到時，才瘋狂熬夜加班，勉強完成工作，這種工作方式讓她身心俱疲。

因此，她不斷嘗試新的工作，但奇怪的是，無論換了什麼工作，她始終無法逃脫在截止日期快到時瘋狂加班的命運。小張對此感到非常痛苦，她開始瘋狂買書、學習各類時間管理課程、參加形形色色的拖延症線上打卡群組（由管理員訂定目標和違規時間，成員必須完成每日目標，未達一定天數或超出違規時間，則會被自動踢出），並立下誓言，但成效甚微，最後也都以失敗告終。

透過對小張的深入諮商與了解後，可以發現她的拖延症並不簡單，背後有更深層的心理原因。正如那句著名的諺語所說：「羅馬不是一天造成的。」幾乎所有的行爲習慣與心理模式，都是人在長期與環境互動的過程中，逐漸演化發展出來的，不可能在短時間內形成，更不可能在受到外部干預後就馬上發生改變。任何一種心理問題，從表面上看就像生長在沙漠中的駱駝刺（一種灌木），雖然外露於沙漠的部分看來弱不禁風，但埋在沙子底下的根部卻長達二十公尺，是外露高度的數十倍。拖延症也一樣，表面上的拖延行爲，背後都有漫長的發展歷程。

每一位拖延症患者都想改變，小張也一樣。她明明非常討厭自己的拖延症，卻怎麼也改不了。爲此，她感到非常內疚和自責，怪自己意志力薄弱，不夠努力。但內疚和自責並不能帶來改變。人類的大腦是經過漫長時間的演化形成的，因此，大腦中既存在人類所特有的理性自我，也有感性自我。區分這兩個自我並理解它們之間的關係，對改變來說非常重要。

現任紐約大學史登商學院教授、著名的社會心理學家強納森・海德（Jonathan Haidt）在其經典著作《象與騎象人》中用了一個有趣的比喻。他說，人的情感就像一頭大象，理智就像一位騎象人。騎象人騎在大象背上，手裡握著韁繩，看起來好像是他在指揮大象，但事實上，他的力量微不足道。騎象人一旦和大象發生衝突，例如騎象人想往左，而大象想往右的時候，騎象人通常是拗不過大象的。在改變拖延這件事上，理智只提供了目標和解決方案，若要具體落實解決方案，則需要情感來提供動力。如果理智上想要改變，就需要了解情感大象的脾氣和秉性，與大象達成一致。否則，改變將非常困難。

情感大象有三項典型特點：

一是力量大。它一旦被激發，根本不是理智控制得了的。它會按自己預先設定好的心理模式行動，而這種模式深藏在潛意識中，是人類性格的一部分。只要遇到相應的場景，心理模式馬上會被觸發。

二是以情感體驗為動力。心理模式一旦被觸發，情緒系統馬上就會隨之啓動，人就會體驗到焦慮、恐懼等負向情緒，或被愛、憐憫、同情、忠誠等正向情緒。這些情緒是大象按心理模式前進的強大動力。

三是受經驗支配。心理模式來自於經驗，是對經驗的高度模式化概括。情感大象只認可那些讓自己切實體會過好處的經驗，而會逃避那些會帶來不好體驗的經驗，它從來不認可人類理性所構想和期待的好處。

拖延，也是在表達自己的內心

拖延的背後往往存在恐懼、焦慮、憤怒與自責等情緒，並伴隨著強烈的逃避心理。長久的拖延其實是一種穩定的情緒表達，是性格組成的一部分。

根據客體關係理論的解釋，性格是一個人的內在關係模式。這裡的關係指的是你（主體）與他（客體）之間的連結；這種連結的方式可以是你的意願、情感、行爲，只要他（客體）接住了你（主體）傳遞過來的連結方式，關係就形成了。

從出生到死亡，每個人都會經歷無數種關係，而這無數種關係其實都是自幼年起，從與父母的關係中逐漸演變出來的，最終形成每個人特有的性格，也就是具有獨特性情的情感大象。因此，孩子與父母的關係極爲重要，幼年時與父母的互動模式會逐漸嵌入大腦，成爲每個人心中的內在自我與內在父母。

如果孩子在幼年時與父母之間有著健康的關係，得到了足夠的愛與照顧，那麼孩子心中內在自我與內在父母的關係，也會處於良性互動模式，他在與其他人事物建立關係時，也會將這種內在關係模式投射過去，形成新的關係。

相反的，一個孩子在幼年時，如果沒有得到足夠的愛與照顧，體驗或感受到自己不被父母在乎，那麼孩子心中內在自我與內在父母之間的關係，就會處於失衡狀態，他在與其他人事物建立關係時，也會將這種有問題的關係模式投射過去。

在深入了解小張後，她背後那控制欲極強的媽媽，和無比嚴厲的爸爸便慢慢浮出水面。小張說，媽媽非常喜歡控制她，總是要求她必須按照媽媽的意願行事；如果她不聽話，媽媽就會用堅定的意志和各種手段來逼迫她。讓小張印象最深刻的，就是吃飯。她媽媽是國營企業的中階幹部，做事雷厲風行，每次都要求她快點吃飯；在食物的選擇上，小張也沒有發言權，無論是喜歡或不喜歡的食物，都必須全部吃掉。現在小張已經成年並開始工作了，但媽媽還是會干涉她吃飯，還會用網路上各種不靠譜的養生文章來逼迫她吃「媽媽覺得好」的食物。小張說，每次只要一吃飯，她就不想坐在桌子旁；不想吃，也吃得非常慢。她覺得每次吃飯時都會徹底被媽媽控制。

還有一件事，小張小時候學過鋼琴。她本來還挺喜歡鋼琴的，但後來媽媽開始強迫她考檢定，如果她不照做，媽媽就開始軟磨硬泡，跟她說考檢定能加分，對她有多重要。後來，小張就不再喜歡彈琴了，一想到彈鋼琴就覺得不舒服。

小張的爸爸是軍人，從小就對她非常嚴格，經常批評她，幾乎從未鼓勵她，按照爸爸的說法，就是「有則改之，無則加勉」。小張記得，她曾畫過一張畫送給爸爸，爸爸看到畫之後，雖然很高興，卻非常嚴肅地告訴她，以後不要畫畫了，這樣很浪費時間，要把時間多用在功課上，才能提升成績。小張說，她當場就哭了出來。

小張的父母不僅很少誇獎她，還經常未經她同意，就隨意處置她的東西。例如，有一次小張的同學幫她過生日，送她很多絨毛玩具當禮物，她非常喜歡，也覺得很滿足。沒想到幾天後，父母在沒徵求她同意的情況下，就把這些絨毛玩具全送給了她爸爸同事的女兒。這讓小張難以接受，她向父母抗議，表達不滿，父母卻說她不懂事。如果她和父母發生進一步的衝突，父母就會嚴厲地責罵她。她記得有很多次，父母讓她去參加「聚會」，跟父母公司的主管、同事一起吃飯，但她非常不喜歡那種場合，不想去。父母先是勸說，如果還是無效的話，就會使用暴力逼迫她，有時甚至直接把她抱走或強行拖拽她，無論她怎麼哭鬧，父母都不妥協。就這樣，小張在與父母這種強迫與反強迫、控制與反控制的關係中，逐漸形成嚴重拖延的心理模式。

精神分析理論認爲，憤怒和性一樣，都是人類與生俱來的原初動力，它既有破壞性，同時也是驅動人類前進的重要動力。

強迫一個人聽話，看起來像是消除了這個人對憤怒的表達，但其實只是讓他將憤怒壓抑在潛意識裡，透過潛意識來表達；而潛意識層面最直接的表達，並不是通過意識或邏輯層面的語言系統，也就是符號系統來進行，而是透過當事人根本察覺不到的身體和行動來展現。

如果用大象與騎象人的比喻來理解，就是大象會感受到憤怒，並按照憤怒的情感體驗行動，而騎象人根本控制不住牠。許多人不敢表達憤怒，是因爲騎象人會根據邏輯進行判斷，選擇不表達出來；但大象可能已經憤怒到了「恨不得讓別人去死」的程度。

壓抑憤怒的人，其憤怒並沒有消失，而會以其他方式展現出來。壓抑者的「大象」開始表達憤怒時，往往相當具有破壞性，拖延就是其中最典型的表達方式，是大象透過被動的攻擊方式，將被壓抑的憤怒表現出來。

小張說，她在中學時就發現自己開始有拖延的現象；到了上大學、出社會工作後，情況越來越嚴重。小張的拖延正是大象表達憤怒的體現，只不過她的大象無法直接表達，否則會招致責罵。於是，她的大象變得看似非常溫順，彷彿徹底沒有憤怒。小張在家裡如此，在公司也是如此。工作時，主管和同事會給她安排她不想做的工作，這種被安排工作的感覺讓她很不舒服，她想表達，但怕得罪人，怕傷害關係。

小張說她從不生氣，但她的行爲卻是在拖延，這其實就是被動攻擊。她不能在關係中主動發起攻擊，於是尋找了一些被動的攻擊方式。每當在家裡遭遇不公平時，她不敢捍衛自己的權利，於是只能忍氣吞聲；在公司裡，她同樣隱忍不發。

不過，小張並非像自己所說的那樣從不生氣，她只是在憤怒出現後，第一時間就把它壓了下去，因此根本覺察不到而已。但憤怒的情緒仍然存在，拖延則是她表達憤怒的出口。小張的大象從拖延中獲得了表達憤怒的好處，這也讓她拖延的心理模式變本加厲，只要遇到相似的場景，大象就會啓動拖延機制。如果要追根溯源，那麼小張與父母之間的關係模式是一切的起源。雖然父母沒有嚴重虐待過她，但他們表現出來的那種堅決態度，仍會讓她感到絕望和無助。

拖延不一定是壞事

無論是拖延實驗，還是小張的拖延案例，其實都在告訴我們，拖延症並不是我們的敵人，它其實是人類在漫長演化過程中逐漸發展出來、用於自我調節和自我保護的機制。

實際上，容易拖延跟難以瘦身是一個道理。我們的身體結構本來就是爲了儲存脂肪而設計的，這種設計讓我們在食物短缺時得以保命。拖延也是這個道理，想想看，在資源極度匱乏的非洲大草原，面對極度不確定的未來，在連自己的生死都無法預料的環境下，我們的祖先會選擇爲遠大理想付出，還是選擇先把肚子塡飽，然後去生孩子、壯大族群呢？

其實在人類還沒出現時，人類的始祖——猿猴的大腦就已經演化出將目標與獎勵相連的心理機制。這種機制就像是大腦的原始程式碼，深深嵌入了大腦的基底作業系統。所以，拖延症眞的不是病，它就是人類的底層心理結構。不幸的是，在現代文明社會，尤其是進入工業時代和資訊時代之後，人們的拖延症加重了，其危害也被誇大了。

一方面，我們的社會文化，尤其是當代媒體，替所有人樹立了成功楷模。但對普通人來說，想達成這樣的目標，要花費的時間實在太長了；這也讓許多人大腦裡的目標根本不是自己想要的，而是被媒體裝進去的。媒體灌輸的這些目標，比如三十歲前實現財務自由，並不是每個人都適合。要知道，能實現這種目標的人實在是太少了，達成的機率根本很低。

另一方面，更加嚴重的是，進入工業時代後，每個人的工作甚至家庭生活都在無形中被嵌入了一個巨大的產業體系。這會導致一項很嚴重的問題，就是很少有人眞正做著自己感興趣的事，我們所做的許多事情都是被強迫的。哪怕我們對一份工作、一件事情感興趣，但只要做這件事需要社會分工合作體系，興趣就會被一點點消磨。

關於改變拖延症，很遺憾的是，眞的沒有什麼馬上就有效的靈丹妙藥。市面上那些聲稱能讓人短時間內就改掉拖延症的課程和書沒有任何實際意義，只能讓人自我感覺良好，帶來些心理安慰而已。

任何心理與行爲上的改變，都是從一種模式切換到另一種模式的系統工程，是心理內在關係的重新梳理與建立。如果做不到這一點，只有理智這位騎象人的一廂情願，很可能什麼改變都不會發生。短期內或許還能產生變化，但從長期來看，最終還是會回到原來的模式。因此，如果想徹底改變、重新塑造自己，就要有持久戰的充分心理準備。不良關係形成得越早，比如在嬰兒時期就形成了，改變就越難，需要的時間就越久。

雖然改變十分困難，但並不是說改變就不可能發生。大致上來說，改變的方法就是一句話：**學會共存，覺知關係，建立新體驗**。改變拖延症如此，解決其他心理問題也如此。

第一，學會共存。實際上，拖延症本身並沒有什麼，只是在拖延之後，對自己的怪罪和內疚會造成嚴重的心理負擔，以致影響正常的工作、學習與生活，甚至影響對自己的評價，這才是最致命的。拖延這種心理機制本身並無所謂道德上的好壞，它是我們在應對環境、處理關係的過程中不斷發展的產物，實際上是爲了保護自我而存在的。既然它屬於我們，是我們心理的一部分，就不要強行消除它，它的存在必然有其合理性。因此，不要急著去改變，一切都要慢慢來。

第二，覺知關係。眞正的覺知會立即帶來一些改變。覺知必然意味著對自身的了解，同時還伴隨著深刻的體驗，會爲我們帶來改變，治癒我們的心。我們必須覺知與他人的關係，特別是與原生家庭和家族間的關係，同時也要弄清楚這種關係運作的內在邏輯。當你開始覺知，並逐漸意識到自己拖延行爲背後的心理機制時，改變其實就已經發生了。如果你自己無法覺知，或者能力有限，那麼你可以尋找一名正規且有經驗的心理諮商師來幫助你。

第三，建立新體驗。我們常覺得某種說法或某件事有道理，但很難眞正被觸動。被觸動，意味著理性的知識和自身的經驗結合在一起，成爲自己的東西，即所謂知行合一。改變拖延並不是將拖延消除，而是要建立新體驗以替代原有體驗；要建立新體驗，就意味著要重新建立關係。

舉個具體的例子。曾有一位當時在攻讀博士學位的男性來訪者找我諮商，他也有嚴重的拖延症，以致就要無法完成學業。在諮商過程中，他先是覺知到自己的拖延跟能力無關；接著，他覺知到自己之所以拖延，與想反抗父親的心理有關，父親剝奪了他的愛好，強迫他念書，他卻不敢反抗父親，害怕失去父親的愛；然後，他覺知到自己與指導教授的關係，其實就是與父親關係的投射——他的指導教授也總是控制他。教授申請了數千萬元的研究經費，而他是專案計畫的得力大將，教授卻極力剝削他，嚴重影響他在其他方面的學習。但他不敢反抗，一方面害怕拿不到學位，另一方面更怕失去教授的關愛，得到不好的評價。

當這位博士生覺知到自己的關係與憤怒，並重新分析全盤局勢後，他恍然大悟，明白了指導教授對他的依賴，遠超過他對指導教授的依賴程度，他完全可以跟教授談條件，甚至討價還價，根本不用那麼怕對方。於是，他眞的這樣做了，直接在教授面前提出他的合理訴求。指導教授一開始非常驚訝，還有些生氣，覺得這個曾經的「老好人」學生怎麼突然變得不好惹了，但最終仍然做出讓步。

指導教授的讓步對他造成了巨大的衝擊，他第一次體驗到，原來說「不」的感覺、能自己做主的感覺這麼爽。就在這次深刻的體驗後，他的拖延症慢慢消失了。這種能決定未來的感覺，讓他每天都充滿了希望與能量。

實際上，拖延症是人類演化歷程中的里程碑，它的存在本來就是爲了自我保護，爲生存服務；只是到了現代社會，它的缺陷才一下子暴露出來而已。但也正是拖延症在不斷提醒著我們：要自我覺知，我們的心智還沒有成熟，我們的人格還需要繼續發展。

拖延症就像一個反映心理發展水準的指示燈，時不時亮出紅燈來告訴我們：在人生的旅途上，能幫我們的只有自己，當自己有所成長、開始覺知、心理結構逐漸發生變化、心智開始變得成熟、人格慢慢變得完善時，問題的解決方案自然會出現。

18 理解，是認識一個人的根本
——羅森漢實驗

大衛．羅森漢（David Rosenhan）是一位美國心理學家，曾在史丹佛大學擔任法學和心理學教授。羅森漢之所以爲世人所知，是因爲他做了一項近乎瘋狂的羅森漢實驗，這項實驗挑戰了精神醫學診斷的權威性，撼動了精神醫學的根基。

一九七二年，美國正深陷越戰的泥淖，無法自拔。當時，羅森漢剛取得法學與心理學雙學位，並以優異成績獲得了史丹佛大學的教職。他發現：當時許多人都以患有精神疾病爲藉口，好逃避兵役，這讓羅森漢提出了疑問：精神疾病的診斷是否形同虛設？

爲了驗證自己的猜想，生性喜愛冒險的羅森漢突發奇想，準備做個大膽的實驗。他拿出電話簿，撥了電話給自己的八位好友，向他們說明自己的計畫，希望他們能參與實驗。這八位好友中，有三位心理學家、一名研究生、一位兒科醫師、一位精神科醫師、一名畫家、一名家庭主婦，再加上羅森漢本人一共九人。羅森漢要求大家一起假扮精神病人。

假扮精神病人可不是一件容易的事。爲了確保實驗成功，羅森漢和他的好友們可是做足了功課。他們計畫連續五天不洗澡、不刮鬍子、不刷牙，把自己弄得蓬頭垢面，讓人一看見就想躲開。光這些還不夠，羅森漢查閱了大量與精神病相關的醫學文獻，在其中找到一項與幻聽相關的症狀，即耳朵總是聽到「砰、砰、砰」的響聲。羅森漢不僅要求大家熟記症狀，還讓大家反覆練習如何與精神科醫師對話。如果醫師表示需要住院治療，那麼等大家住進病房後，要馬上表示幻聽症狀消失了，且感覺很好。此外，羅森漢還教好友們怎樣假裝吃藥：先把藥丸藏在舌頭底下，等醫師和護理人員離開後，馬上去廁所，把藥吐到馬桶裡並沖掉。

經過幾天的訓練，羅森漢和他的好友們成功將自己弄成了邋遢大王。隨後，羅森漢選擇了八間精神科醫院。這些醫院有的外觀美輪美奐，內部設備齊全；有的則是公立醫院，設備簡陋，走道還瀰漫著尿臊味，牆上滿是塗鴉。接著，羅森漢和他的好友們一起出發了。

魚簍裡的螃蟹：進來容易出去難

一九七二年的某一天，羅森漢來到賓州的一間公立精神科醫院，掛號完成後，被帶入一間白色的診療室。一位醫師接待了羅森漢，並按照流程詢問他的病情。羅森漢按照之前所排練的，熟練地與醫師對答。當羅森漢說到自己聽見了「砰、砰、砰」的聲音時，醫師反覆向羅森漢確認這一點。在最終確認後，醫師沉思了許久，然後決定讓羅森漢住院。

隨後，有人把羅森漢帶進一個房間，叫他脫掉衣服，把溫度計塞進他嘴裡，並在他的手臂上套上黑色束帶，測量他的血壓和脈搏。雖然羅森漢的測量結果完全正常，但這已經不重要了。緊接著，羅森漢被人帶著走過一條長長的走廊。經過走廊時，羅森漢看到了一間間病房裡形形色色的病人，他們面如土色、目光呆滯，彷彿周圍的世界不存在。

羅森漢被帶到了自己的床位，換上了病人服。護理人員要求他服藥，他也乖乖地「吃」藥，等護理人員離開後，他就把嘴裡的藥全都吐掉了。接著，他去找醫師，說自己已經聽不到「砰、砰、砰」的聲音了，並問自己什麼時候可以出院。但醫師只是對他微笑，彷彿他根本不存在似的。當羅森漢再一次大聲問醫師自己什麼時候可以出院時，醫師非常不屑地回道：「等你病好之後吧。」即使羅森漢的生理指標再正常、神智再清楚也沒有用，因為他已經被醫師診斷爲「妄想型思覺失調症」，必須住院治療。

接下來的時間裡，羅森漢非常合作，每天固定「服藥」三次，再跑到廁所吐掉；當然，他的好友們也是這麼做的。在醫院裡，只要不惹事，醫護人員什麼都不會管。羅森漢終於熬到了出院的時刻，他馬上聯繫了好友們，等著和所有人一起安全返回。安全返家後，羅森漢安排大家一起覆盤此次實驗的整個過程與細節。

讓羅森漢與好友們驚訝的是，他們九人全都被診斷爲有病，其中有八人被診斷爲思覺失調症，還有一人被診斷爲雙極性疾患。每人平均住院治療了十九天，其中時間最長的是五十二天，最短的也住了七天。此外，羅森漢還發現，所有人在住院期間，都沒被醫護人員發現自己其實是在裝病，而他們的正常行爲也都被解讀成病態行爲。

向精神醫學界投下重磅炸彈

實驗結束後，羅森漢懷著忐忑又激動的心情，將自己的整個實驗計畫，以及自己和好友們在精神科醫院親身經歷的事寫成了論文，這篇論文就是大名鼎鼎的〈失常之地的正常人〉。該論文被刊登在著名的《科學》雜誌上，宛如一顆重磅炸彈，瞬間撼動了整個精神醫學界。

羅森漢在論文中表達了這樣的觀點：精神疾病的診斷並非依據患者的內在狀況，而是受外在情境的操控，因此診斷過程必然充斥這類誤差，診斷結果並不可靠。

羅森漢此一結論引發了眾多美國精神科醫師的強烈抗議和一致反對。多數精神科醫師強調說，他們的診斷是有前提的，即病人應誠實地告知病情，因此精神疾病的診斷必須建立在誠實的基礎上。

美國著名精神醫學家史畢哲（Robert Spitzer）也對羅森漢的實驗提出強烈批評。這位史畢哲來頭不小，正是在他的領導和推動下，美國首部嚴謹的精神病診斷標準《精神疾病診斷與統計手冊》才應運而生。也是在史畢哲的努力下，美國精神醫學會促成將同性戀排除在精神疾病範疇外，爲美國同性婚姻合法化奠定了基礎。一九七五年，史畢哲在期刊《變態心理學》上寫了一篇專文，對羅森漢的研究結果提出反擊。

史畢哲指出，羅森漢的論文並沒有提供就診者當時的舉止神態、言談內容等詳細資料；羅森漢也以資料必須保密、避免破壞個別醫療機構的名聲爲由，拒絕提供原始資料，因此這項實驗是不可信的。而就在羅森漢的論文發表後不久，有一家精神科醫院指出，羅森漢選擇醫院時是經過人爲篩選的，並指責他專門選那些設施不齊備、醫師專業水準不夠的公立醫院，還自信滿滿地向羅森漢下了戰帖，聲稱：「接下來的三個月內，羅森漢隨時可以派假病人過來，醫院裡的專業醫師會馬上識破。」

羅森漢天生不服輸，毅然決然接受了挑戰，表示會在接下來的三個月內指派若干假病人前往該院就診。如果該院的醫護人員能甄別出這些假病人，就算醫院獲勝。

三個月過去了，醫院發布報告，信心滿滿地宣稱發現了四十一名由羅森漢派來的假病人。實際上，羅森漢一個人都沒有派，醫院誤診了。這兩次實驗的結果從正反兩個角度狠狠地打了當時美國精神醫學界的臉。羅森漢的實驗結束了，但是它的影響還沒有結束，可以說它影響了整個精神醫學後來的發展。

科學進步與人文關懷

當時的精神疾病診斷之所以會出現羅森漢所發現的問題，或許可以從兩方面來理解：一方面是受歷史條件的限制，另一方面則是人文關懷不足。

從歷史條件來說，當時還沒有出現更精確的科學研究工具。史畢哲堅信精神疾病本質上與肺病、肝病無異，都是人體組織的病變，有朝一日必能從腦部組織與神經突觸作用的角度來解釋精神疾病。

事實上，史畢哲說對了。隨著科學技術的進步，特別是核磁共振、基因檢測等技術的問世，再加上資訊時代的到來，現在科學家不僅能利用更先進的儀器來收集資料，還能利用電腦來整理與分析，這爲進一步深入探索人類的精神與心理世界提供了可能。比如，基因科學研究顯示，糖皮素受體基因是壓力應對基因，母親的親吻、撫摸會促進新生兒體內糖皮素受體酶的分泌，而高濃度的糖皮素受體酶可以增強孩子未來的抗壓力。再比如，腦源性神經營養因子基因是跟焦慮有關的基因，在壓力環境下，腦源性神經營養因子基因能調動神經元，平復大腦對壓力的感受水準。但這種基因發生變異後，就無法干預壓力調節了，使得攜帶這種變異基因的人更容易焦慮。

從人文關懷的角度來看，當時的醫療環境非常糟糕，醫病關係非常惡劣。羅森漢和他的好友們發現了一個普遍的現象：精神病院裡，病人和醫師之間的交流甚少。他們這些假病人試圖去找醫師談話時，醫師總是敷衍了事，尤其是當他們敘述感受時，醫師根本不聽，也不關心。護理人員也一樣，完全當病人不存在。

羅森漢在住院期間發現，女護理師會在全是男病人的休息室裡解開制服，調整自己的胸罩。而女護理師之所以這麼做，並不是因爲她想挑逗病人，而是她根本沒把精神病人當正常人來看。如果羅森漢說的是眞的，那就不難理解爲什麼精神疾病診斷會出問題了。要回答這個問題，首先要想清楚這個哲學提問：**人到底是什麼**？

羅森漢時代的普遍認知是，人就是機器，而醫師就是機器維修師，哪裡壞了就修哪裡。羅患精神病就是大腦出了問題，跟機器壞了一樣。但事實上，人的身體或許和機器還有相似之處，但人的精神與心理世界跟機器相差甚遠。這是因爲人有一種獨特的東西——情感體驗。兩個人之間有了情感體驗，意思是這兩個人之間有了關係，而關係是彼此認識與了解的基礎。如果醫師和病人之間不存在關係，那麼在科學儀器還不夠進步的條件下，醫師是不可能充分了解病人的。

美國人本主義心理治療大師羅傑斯認爲：**「體驗是認識一個人的根本。」**當一個人的體驗能被另一個人體驗到時，兩人便建立了關係的通道。如果想體驗別人的體驗，前提條件是眞誠地接納與無條件地積極關心對方，以達到彼此同理。唯有這樣，才能眞正了解一個人。

現實生活中，當我們要了解一個人的時候，往往會著重於這個人說了什麼，也就是這個人的思想和知識經驗，卻常常忽略體驗。因爲思想是有邏輯、有跡可循的，體驗卻是連續的，如流水般不容易把握。

羅傑斯認爲，思想是體驗的鏡像，就像我們照鏡子時，鏡中的臉是我們的鏡像一樣。但鏡像畢竟不是眞實的。**要了解一個人，只用思想和邏輯是遠遠不夠的，絕不能忽視體驗。**然而當時的精神疾病診斷既沒有先進的儀器設備，也沒有良好的關係來支撐。因此，如果僅僅憑藉死板的精神診斷標準和醫師的理性知識去進行，出錯或誤診也就在所難免了。

眞正的理解，來自看見對方的感受

那麼你可能會問：如何才能理解他人、體驗他人的感受呢？

答案就是**「看見」自己和他人之間情感的流動**。不只是用眼睛去看，還要用身體去體會對方的感受，在腦海中看見對方的形象。

其實不僅僅在醫院，在親密關係中，尤其是對待自己的孩子時，更需要「看見」對方。這話說起來簡單，卻是很多家長做不到的。他們把孩子當成實現自己目標的工具，視孩子爲實現個人權力和控制欲的對象。尤其是當自己在外面遭受挫折和壓力後，他們就會轉而將這種攻擊性指向孩子，將自己的負面情緒一股腦地轉嫁到孩子身上，從這種行爲可以看出，他們並沒有把孩子當成與自己平等的人類來看待。

有些家長在孩子面前從來不表達愛，從嘴巴裡說出來的永遠是道理、判斷、分析和命令。與孩子相處的過程中，他們極度壓抑自己的情緒和情感，從不把對孩子的愛表達出來，而是將它憋在心裡。這其實是對理性的過度自信，與羅森漢實驗的道理是一樣的。

最近，有一位上國中的女孩跟我抱怨她的媽媽，說媽媽在疫情期間無休止地對她嘮叨，可以從早上起床一直嘮叨到晚上睡覺，讓她痛苦不已。經過了解，我發現她媽媽的社交圈很小，而且和丈夫的感情不好。於是她媽媽將所有感情都傾注在女兒身上，用無休止的嘮叨來表達對女兒的愛；殊不知，這種表達方式對她們之間的親子關係有巨大的破壞力。

那麼，我們如何才能體驗到他人的感受呢？這裡有一個練習，是根據意象對話技術創始人朱建軍老師的方法改編而成的，我們可以一起試一下。

一、找一個安靜的地方站著或坐著，閉上眼睛，先感受自己的鼻尖，將注意力放在這個部位，然後將注意力順著鼻尖，慢慢移動到眉心、額頭、頭頂、後腦、頸部，再感受喉嚨，順著喉嚨將注意力下移，感受胸部、腹部、臀部，接著感受雙腿、膝蓋、腳踝、腳掌、腳趾，最後將注意力放在呼吸上。不要著急，慢慢來，一點一點來。

二、現在，想像你的孩子就在左手邊離你一步的地方。請尊重第一時間出現在腦海裡的畫面，不要做任何修改，腦海裡出現的畫面是怎樣就是怎樣，接納所有顯現出來的孩子形象。

三、仔細觀察：出現在你腦海中的孩子是什麼樣子？是幾歲的樣子、穿什麼衣服、有什麼樣的姿勢和表情……看得越仔細越好。然後看著孩子的眼睛，保持不動，無論此時此刻出現什麼畫面或感受到什麼情緒，徹底接納它的存在，不做任何抵抗。

四、繼續閉著眼睛，往左跨一步，進入孩子的身體，並做出孩子現在的姿勢。你現在已經成爲你的孩子。從現在起，你就是他。

五、這時候，請想一想，你和孩子相處時，哪一個瞬間最讓你印象深刻？記住，你現在是你的孩子，你可以試著用孩子的視角去體驗他的感受。

六、十分鐘後，停下來，站好，保持身體自然直立。

七、往右跨一步，離開孩子的身體，進入你自己的身體，重新成爲你自己。

八、閉上眼睛，感受自己的身體，自然而然地呼吸，大概一到兩分鐘後，睜開眼睛。練習結束。

我曾在課堂上讓學員們進行這項練習，結果有一位近四十歲的男性做完練習後，一下子就哭了出來。我請他跟大家分享一下自己的感受。他說他看見了兒子八歲時的樣子，他正坐在書桌前寫作業，形象非常清晰；但當他要看兒子的眼睛時，他心裡卻有些害怕。然而，就在他成爲兒子後，一股巨大的委屈一下衝上他的心頭——他體會到了兒子的委屈，他腦海裡閃現兒子在學校被其他同學欺負的樣子。與此同時，他還看到了自己。在他訓斥兒子之後，兒子默默哭泣，非常無助。實際上，這名男子的確因爲工作忙碌很少陪伴兒子，對兒子關心不夠。

在這次體驗後，這名男子主動去找兒子溝通。溝通過程中，他第一次主動向兒子道歉，表示自己平日的關心和理解都不夠，表達了自己的愧疚。聽到爸爸這樣說，兒子突然淚流滿面，父子倆便擁抱在一起。

這名男子的兒子開始吐露自己的心聲，他告訴爸爸，學校同學給他取了帶有侮辱性的外號，他不知如何處理，也不知怎麼跟老師說；雖然他想跟父母說，但最後還是選擇自己默默承受。這些場景和這位男性先前進行練習所看到的場景一模一樣。

這名男子與兒子進行深入互動後，他的兒子不知道哪裡來的勇氣，第二天就當著全班同學的面，義正詞嚴地教訓了那位給自己取難聽外號的同學，從頭到尾都表現得有理、有據、有節，在氣勢上完全碾壓對方，徹底說服了對方。從那天起，班上再也沒有人給他的兒子取外號，而這也是這孩子第一次敢於直面這類問題。

總之，無論你從事怎樣的工作、面對的是誰，都需要盡量體驗對方的感受，而不僅僅是做理性上的分析和判斷，尤其是面對自己親近的人。

請珍惜彼此的相遇，將心中的眞情實感向對方表達出來，認眞體會對方的感受，體驗彼此之間的情感流動，而不是把對方當成機器人、工具，或實現自己目的的墊腳石。特別是對待自己的孩子時，不要覺得他們還很小，什麼都不懂；事實上，孩子什麼都感覺得到，他們的敏感程度遠超過大人。在互動過程中，只要你能用身體去感受孩子的感受，用心去看見孩子的形象，讓孩子覺得被看見、被認同、被理解，那麼無論你做什麼，對孩子來說都是很有意義的成長體驗，你們之間的關係必然會更加親密且更具成長性。

19 良知，人性夜空中最亮的星
——電車難題實驗

一九七二年到一九七三年，美國加州聖克魯斯郡瀰漫著恐怖的氣氛，在多家媒體大肆報導之下，「女大學生公路殺手」成了幾乎所有人的噩夢。這段期間，接連有五名女大學生在神祕失蹤後，被發現遭殘忍姦殺，但警方完全沒能掌握關於凶手的線索，一籌莫展，使得這幾起連環凶殺案被披上一層恐怖色彩，甚至引起當地民眾的恐慌。

就在警方和美國聯邦調查局的調查陷入困境時，一位名叫艾德．肯培（Edmund Kemper）

的男子前往警局自首，困擾警方多時的連環殺人案就此宣告破案。令人感到驚訝的是，艾德．肯培的智商測試成績居然高達一百四十五分。身高超過兩百公分的艾德．肯培先後殺過十人，其中甚至包括他的祖父母和母親，另外，他還姦殺了五名女大學生。他的手法是先砍頭，後辱屍，十分殘忍狠毒，簡直是名副其實的「變態殺人狂」。

實際上，像艾德．肯培這樣的變態殺人狂往往缺乏良知，有典型的反社會人格。但話說回來，人類的良知到底是什麼？

良知的運作：再現人類的道德形態

我們先看一個非常經典的思想實驗：電車難題實驗。這項實驗最早是哈佛大學教授桑德爾在課程「正義」所提到的，後來這門課程在網路上爆紅。課程中，桑德爾介紹了兩個版本的電車難題。

首先是第一個版本。現在請想像一下，有一輛電車在行駛中失控，司機雖然無法讓電車停下來，但可以讓電車轉向。軌道前方有五名工人在施工，若放任電車往前行駛，這五名工人都會罹難。爲了避免此一慘烈事故，司機能採取的唯一方法，就是將電車轉向另一條軌道，但另一條軌道的前方也有一名工人正在施工，電車轉向的後果是此人被撞。如果你是司機，你會怎麼做？

實驗結果是，絕大多數人會選擇將電車轉向，以犧牲一人爲代價來拯救五人。而在這個思想實驗中，人們提出的理由也很有意思。有人說，我需要查一下《聖經》，看上帝要我怎麼做，我就怎麼做；有人說，反正這五個人跟我也沒什麼關係，如果他們能給我好處，我就讓電車轉向；而大部分人則會這樣計算：犧牲一人可以救五人，很划算；五人的生命比一人的生命價值更高，所以我應該讓電車轉向。

再來看第二個版本。現在請想像一下，同樣有一輛電車失控，軌道前方有五名工人正在施工，如果放任電車往前行駛，這五名工人全都會被撞死。不同的是，電車沒有其他軌道可以轉向，司機無力避免此一重大事故。此時，有個人恰好在軌道上方的天橋上看風景，他目睹了現場的狀況，並完全理解即將發生怎樣的悲劇。他也知道，只要把身旁的一人從橋上推下去，就能讓電車停下來，拯救這五名工人；儘管被推下去的那人必死無疑。如果你就是站在橋上看風景的那個人，你會怎麼做？

實驗結果是，絕大部分人選擇不推。在第二個版本的思想實驗中，人們提供的理由更有意思。有人說，要我親手殺人，我實在下不了手；不管有多少人要救，我都不能親手殺死一個無辜的人。有人說，如果身邊的那個人跟我沒什麼關係，我就推；但如果那個人是我的朋友，我就不推。有人說，如果身邊的那個人是個罪大惡極的人，我就推，反正他死有餘辜；但如果他是個好人，那我就不推。有人說，如果我把那個人推下去了，萬一他的家人來找我尋仇怎麼辦？有人說，我也不知道要不要推，反正等電車開過來的那一刻，我會遵從自己內心的感受，內心叫我推，我就推。還有人更英勇，說他實在無法對無辜的人下手，乾脆犧牲自己，自己跳下去來挽救其他人的性命。

在這兩個版本的思想實驗中，同樣都是因爲電車失控而要犧牲一人，但人們的態度和反應卻相差甚遠。因爲在第一個版本中，犧牲一人是不得已而爲之，也就是說，責任是可以推卸掉的，這會讓當事人覺得壓力減輕許多。第二個版本就不同了，雖然也是犧牲一人，卻是當事人主動選擇的結果；主動選擇，就意味著要承擔責任，所有後果都是當事人的選擇帶來的，這使得全部責任都壓在當事人身上。這時，正常人的內心都會十分掙扎，感到極其痛苦，並飽受壓力與自責的煎熬。

這種爲難的感覺，是每個人內心深處最寶貴的東西——良知。一方面，良知是一種愛的能力，每個正常人天生都擁有對陌生人的博愛，表現爲善意和同理心；另一方面，良知也是一種義務感，這種義務感會讓人覺得自己對他人負有無法推託的義務，比如父母扶養孩子，孩子奉養父母，甚至是人對寵物的關愛。也就是說，我們之所以難以抉擇，是因爲我們對陌生人有同理心。在這種情感基礎上，我們認爲自己有不傷害他人的義務，這種義務感就是良知，也是人類心靈中最閃亮的星。

良知的發展：綻放出良知的花朵

著名神經科學家派翠西亞．邱吉藍（Patricia Churchland）認爲，道德，也就是心中那個需要我們聽從的聲音，其實是大腦演化的產物。在針對動物心理與行爲的研究中發現，動物，尤其是哺乳動物，同樣擁有同理心：牠們會哀悼，會爲他者辯護，也會在戰敗後安慰同伴，比如黑猩猩就會用手臂環抱自己的同伴來表達安慰。實際上，我們最初的道德乃來自於與母親的深刻情感連結，而這種情感連結能幫助孩子活下來。母親盡心盡力地照顧孩子，讓孩子獲得了最初的同理心。

哈佛大學著名心理學家和教育家勞倫斯．柯爾柏格（Lawrence Kohlberg）在這方面做了大量的系統性研究。他集合了許多位六歲至十六歲的孩子進行訪談，這些孩子來自美國、墨西哥、土耳其、猶加敦半島等地。訪談過程中，柯爾柏格會說十個道德兩難的故事給孩子聽，其中最有名的是「海因茨偷藥」的故事。這個故事是這樣的。

海因茨的妻子得了一種罕見的癌症，性命垂危。醫師說，有一種特效藥能救她，但製造這種藥的原料很昂貴，且發明這種藥的藥劑師會向客戶收取成本十倍的價錢。爲了幫妻子治病，海因茨跑去向所有他能想到的人借錢，但最後只借到一半左右的錢。海因茨向藥劑師解釋，要是沒有這種藥，他的妻子就得等死，他祈求藥劑師賣他便宜點，或是讓他過一陣子再把藥錢補齊。但藥劑師的回答卻是：「不行，我發明這種藥就是要靠它賺錢的。」海因茨很絕望。爲救妻子一命，他闖進藥房，偷走了藥。

講完故事後，柯爾柏格對孩子們提問：「海因茨應該這麼做嗎？」

柯爾柏格感興趣的並不是孩子們對這個問題的回答，而是他們回答背後的推理過程。他記錄了孩子們的推理過程後發現，兒童的道德發展其實普遍遵循這樣的過程：從利己主義到遵守原則。這個過程可以分爲以下三個階段：

第一個階段是道德成規前期。孩子在七歲至十歲時，主要會服從成年人的權威並遵守規範，但他們這麼做只是因爲對賞罰有預期。處於這階段的孩子對海因茨故事的典型反應是：「海因茨不應該那麼做，因爲他會受到處罰。」

第二個階段是道德循規期。十歲開始，孩子的行爲受到他人意見的引導，會有服從規範的意願。在這個階段，服從權威本身成爲一種價值，與賞罰或更高的原則無關。處於道德循規期的孩子對海因茨偷竊行爲的評價，及其背後的推理過程是這樣的：「他不應該偷藥。偷東西是違法行爲。」

第三個階段是道德自律期。這個時期大概從青春期開始，是一個較漫長的時期。孩子們會形成抽象的道德原則，並按照這些原則來行事，以滿足自己的良知，而非尋求別人的認可。也就是說，如果能順利過渡到這一時期，那麼孩子就會遵循自己內心的聲音和判斷。在道德自律期，道德推理凌駕於具體社會規範之上，經常會與現有的社會規範發生衝突。就海因茨困境而言，處於道德自律期的人經過道德推理，很可能堅持生命比金錢寶貴。

然而，柯爾柏格透過研究發現，其實我們大多數人從未完全達到道德自律期的階段。也就是說，其實很多人的道德發展水準還處於孩子的階段，要不就是害怕懲罰，要不就是服從權威，眞正遵循自己內心道德準則的人少之又少。

一位三十三歲男士的案例讓我印象極爲深刻，我們可以說，這位男士把「孝順」演繹到了極致。雖然這位男士已三十三歲，但他的臉很圓，有一張娃娃臉。他目光有些呆滯，臉部肌肉僵硬，還有些駝背。這位男士是個典型的老好人，尤其好說話，很溫順，在人際關係中總是給人低人一等的感覺。他有個很特別的地方，就是一直把「孝敬父母」掛在嘴邊，無時無刻不提起他的父母，尤其是母親。

這位男士曾談過三次戀愛，都非常不順利，主要原因是這位男士認爲這幾任女友都不夠孝順他的父母。後來，好不容易有個女孩嫁給了他，婚後住在自己的房子裡。但沒過幾年，妻子就要求離婚。原來，他的媽媽在他結婚後，經常在未先打招呼的情況下到家裡「騷擾」，甚至會隨便亂翻妻子的東西。尤其在他和妻子有了孩子後，媽媽更是各種無理取鬧，不但對媳婦指指點點、說話刻薄，完全不關心不照料，還霸占孫子，完全按自己的方式餵養。有一次，媳婦幫孩子餵奶時，他的媽媽非要說孩子沒吃飽，要媳婦繼續餵，甚至伸手擠壓她的胸部。

對媽媽的出格行爲，這位男士的做法就是待在一邊不說話，始終跟媽媽站在一起。他認爲，妻子必須像他一樣孝順媽媽，媽媽說什麼都是對的，因爲天下只有父母會對孩子好，當孩子的一定要報答父母的養育之恩。說這位男士已到了「愚孝」的程度一點都不誇張。有一次，妻子實在受不了，與婆婆發生了衝突，結果他突然暴怒，衝上去重重打了妻子一耳光，最終導致婚姻破裂。

我後來發現，這位男士對「孝順」有著近乎偏執的追求，彷彿「孝順」是一種絕對正確的東西，不能觸碰、不能剖析，也不能認識，只能執行；父母就應該被絕對正確化。這位男士之所以對「孝順」如此偏執，其實只是因爲從小到大都被父母，尤其是媽媽反覆虐待。只要他不聽話、不順從，媽媽就打他、罵他、嚴厲地懲罰他，甚至故意無視他。實際上，這位男士從被虐待的那一刻起，內心道德水準的發展便就此停滯不前，他的道德水準就跟七歲左右的孩子差不多。

正如著名心理諮商師曾奇峰所說：「愛製造分離，而施虐製造忠誠。」德國心理治療大師海寧格（Bert Hellinger）有個非常形象的比喻：一頭熊一直被關在一只窄小的籠子裡，只能站著，不能坐下，更別說躺下了；當人類攻擊牠時，牠頂多只能蜷成一團來應對。後來牠被人從這只窄小的籠子裡解救了出來，但牠仍一直站著，彷彿不知道自己已獲得自由。

良知的缺失：人性中的黑暗

大多數人天生擁有良知，但不幸的是，有些人天生沒有，又或許他們後天的成長環境存在著嚴重的問題，像是從小就沒有得到父母妥善的照顧，以致失去了愛的能力、同理他人的能力。美國知名臨床精神醫學專家瑪莎・史圖特（Martha Stout）稱反社會人格者爲「冰人」。這些人感受不到其他人的善意，也感受不到自己帶給其他人的傷害，他們沒有感情，極度自私，就像冰塊一樣。根據瑪莎．史圖特進行的大量調查研究，反社會人格者約占歐美總人口數的四%。

按照瑪莎．史圖特在其著作中的描述，反社會人格者一般具備以下七項特徵：

一是無法遵守社會規範。反社會人格者一般無法忍受社會規則，甚至無法忍受法律條文，他們會感受到難以忍受的約束和控制，而這種感覺常會導致他們惡意打破規則，無視法律，乃至於犯罪。

二是慣於欺騙和操縱他人。反社會人格者操縱他人的手段可說是各式各樣，身體暴力只是其中一種，更多的是語言暴力、精神壓迫，甚至包括求饒、博取同情等精神控制手段。他們試圖用這些方法扭轉他人的個人意志，達成自己的目的。

三是不負責任，慣性推託。他們沒有良知，也就沒有附加在情感上的義務感，這導致他們不僅完全不會想擔負任何責任，還會想盡辦法找藉口推託。

以上三項是反社會人格者的核心特徵。另外還有四項特徵：**易衝動，做事情緒化；易怒，極具攻擊性；毫不顧及自己或他人的安危；毫無羞愧感**。

這七項特徵艾德．肯培一項不落，全都符合，尤其是他的暴虐殘忍，更是令人髮指。

那麼，暴力行爲的念頭究竟是如何在我們的大腦中出現的？要理解這個問題，我們首先要知道，自然界出現的暴力行爲，其實是所有（包含人類在內）動物用來應對「適者生存」法則的核心策略，而這項策略與保命直接相關。幾乎所有的動物，當然也包括人類，都演化出特定的大腦神經迴路和維持這種迴路暢通的機制，來指示自己何時發起暴力、將暴力進行到什麼程度，以及如何控制它。

我們可以把大腦想像成一朵大蘑菇，大腦皮質就是這朵大蘑菇表面一層很薄的膜。大腦皮質的厚度雖然只有三公釐，卻是高級認知功能的核心區域，正是大腦皮質的存在，讓人類有別於其他動物。與此同時，人類的大腦從遠古時代的爬行動物那裡繼承了較原始的神經中樞，也從哺乳動物那裡繼承了較原始的情感系統。這些系統構成了人類的暴力衝動、性衝動等原始衝動的生理基礎。

一般情況下，大腦中的原始衝動會被前額葉皮質中的高級認知系統所抑制，這種抑制作用是透過一個叫「邊緣系統」的腦區實現的。邊緣系統包括海馬迴、內嗅皮質、齒迴、扣帶迴、乳頭體及杏仁核等，是原始大腦和高級認知大腦間資訊交換的載體，而暴力行爲與邊緣系統有關。人們的暴力行爲若是從前額葉發起，經過邊緣系統，調動全身的資源進行戰鬥，那麼這通常是基於理性的暴力，比如拳擊比賽；但如果是從原始大腦發起，經過邊緣系統，傳遞到大腦皮質，那麼通常是出於衝動的暴力，比如打架鬥毆。如果邊緣系統出了問題，比如先天有缺陷或後天發育不良，那麼從前額葉到邊緣系統的連結就會減弱，就可能讓人難以控制暴力衝動和破壞行為。

反社會人格者就更可怕了，他們不但難以控制暴力衝動和破壞行為，大腦中負責道德決策的神經迴路也出了問題，他們根本體驗不到內疚、恐懼、悲傷等負面情緒。要知道，良知並不止表現為負罪感和悔意，它也建立在情感體驗的基礎上。反社會人格者無法感受到真實的情感，因此難以與他人建構關係，義務感就更無從談起了。反社會人格者能體驗到的，只有生理上的痛苦與愉悅，以及成功後的興奮與遭遇挫折後的暴怒；而在成功／受挫的經歷，與興奮／暴怒的生理感受之間，沒有情感來發揮潤滑調節作用。

司法單位在長期司法實踐中發現，有六〇%的犯罪分子平時都正常地生活著，沒有明顯的犯罪行為或前兆，卻因為某個人事物的出現而突然做出暴力犯罪行為。根據中國公安大學著名犯罪心理學家李玫瑾教授的定義，這稱為「危險心結犯罪」。心結是一個人在某個時刻因某件事受到刺激，導致心理受創卻又無法自癒，因而在心中埋下的隱患；就像一顆埋在心底的定時炸彈，一旦內外的時機成熟，這顆定時炸彈就會爆炸。

需要特別指出的是，並不是具有反社會人格特徵的人就一定會犯罪，是否為反社會人格者，與是否犯罪之間沒有因果關係；只能說反社會人格者犯罪的可能性更高，其人格基礎為犯罪提供了持久而穩定的內部環境，而真正誘發犯罪的，是埋在內心深處的定時炸彈。

按照李玫瑾教授的分類，危險心結犯罪分爲三類。

第一類是意識類犯罪，就是潛意識層面的心結導致的犯罪。潛意識層面的心結往往表現爲佛洛伊德所說「本我」與「超我」之間的劇烈衝突。一般來說，這類犯罪者看起來往往非常老實，然而一旦爆發，便具有巨大的破壞力。二〇〇四年震驚全國的「馬加爵事件」（當時就讀雲南大學的馬加爵以鈍器殺害四名同學）就非常典型。根據李玫瑾教授的分析，馬加爵殺人並不是因爲貧窮帶來的自尊問題（和同學打牌卻被懷疑作弊），而是由於瀏覽色情網站並被同學發現有多次買春經驗，受保守性格和傳統觀念影響的馬加爵對此感到羞愧難當，才殺人滅口。他無法接受同學們的議論與嘲笑，這種羞愧的感受與內心的巨大衝突徹底擊潰了他，讓他走向犯罪。

第二類是知結類犯罪，也就是認知層面的心結導致的犯罪。這類犯罪者常在遇到重大挫折後，將責任推卸給他人，從而規避自己內心的痛苦體驗。例如二〇〇六年在陝西道觀瘋狂殺害十人的邱興華，他懷疑道觀的熊姓住持與自己的妻子有染，隨後又發現種種跡象可證實自己的懷疑，於是大開殺戒。邱興華在法庭審判中再三強調熊某該殺，自己是因蒙羞而伸張正義，但他的猜測完全是捕風捉影。實際上，邱興華長期面臨養家的難題，妻子的抱怨刺激他敏感的自尊，使他陷入瘋狂的猜忌和嫉妒。他其實是把自己的無助與憤怒投射到一個假想敵身上，並出現了認知扭曲。

第三類是情結類犯罪。這類犯罪者大多在早期的成長過程中因遭到拋棄、虐待、冷落等而留下重大情感創傷，爲了抵抗內心的巨大痛苦，採取了隔離或逃避的策略。他們在日常生活中少言寡語、內心封閉、情感孤僻，雖然行爲上沒有明顯的異常表現，但過去的創傷始終淤積在內心，讓他們無法擺脫痛苦。這種痛苦的情緒積累到一定程度，又無法宣泄時，就會以極具破壞性的方式表達出來。情結類犯罪最主要的特徵和危害是受害對象泛化，也就是作案對象完全隨機。二〇一八年四月二十七日所發生的陝西米脂縣第三中學惡性傷人事件（學生在放學途中遭遇襲擊，共造成九人死亡，十二人輕重傷），以及同年六月二十八日發生的上海世界外國語小學惡性傷人事件（造成兩名學生死亡，一名學生及一名家長受傷），都是情結類犯罪的典型例子。

良知的泯滅：在童年種下恨的種子

我們回到艾德·肯培的案例。肯培從小就非常聰明，智商驚人，甚至超過了霍金，但很遺憾的，他出生在一個不幸的家庭，這個家猶如冰窖般寒冷，沒有一絲溫暖。他母親的性格非常敏感暴躁，因此早早就與丈夫離婚了，而肯培因爲長得很像父親，經常遭到母親的白眼、謾罵和冷漠對待。更誇張的是，母親甚至因爲擔心他會強姦他的姊妹，竟把他關進地下室。肯培發育得比較早，體格比同齡人要大很多，因此他在學校也受到同學排擠。

在這段時間裡，肯培的內心積攢了無數恨意，而他宣泄的方式就是虐殺小動物。他先是破壞妹妹的玩偶，慢慢發展到殺害動物，殺死並肢解了兩隻小貓。母親發現他的行爲後，直接將他趕出家門。肯培本來想去投靠父親，可是父親已經再婚，不願繼續撫養他，他因此被送到了祖父母的農場。然而，祖母和母親很像，也對他百般折磨。

終於有一天，十五歲的肯培就像定時炸彈般爆炸了。他拿起一把來福槍，殺害了自己的祖母。爲了怕被祖父發現，他一不做二不休，把對他還不錯的祖父也一併殺害了。肯培在殺害祖父母後，沒有表現出一絲驚慌和害怕，還很鎮定地打電話給母親、告訴她實情，然後等待警方到來。

後來，肯培被送到一所專門關押精神病罪犯的州立醫院，並被鑑定爲思覺失調症。由於他的智商極高，很快就跟醫師們成了「好朋友」，並掌握了大量醫學和心理學知識。爲了能盡快出院，他把幾乎所有精神診斷測試的答案都背了一遍，順利通過了精神評估測試，被評估爲「對社會沒有危險」而獲得假釋。

假釋後的肯培並未與多年沒見的母親修復關係，而是再次陷入與母親的紛爭。肯培又像兒時一樣遭到母親辱罵；當然，他也想過從母親那裡搬出來，還一度真的離家與人合租房子，但由於經濟問題，最後他不得不再次回到母親身邊。惡性循環就此開始，他成了母親的出氣筒，而他也開始尋找自己的出氣筒。據肯培回憶，他從很小的時候就已經開始幻想，如何才能傷害並殺死他的母親。這次，他要來眞的了，一場有預謀的殺戮就此開始。

然而，在肯培的計畫中，最先倒楣的卻是無辜的女大學生。每當在家裡受到母親的歧視和羞辱，肯培就會開著自己改裝的「警車」，在公路上尋找那些試圖搭便車的漂亮女大學生。當然，他並不是要跟她們約會，而是要殺害她們，然後分屍，甚至姦屍。

在一九七二年至一九七三年這近一年的時間裡，他先後綁架了五名女大學生，將她們帶回家中後殺害。在家裡，他會先割掉受害者的頭顱，然後強姦無頭屍體，最後再肢解。在這個過程中，他曾拍下一些淫穢的裸屍照片，還把受害者的頭顱埋在母親的花園裡。因爲母親命令他，必須抬頭看著她，而母親房間的窗戶就正對著花園，把受害者的頭顱埋在花園裡，就會有人一直仰望她了。肯培還有戀屍癖，總會在屍體上花大量的時間。在他看來，屍體是最安全的，他從很小的時候起就有性幻想，但他認爲活著的女人都會背棄他，只有屍體才不會離開他，才會對他言聽計從。

此時的肯培就像一部被開啓後卻無法停下來的殺人機器，除非他自己按下暫停鍵，而按下暫停鍵的方法，就是殺死讓他活在陰影下的母親，才能擺脫自己的心魔。於是在耶穌受難日這天，肯培將惡魔之手伸向了熟睡的母親。當天晚上，肯培用利器殘忍地殺害了母親。

殺死母親後，肯培並未收手，而是請來了母親最好的朋友，然後等她一走進屋子，就掐死了她。事後，肯培在案發現場舒服地睡了一覺，直到第二天才離開現場。他漫無目的地開著車，收聽廣播，期望自己會成為大名人，可是廣播裡並沒有出現他的名字。這讓他大失所望，他覺得自己的「壯舉」沒有被看見。幾天後，他把車子停靠在路邊的一座公用電話亭旁，打電話給聖克魯斯警局自首。

施虐癖與戀屍癖

肯培的作案手法符合這樣的規律：無論對象是無辜的女大學生或自己的母親，肯培一定會先施虐，讓受害者痛苦地死去，比如綁架女大學生後，用刀刺死或用繩子勒死；接著，他會砍下受害者的頭顱，再強姦屍體，最後還會把屍體——尤其是受害者的頭顱，當成裝飾品般對待。按照精神分析心理學家弗洛姆的觀點，肯培是集施虐癖與戀屍癖於一身的典型。

首先來看施虐癖。有施虐癖的人會對其他人或動物進行侵犯和傷害，比如性虐待、虐童、虐待動物、以酷刑折磨他人等。當然，這裡所說的侵犯和傷害也包括精神上的虐待和控制，比如某些有施虐癖的人會追求完全控制他人，追求對其他生命的絕對控制，將其變成自己的物品，而自己則成了被虐者的神，透過讓他人遭受痛苦來獲得快樂。

弗洛姆舉了惡名昭彰的納粹頭號鷹犬希姆萊（Heinrich Himmler）爲例。希姆萊是一個過分追求秩序和控制的人，有著病態的潔癖，性格非常暴虐。他在臣服於希特勒和納粹的同時，也有著強烈的控制欲和支配欲。在納粹對猶太人展開大屠殺期間，希姆萊視生命如草芥，用毒氣室等殘忍手段殺害了數百萬名猶太人。但這麼一個殘暴之人，在納粹戰敗後，卻因恐懼審判而服毒自盡。

再來看戀屍癖。「戀屍」一詞是指對屍體有病態的渴望，甚至是性欲；也可以指對一切無生命的東西，特別是對死亡的東西感興趣。有戀屍癖的人會受屍體、腐爛物體、糞便之類的東西吸引，喜歡談論疾病、死亡和葬禮。因此，他們也熱愛暴力，渴望製造死亡，追求毀滅生命。

戀屍癖患者最好的例子就是希特勒。他以科學的高效率手段，組織化地屠殺了數百萬名猶太人、波蘭人和俄國人。他憎恨人類，憎恨生命，看到德國飛機轟炸波蘭華沙的場景，他竟然興奮不已；而最感興趣的旅遊景點是斷頭臺和墓地。他不僅毀滅敵人，也毀滅自己人，殺害了德國許多政治家和軍事將領；等到敗戰不可避免時，他更打算毀滅整個德國，讓所有人給自己陪葬。

在肯培的案例中，還有一處特別值得注意的地方，就是他殺害母親和母親的朋友後，原本可以逃之夭夭，卻因爲警方沒能及時破案、當地報紙沒有報導他的名字而極度失望。這體現了人性中的重要需求，那就是希望被看見，就連反社會人格的變態殺手都有這項需求。

在電影、電視劇及一些文學作品中經常會有這樣的橋段：一名蒙面殺手找仇人尋仇，在快要殺死對方時，比如把劍架在仇人的脖子上或拿槍指著仇人的頭時，一定會在最後時刻拿下自己的面罩，讓對方看看自己的臉，然後說一句：「某某，你也有今天。」當仇人看清了殺手的臉，認出殺手是誰，並想起自己爲什麼會被殺手尋仇時，這個仇人就可以死了。至於那種拿人錢財、替別人殺人的職業殺手就沒這麼多戲，會直接解決目標，拿錢走人。

由此可見，找尋仇家的殺手，殺人既是殺給自己看的，也是殺給別人看的，尤其是要在殺人過程中體現出自己的意義和價值，並在最後藉由讓對方看清自己是誰的方式告訴對方：「你輸了，我比你強大。」而肯培則透過自首的方式告訴員警和媒體：「你們太弱了，我才是最強大的。」

識別隱藏的定時炸彈

反社會人格者與他們如同定時炸彈般的心結，對社會的和諧穩定有強大的破壞力。因此，掌握快速識別這些定時炸彈的方法尤顯重要。美國知名心理治療師比爾・艾迪（Bill Eddy）提供了一種稱爲「WEB法」的判斷法，即透過觀察對方的語言（their words）、自己的情緒（your emotions）和對方的行爲（their behavior），迅速識別出反社會人格者。

第一，觀察對方的語言。反社會人格者語速往往很快，他們喜歡用一些誇張、極端的語句表達很難實現的願望，或用繁複的詞語掩蓋自己的行爲。同時，他們會適時轉變自己的語言，試圖發現對方的弱點，並用言語操控對方。

第二，相信自己的感覺。很多人會與反社會人格者共事、日常交往或戀愛、結婚，他們雖然隱隱覺得哪裡不太對，卻依然想相信反社會人格者所說的話。此時，最好盡力避開對方的語言施加在自己身上的影響，多多體察自己的情緒，因爲自己的身心更清楚答案。如果感覺到恐懼，盡快離開讓自己感到害怕的人，不要被對方進一步的語言影響。離開這個人之後，可以多做一些調查，比如詢問其他人是否也有相似的感覺，或尋求心理諮商師等專業人士的幫助。

第三，觀察對方的行為。辨別一個人是不是反社會人格者最簡單的方法，就是持續關注對方的行爲，而非語言，因爲反社會人格者往往會做出其他人不會做的怪異行爲。比如，反社會人格者享受別人的痛苦，他們經常藉由欺負那些「被選中的目標」來取樂。因爲對反社會人格者來說，激起別人強烈的情緒反應，能讓他們體會到控制別人的成就感。又比如，反社會人格者在講述自己對他人施暴的經歷時，會露出滿足的笑容。再比如，反社會人格者普遍在十五歲之前就已有暴力行爲等不良表現，像是虐殺小動物、偷竊、縱火、習慣性說謊等。

雖然上述方法並不能幫你百分之百準確地鎖定反社會人格者，卻能讓你進一步認識反社會人格，並採取相應措施，尋求專業人士的幫助。多一分對反社會人格的了解，便能多一些積極的應對策略。

20 正念，打開通往覺知的門——注意力瞬盲實驗

不知道你有沒有聽說過「正念」？

正念是當前非常熱門的方法，已在全球商業界得到廣泛推廣，受到全球五百大企業的大力推崇。比如，Google 資深工程師陳一鳴在二〇〇七年創辦知名的正念課程「探索內在自我」。Google 的高層管理者認爲，正念課程不僅有助於提升員工的抗壓力和注意力，還能夠賦予員工情境智力（contextual intelligence，因應環境需要隨機應變的能力），幫助員工進一步理

解自己的同事。

理解「當下」的智慧

什麼是正念呢？我們來看看這個「念」字：上面是今，下面是心，即「今心爲念」。一顆心處在當今、當下，其實就是「念」的狀態。按照正念的創立者、美國麻州大學醫學院的喬·卡巴金博士的觀點，正念是我們把注意力有意且不加評判地放在當下時，產生或湧現的那分覺知。此一過程可以用簡單的字母組合「ABC」來概括：A是「aware」（覺察），即覺察自己當下的狀態；B是「being with」（全然接受），即接受自己當下的狀態，而不是簡單粗暴地判斷或試圖強行改變它；C是「choice」（選擇），即在這種心平氣和的覺察和接受的狀態下，用理智找到最適合自己的狀態。

在ABC正念練習過程中，練習者需要關注以下三項要素：

一是主動關注。人類其實非常容易恍神，注意力很容易被新奇的東西吸引過去，而這也是人類大腦演化的產物。進行正念練習時，我們需要刻意將注意力導向某個對象或目標，例如此時此刻你正在閱讀的這本書。

二是不做判斷。判斷也是人類大腦演化出的一項非常重要的功能。大腦爲了能更理解外部世界，需要對人事物進行分類，比如「好／壞」「安全／不安全」等，以解決認知資源不足的問題。但進行正念練習時，我們要反其道而行。不做判斷，意味著對自己的評判有所覺察，不被這些判斷牽著鼻子走，全然接納當前發生的一切。比如，你在進行正念練習時，聽到樓下裝修的聲音，這時候，如果你心裡冒出「樓下眞討厭，好吵！」的念頭，這就是判斷；如果你想著「樓下有裝修的聲音，我聽見了，聲音就在那兒」，這就是不做判斷。

三是理解當下。「當下」是我們身心所體驗到的一切。大體來說，它分爲兩種：一種是內在體驗，比如念頭。你腦中湧現一個念頭，但別人無法知道它是什麼，除非你說出來。現在你的心情如何呢？如果你並沒有透過肢體語言、臉部表情把心情流露出來的話，別人將難以知道你現在的情緒。身體的感覺也是如此，即使你肩膀有些緊繃，別人也很難看出來。這些都是私密的、內在的體驗。

與內在體驗相對的，是外部的事物。比如聲音對你來說，就是來自外部的，你透過耳朵接收聲音此一外部刺激。如果你看向周圍的環境或沿途的風景，目光所及也都是外部事物，外部事物是經由感官被你感覺到的。

整體來說，當下可以簡單地歸納爲內在體驗與外部環境，既有對外部環境的觀察，也有對內在體驗的感覺。

事實上，人類大腦天生有個大漏洞，就是非常喜歡規畫、暢想或擔憂未來，爲一些根本還沒發生的事情焦慮不堪；此外，也經常困在過去出不來，爲已發生的事情感到後悔、內疚或難過。

從演化心理學的角度看，大腦被設計成這樣還是很有道理的，因爲這樣更有利於在原始森林或大草原裡生存下來。但我們現在已經進入工業社會了，生活方式發生了天翻地覆的變化，也擺脫了精神上的束縛。但問題隨之而來，我們這顆要不就是爲未來焦慮，要不就是爲過去懊悔的大腦，與現代社會生活出現了嚴重的不匹配，這也是憂鬱症、焦慮症等許多心理問題的根源。我們這顆心在未來和過去之間來回搖擺，就這樣錯過了「當下」這個時刻。

雖然有這樣一個大漏洞，但與此同時，大腦也留下了一個後門，那就是「正念之門」，或稱爲「覺知之門」。簡單來說，你可以在一個安靜的環境裡閉目養神，調整呼吸，引導自己的思維扮演觀察者的角色，不加評判，也不受感情的干擾，只是單純關注當下自己的身體狀態、情緒狀態和腦海裡的各種想法。觀察的對象可以是每次呼吸時鼻尖對空氣的感覺，可以是四肢肌肉的緊張狀態，也可以是腦中剛跳出來的一股悲傷情緒。具體的觀察對象無關緊要，這種把自己的思維和身體分離、讓思維觀察身體的狀態，就是正念試圖達到的目標。

舉個例子。我曾經接待過一位當時正處於憂鬱狀態的來訪者，他在進行正念練習的過程中，觀察到了自己的情緒狀態。他會做類似這樣的表述：「我發現，我正處在一種覺得未來毫無希望的狀態中。」這相當於把一種基於演化本能的情緒反應，比如絕望和憂鬱，完整地提取出來，放在負責理性思考的大腦皮質進行閱讀理解。這時候，大腦皮質就會開始分析和解讀，比如「我這種情緒狀態是否符合現實」「我有沒有人爲誇大遇到的問題」等，如此一來，就能從另一個角度看待這些事情。

天生的兩種注意力

不知道你有沒有這樣的經歷：有時即使在電車裡，也能專心致志地讀書看報，但有些時候不行；有時即使就坐在書桌旁，也完全無法集中注意力，腦海中思緒萬千。其中有個很重要的影響因素，就是情緒。情緒會影響我們的注意力。可以說，我們的注意力與情緒是天生一對，如影隨形；只要情緒受到刺激，注意力資源的分配馬上就會向情緒傾斜，以致我們無法把注意力集中在當下所做的事情。

注意力分爲兩種，**一種叫選擇性注意力，另一種叫覺知性注意力**。

選擇性注意力的作用是讓我們從環境裡的海量資訊中解脫，只關注那些相對重要的事情。比如，你正在圖書館念書，這時候，門口突然傳來一聲巨響，這時你會怎麼做？我相信，絕大部分人會立刻轉過頭去看。又比如，還是在圖書館，有位美女踩著高跟鞋「叩叩叩」地從你身邊走過，你會怎麼做？我想，大部分的人聽到聲音，一定會把頭抬起來，看著美女從身邊經過。再比如，你現在肚子餓了，當你回到家時，你會先注意什麼？我猜，一定是食物。爲什麼呢？因爲選擇性注意力是用來保障人類的基本生存和繁衍。

想想看，我們每天的時間只有二十四小時，而周圍的環境中有無數能吸引我們的事物。於是大腦會自動幫我們進行篩選，選出那些有助於延續生命、傳承基因的事情。而在自動篩選的機制中，情緒扮演著非常重要的角色。當你突然聽到巨響時，你會下意識地產生恐懼，恐懼會讓你馬上停下手頭進行的事，然後調動視覺、聽覺、嗅覺等所有感官去收集環境資訊，弄清楚自己到底有沒有危險。

覺知性注意力則與選擇性注意力截然不同，是一種開放的、不予評判的覺察能力，指的是對任何視覺、聽覺、觸覺資訊都不加批判地進行接收的能力。這種注意力比較特殊，它是指向內部的，關注的是身體和心理內在的感受變化。比如，你感覺下背部有輕微疼痛，如果此時你將全部注意力放在疼痛的位置，只去感受疼痛本身，就不會因爲疼痛而產生任何情緒或想法。雖說生病時很痛苦，但你可以仔細想想，這種痛苦是疾病本身導致的，還是疾病帶來的煩躁、焦慮和憂鬱，以及因爲生病耽誤了許多事情而產生的挫敗所導致的？

實際上，因疾病而產生的情緒，以及由此出現的想法，會極度放大疾病本身帶來的痛苦。生病時，如果你能充分調動開放的、不予判斷的覺察能力，那麼疾病就不會對你產生更多負面影響。如果一個人有很強的覺察能力，那麼他就能將自己的注意力一直放在目標上，不容易被各種事件干擾；他的內心會像磁鐵一般，緊緊地吸附在目標上。這也是喬·卡巴金用正念來緩解並治療疼痛，尤其是幫助癌症病人緩解疼痛的根本理念。

注意力瞬盲實驗：用正念提升覺知力

如何評估對自己和環境的覺察能力呢？美國威斯康辛大學麥迪遜分校著名的心理學教授理查·戴維森（Richard Davidson）做了一項非常巧妙的實驗，充分展現了選擇性注意力和覺知性注意力的差別。戴維森用一連串簡單的字母爲刺激物，在字母中間插入幾個數字，讓受試者注意到這些數字，從而用它們「綁架」受試者的注意力。如果受試者的覺知性注意力弱，只用了選擇性注意力，那麼就只會注意到最開始呈現出來的數字；如果受試者的覺知性注意力強，那麼他就很有可能注意到所有數字。這種對相繼出現的刺激中的後者視而不見或聽而不聞的現象，稱爲「注意力瞬盲」。

沿著這個思路，戴維森編了一個程式，然後讓受試者坐在一部電腦的螢幕前。螢幕上會一個接一個閃現一連串字母，每秒十個，比如：D、G、L、Q、K、M、H、B、X、A……但在此過程中，程式時不時會插進一些數字，比如：D、G、L、Q、5、K、M、H、B、9、X、A……當數字出現時，受試者就要按下手中的按鈕。實驗結果顯示，如果第一個數字出現後不到半秒，就出現第二個數字，那麼大多數人雖然能注意到第一個數字，卻無法注意到第二個數字；也就是說，受試者的注意力在短時間內中斷了。後來，戴維森更換了刺激物，把字母換成風景圖片，把數字換成人物圖片，並請受試者注意看人物圖片。再後來，他又用聲音做爲刺激物，把字母換成低音，把數字換成高音，並請受試者注意聽高音。這兩種情況下，注意力瞬盲依舊非常明顯。

在實驗過程中，受試者們普遍存在注意力瞬盲，這可能是因爲他們對字母串中是否會出現數字有著強烈的預期。當數字出現時，受試者會非常興奮，因而在大腦恢復到正常狀態前，無法再感知到下一個目標的出現。也就是說，受試者的注意力還停留在前面的數字上。

這意思是，你為了在一連串字母中找到一個數字所花費的等待時間越長，大腦就需要越長的時間恢復到能留意到下一個數字出現的狀態。這樣一來，你就會因為自己的選擇性注意力而錯過周圍環境中的許多資訊。

也就是說，我們的大腦其實有足以覺察到第一個目標的注意力資源，大腦也幾乎將所有的注意力資源都投入第一個目標中。而當第二個目標出現時，注意力資源已經所剩無幾。只有當所有的注意力復位，或說注意力資源重新啓動時，大腦才能感知到下一個目標。

但有意思的是，某些人身上幾乎觀察不到注意力瞬盲。他們的覺察能力很強，在看到第一個刺激數字出現時，他們並不會像大多數受試者那樣馬上興奮起來，而是非常淡定，就像什麼事都沒發生似的。因此，與大多數人相比，這樣的人錯過的刺激往往更少。如果仔細觀察這類受試者，就會發現他們情緒相對平和，遇事非常鎮定，尤其是接觸到情緒性刺激時，不會受這些刺激左右，甚至根本不為所動。這些人能減少用於感知第一個目標的注意力資源，留出足夠的資源給第二個目標，所以不會出現注意力瞬盲的現象。

二〇〇五年夏天，戴維森特地組織了一個研究團隊，來到美國一家有名的正念靜心社團，在該社所在的大樓內搭建了臨時實驗室。這個社團將舉行為期三個月的正念靜心訓練營，戴維森和他的團隊將抓住這次難得的機會，研究正念對注意力的影響。戴維森在學員剛入營時為他們進行了注意力瞬盲測試，實驗過程就如同前面所說的流程一樣。與此同時，戴維森又招募了一批志願者，這些志願者的年齡組成和性別比例與參加訓練營的學員完全一致，只是這些人是做爲對照組，並不參加營隊。而對照組的成員與訓練營的學員一樣，也要進行注意力瞬盲測試。不出所料，幾乎所有人都出現了注意力瞬盲現象，大約五〇%的機率會錯過一串字母中的第二個數字。

做完第一輪實驗後，參加正念靜心訓練營的學員開始了訓練之旅。他們每天早上五點起床，在接下來的十六個小時裡禁止說話，直到晚上九點就寢；他們甚至不能與別人進行目光交流。當然，參加正念靜心訓練營的學員每兩週有一次與指導老師面對面交流的機會，這時可以向指導老師傾訴自己在訓練過程中遇到的困難，而這也是他們唯一可以講話的時間。除了靜心、吃飯、睡覺，訓練營的學員每天還要進行一小時的體力勞動，比如打掃環境、去廚房幫忙等。大多數人每天的靜心時間會超過十二小時，三個月下來，靜心總時間超過一千小時。

等到爲期三個月的正念靜心訓練營結束後，訓練營的學員和對照組的成員全體再次進行注意力瞬盲測試。結果顯示，訓練營學員錯過第二個數字的情況明顯少於對照組。與此同時，戴維森教授還在所有受試者進行實驗時，用腦波測量裝置記錄了他們的大腦活動。結果顯示，未錯過第二個數字的受試者在看到第一個數字時，視覺皮質區會變得非常活躍；而那些錯過了第二個數字的受試者，其視覺皮質區卻很安靜。

在經過三個月正念靜心訓練後，學員的大腦活動發生了明顯變化，他們在看到第一個數字時，掌管注意力的腦區已不如當初那樣活躍興奮了。也就是說，第一個數字對他們大腦的警醒度（arousal level，意指神經系統接受感覺刺激輸入時被影響的程度，用以表示一個人的感覺有多清醒）已經比較低了。第一個數字對大腦的警醒度越低，注意到第二個數字的機率就越高。實際上，之所以會發生注意力瞬盲，是因爲我們將過多的注意力資源用在感知第一個目標上，導致沒有足夠的注意力資源用於察覺下一個目標；如果我們對第一個目標沒有投入過多關注，那我們就足以察覺到第二個目標。

正念能改變大腦

戴維森還做了一項極具開創性的實驗，他竟然請來了一批長期從事佛教修行的僧人，利用核磁共振技術，在靜心時掃描他們的大腦，並對他們的大腦狀態進行了詳細研究。同時，他還招募了一批沒有受過任何正念訓練的大學生和一批受過短期正念訓練的新手，同樣在他們進行靜心時掃描了他們的大腦。

經過實驗，戴維森首先發現，那些長期進行正念靜心的僧人，大腦中的腦島與頂葉顳葉聯合區的活躍度明顯高過普通人。腦島是接收情緒信號的，頂葉顳葉聯合區則是形成同理心的。也就是說，當我們看到別人遭受苦難時，「腦島—頂葉顳葉聯合區」這條神經迴路會被啓動，且這條神經迴路在僧人身上的活躍程度尤其高。另外，在「腦島—頂葉顳葉聯合區」興奮的同時，大腦中還有一個掌管計畫的腦區也被啓動了，這說明這些僧人隨時準備爲苦難者伸出援手。

此外，戴維森還發現，僧人在進行正念靜心時，負責環境監測、視覺資訊和注意力的腦區會變得比休息狀態下更活躍。值得注意的是，那些沒有經驗過正念靜心訓練的人，其負責注意力的腦區不如受過短期正念訓練的新手活躍；而這些新手的負責注意力的腦區又不如長期從事正念靜心的僧人活躍。

但是，如果把僧人們分成兩組，一組的靜心時間在一萬小時至兩萬四千小時之間，另一組的靜心時間在三萬七千小時至五萬兩千小時之間，然後對比分析他們的大腦，就會發現一個非常有意思的現象：雖然人們進行正念靜心時，負責注意力的腦區被啓動的水準會隨著靜心練習時間的增長而升高，不過一旦靜心超過一定時間，負責注意力的腦區被啓動的水準反而會開始下降。也就是說，隨著靜心時間的增加，負責注意力的腦區活躍度會越來越高；但當正念靜心時間超過兩萬五千小時後，負責注意力的腦區活躍度反而會開始逐漸下降。

這種現象其實在關於運動的研究中很常見。上海體育學院曾做過一項關於籃球運動的大腦研究，發現那些完全不會打籃球的人，大腦運動區域的啓動水準比業餘選手低很多。隨著訓練時間和強度的增加，該區域被啓動的水準會越來越高，然而一旦訓練時間和強度增加到一定程度，再進行訓練時，大腦運動區域被啓動的水準就會開始下降。這就是業餘運動員與專業運動員本質上的區別，也就是說，儘管專業運動員的大腦被啓動的水準並不高，但他們有充分的注意力資源可以分配給其他認知活動，比如調整戰術、調節心態等。

實際上，人們在進行正念靜心時，也會經歷這樣一個過程。長期從事正念靜心的僧人爲了保持專注而花費的努力，甚至能比完全沒做過正念練習的人還少。也就是說，僧人們在靜心剛開始時，需要付出努力才能進入正念狀態，但接下來就習慣了，只要相對較少的努力就可以保持同等程度的專注。

四念處練習法：開啓你的覺知之旅

正念其實是佛教八正道，也就是涅槃的八種修練方法之一。有一個叫「四念處」的修行覺知法門，包括身念處、受念處、心念處和法念處。四念處是極爲精細的佛學修行法門，我沒接受過，不敢妄言。如果大家感興趣，建議跟著眞正懂的師父修習一下。必須經過實際修習，才能知道四念處是什麼。而正念有四大基礎，就是對身、受、心、法的正念，也是按照佛法修行覺知法門展開的，只不過喬·卡巴金在實踐中剔除了宗教成分。

在這之中，「身」是指身體，對身的正念是對身體的覺察，譬如覺察呼吸帶來的身體感覺、身體的姿勢等；「受」是指感受，對受的正念是對各種情緒體驗的覺察，這些情緒體驗通常分爲愉悅、不愉悅及中性的既非愉悅也非不愉悅；「心」是指念頭和想法，對心的正念就是對念頭和想法的覺察；「法」是規律，是事物的眞相，對法的正念就是對各種各樣的現象和本質的覺察。

實際上，我們可以用心理學的語言重新解釋一遍這四念處的術語，即**精細地覺知自己的身、心和念的變化，以中立、不加評判的態度，只如實地觀察**。要觀察什麼呢？佛法裡四念處的觀察對象是身體、心和念頭，我把這三者改成身體感受、情緒情感和認知思維。

用四念處的方法，可以更結構性地觀察自己的心理活動。你可以問自己三個問題：**「我的身體感受是怎樣的？」**具體來說就是我的視覺、聽覺、嗅覺、味覺、觸覺和內臟感覺分別如何。**「我的情緒情感是怎樣的？」**具體來說就是我有什麼樣的喜、怒、哀、樂、悲、恐、驚，有什麼樣的愛恨情仇等。**「我的思維是怎樣的？」**具體來說就是我在想什麼，特別要注意是否有些關鍵性想法出現。觀察自己時，保持法念處，也就是中正、不帶評判地去覺知，觀察到了什麼東西就是什麼，不修改，實事求是。始終保持覺知者的視角，無論當時的身體感受、情緒情感和想法有多強烈，都不要把它認爲是「我」自己。

那麼接下來，我們就可以從身體、情緒、認知、全觀這四個方面進行正念練習了。

練習一：身體覺察

正念練習的第一部分是對身體的覺察，譬如覺察呼吸帶來的身體感覺、身體的姿勢等。

對身體的正念是最基礎的，如果你想系統性、循序漸進地進行正念練習，首先要從身體入手。要知道，絕大部分時間裡，我們是感受不到自己的身體的，因爲我們的注意力根本就不在這方面，只有當身體受到病痛折磨時，我們才會意識到身體的存在；也就是說，我們跟身體失去深層的接觸和連結後，才能感受到身體。

我們往往會在進行一些高度專注於大腦的活動時，忽略身體的狀態。比如我們長時間在電腦前工作，肩可能是微聳的，背可能是弓著的。如果對身體沒有足夠的覺察，長期這樣下去，肩頸很可能會出現一些問題。如果能對身體的狀態有更多覺察，就可以隨時做些事情來讓身體更舒適，更放鬆。

在身體正念中，主要有兩部分練習。

第一部分是正念呼吸。對人類來說，從生命開始到生命結束，呼吸就像一根線，連結著每一個瞬間，也連結著生活中所有事件。我們通常不會留意到呼吸，除非有呼吸系統方面的不適、疾病，或空氣品質特別差的時候，你才會對呼吸有某種焦慮，否則它只是自然地在那裡。

進行正念練習時，你可以尋找到呼吸最明顯的身體部位，然後覺察呼吸給那個部位帶來的感覺。如果呼吸最明顯的部位是鼻端，那麼你就去覺察氣息進出時鼻尖的感覺；如果呼吸最明顯的部位是胸部或腹部，那麼你就去感覺氣息進出時胸部或腹部的起伏狀態。

當練習夠深入後，你會對吸氣和呼氣的整個過程，以及呼和吸之間的停頓都有所覺察。我們的呼吸會受情緒、念頭和身體運動的影響，譬如當我們感到興奮或是運動時，呼吸會明顯加快；當我們緊張焦慮時，呼吸會變得短促而淺；當我們心念平穩、情緒安定時，呼吸會變得深長、平靜。

其實，在正念練習中，你不需要去數呼吸的次數，或以任何方式調節、掌控呼吸，只要跟隨自然的呼吸節律，帶著一種好奇、放鬆、友善的態度去觀察它，它自然就會平穩下來。

接下來，我們可以一起來練習一下。

請找到一個安靜、不受打擾並讓你感到舒服的空間。你可以盤腿坐著，也可以正常坐著，甚至平躺著，任何姿勢都可以，只要你能放鬆下來就好。

接著，你可以輕輕閉上眼睛，雙肩自然下垂，感覺自己與椅子、墊子或地板融爲一體。覺察一下此刻的身體，感受一個穩定、放鬆又客觀的存在。現在，請留意一下你的呼吸。

體會氣息進出鼻尖時的感覺。

體會氣息進出時，胸部一起一伏的感覺。體會氣息進出時，腹部膨脹與收縮的感覺。

你的任務很簡單，就是去覺察呼吸給身體各部位帶來的感覺。吸氣時，知道自己在吸氣；呼氣時，知道自己在呼氣。不需要數呼吸的次數，也不需要控制或調節呼吸。只需要跟隨自然的呼吸節律，吸氣時覺察吸氣的整個過程，呼氣時覺察呼氣的整個過程。

吸氣，呼氣，吸氣，呼氣……

也可以留意一下呼吸轉換間那短暫的停頓。讓呼吸自然進行，你只須對它保持覺知。

繼續自然地呼吸……

如此專注於呼吸，會讓你的心慢慢安穩下來。感覺身體做爲一個整體，坐著，呼吸著。

吸氣時，感覺整個身體微微地擴張、上揚。呼氣時，感覺整個身體微微地回落、放鬆。

吸氣，呼氣，吸氣，呼氣……

感覺你的生命就在這一吸、一呼之間慢慢展開……

另一部分是身體掃描。相信你應該在醫院裡見過電腦斷層掃描儀，它能以物理光線對身體進行掃描，檢測身體的狀態。而正念練習中的身體掃描，指的是用注意力去覺察身體各部位在每一個當下的感覺。

下面，我們一起來練習一下。

閉上眼睛，自然地呼吸，花一點時間來感受你的身體。

請感受你的腳趾，把注意力放在腳趾上就好，不用使勁，感受你的腳掌、腳心、腳跟、腳背、腳踝……

再感受你的小腿，然後把注意力緩緩向上移動。也許你會感覺到微微發脹、發熱或發麻的感覺，也許你只感受到皮膚和衣服接觸的感覺。任何可能性都可以，請接受自然而然出現的感覺。

感受你的膝蓋。

感受你的大腿、臀部。

感受腰部、背部，感受你的整條脊椎。

感受下腹部，也就是人們常說「丹田」的位置，也許你能體會到這個部位有微微發熱的感覺。

感受肚子、心口、胸部。自然而然地呼吸……

感受雙手、手掌、手腕、前臂、手肘、上臂。再感受你的雙肩，放鬆。

感受脖子、下巴、嘴唇、鼻子、眼睛、額頭。最後感受你的後腦、頭皮。

練習二：情緒覺察

正念練習的第二部分是對情緒的覺察。在覺察情緒的正念練習中有兩個要點：一是要感受到情緒如流水般地自然流動；二是當你感受到情緒時，需要給情緒命名。

接下來，我們來進行覺察情緒的正念練習。

請找到一個舒適的姿勢，讓身體放鬆，內心自由。

體會一下身體此刻的感覺，特別是腳和地板、臀部和椅子或墊子的接觸感。

接著，我們可以做三次深呼吸，深深地吸氣，感覺氣息經由鼻孔進來，充盈整個肺部，然後緩緩地吐氣，感覺氣息經由嘴巴徐徐吐出。

然後重新回到自然呼吸狀態。

你也可以讓嘴角微微地上揚，掛上一個善意的、淺淺的微笑。就這樣，保持放鬆而專注的狀態，讓注意力回到呼吸或身體的感覺上。

接著帶著好奇、耐心，去覺察出現的任何情緒。

有時，會同時出現幾種情緒，譬如憂傷、寂寞、喜悅、滿足；有時則沒有太大的感受，只感到無聊、麻木。

覺察並確認任何一種情緒。你不需要評判它們，它們都來自全人類潛意識之海。你要充滿敬意地對待每一種情緒，就像對待訪客一樣。

感覺一下此刻有什麼情緒湧現，它又給身體帶來了什麼樣的感受。

當你感受到情緒時，請試著給這些情緒命名：「恐懼」「不安」「寂寞」……當你逐一爲它們命名時，它們會開始變化、消失，不再具有掌控你的力量；相反的，你成了駕馭它們的主人。

如果你不小心掉到情緒之河的漩渦裡，當你覺察時，請重新把自己帶回到岸上，繼續在岸邊觀看各種各樣的情緒從面前流過，並繼續對各種不同的情緒命名：「難過」「悲傷」「憤怒」「恐懼」「羞愧」……

同時也體會情緒給身體帶來的感覺，觀察情緒的來去、感覺的變化……

當你像這樣去觀察情緒和感受時，它們通常就會發生變化，強烈的情緒在這份觀照下，會逐漸變弱，甚至消失。

當下一種情緒出現時，請帶著同樣的耐心、好奇、不評判的態度觀察它，向它敞開心扉，去體驗它，接納它，不需要改變它。同時，去體會相應的身體感受。

你可能已經覺察到，情緒與念頭相似，不斷來來去去，像流水一樣。我們可以站在這情緒之流的岸邊，看情緒來來去去。

如果你能爲自己的情緒命名，你就已經是自己情緒的主人了。

練習三：認知覺察

正念練習的第三部分是對自己認知的覺察，特別是對念頭和想法的覺察。念頭可以非常強有力地影響我們的情緒和行爲。那些念頭通常來得比較自動，並會很快占據我們的頭腦。初學正念時，你會發現腦中突然生出了某個念頭，比如你可能想到曾被公司裡的某位主管欺負，他故意惡整你，你很想報復他。這個報復的念頭可能會在你的大腦裡不斷發散，讓你不僅有了這個念頭，還開始在腦中計畫要怎麼報復他，結果你整個人就像被捲入漩渦般難以自拔。在覺察認知的正念練習中也有兩項要點：**一是要及時對念頭進行識別，知道這是個念頭；二是要「標記」念頭，對這些念頭進行歸類整理。**接下來，讓我帶你做一個覺察念頭的正念練習。

首先，請留意一下你的呼吸，可以做三次深呼吸，深深地吸氣，緩緩地吐氣。

吸氣，呼氣，吸氣，呼氣……

接著，感覺一下此刻坐著的身體，體會身體與各個接觸面的觸感。

接著把注意力帶到念頭上。

注意，不要刻意去想某件事，要讓這些念頭自己湧現出來。你只需要關注你的呼吸和身體，慢慢地等待。

當念頭浮現時，請你有意識地把注意力帶向它，就像一個孩子在花叢中捉蝴蝶一樣。

接著，請爲你捉住的這些蝴蝶命名，譬如「計畫」「回憶」「擔心」「幻想」等等，越具體越好。

念頭一旦被命名，通常就會鬆動，瓦解，消失。

留意一下這些念頭消失的過程，再重新把注意力放到呼吸或身體感受上。

當你覺察到自己一直在想事情，這就是你覺醒的時刻。

帶著好奇、不評價、耐心的態度，一再留意浮現的念頭，命名它們，觀察它們的變化和消失，再把注意力重新放到呼吸和身體上。然後，可能又有一個新的念頭浮現。

觀察像浪潮一樣出現、變化又消失的念頭，觀察各種念頭的特徵、內容以及它們所引發的情緒。

無論這些念頭會帶來怎樣的情緒與情感體驗，你只需要發現它，看著它，然後給它起個名字，標記一下，再把它「放飛」，一遍又一遍。看著念頭湧現又消失，就像站在河邊看著河水從面前流過，你只需要聆聽潺潺水聲。

就這樣，你坐在心智的花叢中，看著念頭蝴蝶在意識的天空中飛舞，偶爾捉一隻過來看看，給它起個名字，感謝與它的相遇，然後把它放生。

就在那裡，看著、欣賞、感受自己的存在，但你並沒有陷入其中，你只是坐著、躺著、呼吸著，放鬆、舒適、安然、自在……

練習四：全觀覺察

正念練習的第四部分是全觀覺察，就是看見真相與規律，領悟到生命的存在。這聽上去有點抽象，簡單來說，就是覺察一切身心現象的真相。其中一個真相就是變化，萬事萬物都在變化。譬如說，身體的感覺會變化，聲音會變化，念頭和情緒也一直在變化。

全觀的正念要求我們透過大腦中的鏡像神經元觀照客觀世界的存在，跳出喜怒哀樂的狹隘局限，放下內心的執念，以更廣闊的視野去觀察世界，跳出自己的思維方式，體驗到生命的自由自在，體驗到生命的流動，與他人和自然和諧相處。這也是微笑主義整合心理學追求的目標，放下，在全觀的正念中綻放出微笑，懷著對自身和其他生命的感恩，自由自在。

實際上，全觀的正念對人的要求非常高，這個層次一般很難達到。我建議大家先從正念呼吸和身體掃描開始練習，然後慢慢過渡到情緒覺察和認知覺察，這樣就可以了。

記住，一切真正的改變都是順其自然地發生的。因此，不要著急，慢慢來。

先別急著挑戰人性：20個經典心理實驗，帶你認識自己，人生不踩雷／潘楷文 著 --初版--臺北市：究竟出版社股份有限公司，2022.08
352面；14.8×20.8公分 --（心理：75）

ISBN 978-986-137-378-2

1. CST：應用心理學

177 111009229

Eurasian Publishing Group
圓神出版事業機構
究竟出版社 Athena Press

www.booklife.com.tw reader@mail.eurasian.com.tw

心理 075

先別急著挑戰人性

——20個經典心理實驗，帶你認識自己，人生不踩雷

不要挑战人性：史上20个经典人性实验

作　　者／潘楷文
發 行 人／簡志忠
出 版 者／究竟出版社股份有限公司
地　　址／臺北市南京東路四段50號6樓之1
電　　話／（02）2579-6600・2579-8800・2570-3939
傳　　真／（02）2579-0338・2577-3220・2570-3636
總 編 輯／陳秋月
副總編輯／賴良珠
責任編輯／林雅萩
校　　對／林雅萩、張雅慧
美術編輯／李家宜
行銷企畫／陳禹伶・鄭曉薇
印務統籌／劉鳳剛・高榮祥
監　　印／高榮祥
排　　版／陳采淇
經 銷 商／叩應股份有限公司
郵撥帳號／18707239
法律顧問／圓神出版事業機構法律顧問　蕭雄淋律師
印　　刷／祥峯印刷廠
2022年8月　初版

Original title：不要挑戰人性　By 潘楷文
由中南博集天卷文化傳媒有限公司授權出版

定價380元　ISBN 978-986-137-378-2